Meinem lieben Großvater

Dem Friedemann

Online-Medien-Management

herausgegeben von
Prof. Dr. Bettina Schwarzer und Prof. Dr. Sarah Spitzer

Band 4

Bettina Schwarzer | Sarah Spitzer [Hrsg.]

Digitale Spiele im interdisziplinären Diskurs

Entwicklungen und Perspektiven der
Alltagskultur, Technologie und Wirtschaft

Bildnachweis Titel: fotolia.com

Die Deutsche Nationalbibliothek verzeichnet diese Publikation in
der Deutschen Nationalbibliografie; detaillierte bibliografische
Daten sind im Internet über http://dnb.d-nb.de abrufbar.

ISBN 978-3-8487-1586-2

1. Auflage 2014
© Nomos Verlagsgesellschaft, Baden-Baden 2014. Printed in Germany. Alle Rechte, auch
die des Nachdrucks von Auszügen, der fotomechanischen Wiedergabe und der Übersetzung, vorbehalten. Gedruckt auf alterungsbeständigem Papier.

Vorwort

Vor etwa 25 Jahren brachte Nintendo den ersten Game Boy auf den Markt und verführte damit ganze Scharen meist kindlicher oder jugendlicher Nutzer dazu, kleine Bauklötze unterschiedlicher Formen aufeinander zu stapeln. Seitdem hat sich die Branche der elektronischen Spiele stark weiterentwickelt: Heutzutage spielen Personen über alle Gesellschafts- und Altersschichten hinweg auf verschiedenen digitalen Endgeräten – zu jeder Zeit, an jedem Ort.

Soziale Onlinenetzwerke wie Facebook ermöglichen es uns, Monster zu füttern oder Gemüse anzubauen; bezahlpflichte Apps verleiten uns dazu, Hühner zu erschießen, mit Vögeln auf Objekte zu zielen oder in erschreckend realistischen Kriegsszenarien mittels Waffengewalt Konflikte zu „lösen". Wer sich einmal in eine virtuelle Spielwelt verloren hat, weiß um die Faszination und Anziehungskraft digitaler Spiele.

Dabei sind die Einsatzmöglichkeiten ebenso vielfältig wie die Umsetzungsformen von digitalen Spielen. Neben dem reinen Unterhaltungsaspekt wird die Möglichkeit einer sinnvollen Verwendung in »spielfremden Kontexten«, zum Beispiel als didaktische Methode oder als Motivationselement im Arbeitsumfeld, inzwischen sowohl in der medialen Berichterstattung als auch in der Forschung diskutiert. Gleichzeitig ist gerade die Thematik der Abhängigkeit in diesem Zusammenhang von hoher Bedeutung.

Der vorliegende Band versammelt verschiedene Beiträge zum Thema »digitale Spiele«: In seiner Einführung zeigt Marc Hauck auf, wie sich der Markt für elektronische Spiele in technischer Hinsicht entwickelt hat. Die anschließenden Beiträge von Kai Erik Trost, Elke Hemminger und Bettina Schwarzer beleuchten unterschiedliche Aspekte der Wirkung und Bedeutung von Spielen – von den Auswirkungen auf soziale Kontakte bis hin zur konkreten Frage nach dem Suchtpotenzial. Darauf folgend illustrieren die Artikel von Carina Michel und Friedemann Rapp Einsatzmöglichkeiten von Spielen und Spieleelementen im didaktischen und ökonomischen Bereich. Der Buchband schließt mit einer Fallstudie zur Vermarktung von digitalen Spielen von Olaf Horstmann, Stephan Wilczek und Tamara Ebner.

Die Herausgeberinnen *Stuttgart im April 2014*

Inhaltsverzeichnis

Marc Hauck:
Elektronische Spiele – Ein Überblick über die technische Entwicklung   9

Kai Erik Trost:
Clan, Gilde, Avatar: Die Bedeutung von Online-Rollenspielen für die
Identität und Soziabilität Jugendlicher im mediatisierten Alltag   27

Elke Hemminger:
Virtuelle Spielwelten als Soziale Netzwerke   45

Bettina Schwarzer:
Wenn das Spiel zum Leben wird – Onlinegames und die digitale Sucht   59

Carina Michel:
Game-Based Learning – Pädagogisch-psychologische Verankerung
von digitalen Lernspielen sowie Darstellung von Qualitätsmerkmalen
für den Lernerfolg   81

Friedemann Rapp:
Gamification – Neue Lösung für alte Probleme?   107

Olaf Horstmann, Stephan Wilczek, Tamara Ebner:
Marketing a Social Game with a Limited Budget – A Case Study   137

Autorenverzeichnis   168

Elektronische Spiele – Ein Überblick über die technische Entwicklung

Marc Hauck

1   Einleitung

Elektronische Spiele sind in der heutigen Zeit allgegenwärtig. Sie werden auf Computern, Konsolen, Smart TVs, Tablets und Smartphones gespielt und besitzen insbesondere durch die Nutzung auf mobilen Endgeräten eine nahezu ubiquitäre Eigenschaft: sie können zu jedem Zeitpunkt an jedem beliebigen Ort gespielt werden.

Als Alexander Douglas 1952 auf dem EDSAC Computer (Electronic Delay Storage Automatic Calculator) die elektronische Variante des bekannten Spiels Tic-Tac-Toe entwickelte[1], war noch unklar, dass sich aus diesen Anfängen heraus ein Markt entwickeln würde, der im Jahr 2013 einen weltweiten Umsatz von 93,28 Milliarden US Dollar erwirtschaften wird und diesen laut Gartner im Jahr 2015 auf voraussichtlich 111,05 Milliarden US Dollar erhöht haben wird.[2] Diesen Umsatz verdankt die Spieleindustrie der stetigen Weiterentwicklung von Technologien, der grafischen Weiterentwicklung von Spielen sowie innovativen Steuerungs- und Spielekonzepten.

Der vorliegende Artikel skizziert die Entwicklung des Spielemarkts für elektronische Spiele in technischer und grafischer Hinsicht und ist in folgende drei Teile untergliedert:

Die erste Ära wird in Kapitel 2 behandelt und erstreckt sich von der Entwicklung des ersten elektronischen Spiels im Jahr 1952 bis zum Ende der 1960er Jahre. Es werden die Anfänge der Spieleentwicklung beschrieben und eine Definition für Videospiele aufgestellt. Darüber hinaus werden technologische Grundlagen, welche für den Anfang der 1970er Jahre entstehenden Markt für elektronische Spiele von Relevanz waren, thematisiert.

Im dritten Kapitel wird auf die Ära der ersten Videospielekonsolen und Heimcomputer eingegangen, welche sich von Anfang der 1970er bis Ende der 1980er Jahre erstreckt.

Die im vierten Kapitel beschriebene Ära dauert seit Anfang der 1990er Jahre an. Die Entwicklung neuer Steuerungsmöglichkeiten von elektronischen Spielen

---

1   Koubek, J. (2013): S. 1f.
2   Gartner (2013)

sowie die Leistungssteigerung der Hardware sind zentrale Themen. Zusätzlich wird die Erschließung weiterer Marktsegmente, welche durch neue Endgeräte sowie der Einführung des Breitbandinternet bedingt ist, behandelt. Der Artikel schließt mit einem Ausblick auf die Zukunft des Spielemarkts.

2 Die Anfänge des Spielemarkts: 1952 – Ende der 1960er-Jahre

2.1 Definitorische Grundlagen

Für die folgenden Ausführungen ist es von elementarer Bedeutung, zunächst die definitorischen Grundlagen zu schaffen. Im Duden wird der Begriff »Videospiel« als »elektronisches Spiel, das über einen Monitor läuft und in das der Spieler über eine Tastatur, einen Joystick oder mithilfe einer Maus eingreift«, beschrieben[3]. Wird das Wort in seine Bestandteile, »Video« und »Spiel« zergliedert, ergeben sich folgende Definitionen. Unter »Video« wird die Wiedergabe einer (magnetischen) Aufzeichnung auf dem Bildschirm eines Fernsehgerätes verstanden.[4]

Wesentlich schwieriger gestaltet sich die Definition des Begriffs »Spiel«: Laut Huizinga ist ein Spiel ein nicht deterministisches, freies Handeln innerhalb eines gewissen Rahmens, welches sowohl ernsthaft als auch spaßig sein kann. Es ist abgeschlossen und begrenzt in Form von zeitlichen und räumlichen Grenzen.[5]

2.2 Technik, Grafische Darstellung und Mensch-Maschine-Interaktion

Fußend auf diesen Definitionen lässt sich feststellen, dass die einleitend erwähnte elektronische Version von Tic-Tac-Toe, welche im Jahr 1952 von Alexander Douglas entwickelt und auf dem EDSAC gespielt werden konnte, das erste elektronische Spiel darstellt. Das Spiel wurde auf einem kreisförmigen Kathodenstrahlbildschirm gespielt. Zur Interaktion mit der Maschine respektive dem Spiel wurde im Falle von Tic-Tac-Toe eine Telefonwählscheibe verwendet. Die Zahlen eins bis neun repräsentierten die neun Felder des Spiels, wobei die Nummerierung von links oben nach rechts unten verlief.[6] So musste der Spieler für das X in der Mitte des Spielfelds die Zahl fünf auf der Wählscheibe wählen.

---

3   Duden (2013)
4   Duden (2013)
5   Huizinga (1987): S. 16ff.
6   Koubek, J. (2013): S. 2

Sechs Jahre später wurde das Spiel »Tennis for two« von William Higinbotham am Brookhaven National Laboratory entwickelt.[7] Auf einem Oszilloskop wurden zwei Linien sowie ein beweglicher Punkt – der Spielball – dargestellt. Das Spiel verwendete eine extra Steuerungseinheit, die weitestgehend mit heutigen Controllern vergleichbar ist: Die Einheit hatte einen Knopf, mit dem der Ball geschlagen wird, und einen weiteren, der gedreht werden kann um den Abschlagswinkel des Balls zu bestimmen.[8] Da Spielstände zu dieser Zeit noch nicht visualisiert werden konnten, mussten Spieler ihre Ergebnisse selbst notieren.

John von Neumann prägte durch die Veröffentlichung der Ergebnisse der Forschungsgruppe Electronic Discrete Variable Automatic Computer (EDVAC) die gleichnamige von-Neumann-Architektur. Bei dieser Computerarchitektur ist von Neumann davon ausgegangen, dass Daten und Befehle gemeinsam im Arbeitsspeicher abgelegt werden.[9] Basierend auf diesem Architekturprinzip wurden in der Folge unter anderem der bereits erwähnte Electronic Delay Storage Automatic Calculator (EDSAC) entwickelt. Allein der Hauptspeicher des EDSAC hatte eine Länge von 160 Fuß (circa 49 Meter).[10] Er reagierte akkurat auf Eingaben des Spielers, was zu damaliger Zeit noch keinem anderen Computer möglich war.[11]

Die Visualisierung der genannten Spiele erfolgte mit Hilfe von Kathodenstrahlröhren, welche als »Braunsche Röhre« auch in gängigen Röhrenfernsehern und Röhrenmonitoren eingesetzt wurden. Eine Kathodenstrahlröhre erzeugt zur Darstellung von elektronischen Inhalten einen Elektronenstrahl, welcher elektrostatisch abgelenkt wird. Das vom Nutzer gesehene Bild wiederum ist das Ergebnis einer Leuchtstoffschicht, auf die der abgelenkte Elektronenstrahl trifft und hierdurch einen Lichtpunkt erzeugt.[12] Die ersten Kathodenstrahlröhren, welche für die Darstellung von Spielen verwendet wurden, hatten eine Auflösung von 35x16 Pixel.[13]

Der Programmed Data Processor 1 (PDP1) war der erste kommerzielle Microcomputer.[14] Für den PDP-1 wurde 1962 am Massachusetts Institute of Technology (MIT) das Spiel »Spacewar!« von Steve Russel entwickelt.[15] Das Besondere daran ist, dass es als erstes Spiel auf einem Vektorbildschirm gespielt werden konnte. Grafiken wurden

---

7 Koubek, J. (2013): S. 2
8 Lischka, K. (2008)
9 Neumann, M. (2013): S. 3
10 University of Cambridge (1999)
11 Koubek, J. (2013): S. 2
12 Grüninger (2002)
13 Koubek, J. (2013): S. 2
14 Frey, H. (2013): S. 46
15 Hofer, A. (2010): S. 13

«[...] nicht immer nur mittels Rasterbildschirmen dargestellt [...]. Eine bis in die 80er Jahre hinein gängige Technik, die vor allem für Spielautomaten verwendet wurde, war die der Vektorbildschirme. Im Gegensatz zu gewöhnlichen Kathodenstrahlbildschirmen, wie z. B. den TV-Bildschirmen, deren Bildschirminhalt mittels Kathodenstrahl Bildzeile für Bildzeile auf ein Lochraster gezeichnet wird, beschränken sich die Vektorbildschirme darauf, Linien von einem Punkt zum anderen darzustellen.«[16]

Trotz der stetigen Weiterentwicklung konnte bis zum Ende der 1960er Jahre noch nicht von einem Videospielemarkt gesprochen werden, da für digitale Spiele zu diesem Zeitpunkt noch keine Massenplattform existiert hat. Computer waren in dieser Ära noch zu groß und zu teuer für Privatpersonen und Videospielekonsolen existierten noch nicht.

3 Videospielekonsolen und Computerspiele: Anfang der 1970er-Jahre bis Ende der 1980er-Jahre

Die ersten Spiele fanden durch die Fortschritte in der Computertechnik ihren Weg in die Privathaushalte. Mit der Möglichkeit, Microcomputer in Massen herzustellen, sank der Kaufpreis selbiger. Nach langer Entwicklungsphase, deren Initiator Ralph Baer war, wurde im Jahr 1972 die erste Videospielekonsole, die Magnavox Odyssey, auf den Markt gebracht.[17] Baer hatte die Idee zu einem interaktiven Videospiel, welches den Fernseher als Wiedergabegerät nutzen sollte.[18] Im Jahr 1969 übergibt Sanders, das Unternehmen für das Baer arbeitete, die Lizenz für die Videospielekonsole an Magnavox.[19] Das Unternehmen führte die Konsole 1972 unter dem Namen »Odyssey« in den Markt ein. Trotz erheblicher Marketing-Investitionen konnte Magnavox im ersten Jahr lediglich 100.000 Einheiten der Odyssey verkaufen. Durch missverständliche Werbung waren Kunden irrtümlicherweise der Meinung, dass die Videospielekonsole lediglich mit Magnavox TV-Geräten funktionieren würde.[20] Das bekannteste Odyssey-Spiel ist »Pong!«. Als erstes kommerziell erfolgreiches digitales Spiel kann »Pong!« als Wegbereiter für den Markt für elektronische Spiele gesehen werden. Nach dessen Veröffentlichung drangen viele Unternehmen mit eigenen Videospielekonsolen sowie zugehörigen Spielen auf den Markt.

Eines der erfolgreichsten Konkurrenzangebote der »Odyssey« ist die Videospielekonsole »Video Computer System« von Atari, kurz »Atari VCS«. Diese

---

16 Strunkmann-Meister, A. (2011): S. 5
17 Forster, W. (2009): S. 14
18 Baer, R. (2004)
19 Forster, W. (2009): S. 14
20 Forster, W. (2009): S. 14

Elektronische Spiele

wurde im Jahr 1977 in den USA, Europa sowie in Japan eingeführt.[21] Bis heute wurden weltweit über 30 Millionen Einheiten des VCS verkauft und circa 500 Spiele entwickelt.[22] Die Entwicklung der Spiele für das VCS – darunter auch solche, die von japanischen Spieleautomaten her bekannt waren – oblag bis 1980 ausschließlich Atari selbst.[23] Atari brachte das Videospiel zum Film »E.T.« auf den Spielemarkt, missachtete allerdings die qualitativen Standards für Spiel und Grafik, sodass lediglich 1,5 Millionen von insgesamt 5 Millionen produzierter Einheiten verkauft wurden.[24] Im Jahr 1980 trennte sich ein Entwicklerteam von Atari und gründete das Entwicklerstudio Activision.[25] Diesem Beispiel folgend drängten immer mehr unabhängige, teils branchenfremde Entwicklerstudios auf den Spielemarkt.[26] Das dadurch hervorgerufene Überangebot an Videospielekonsolen, die Missachtung von qualitativen Standards bei der Spielentwicklung sowie fehlende Sicherheitsmechanismen gegen das unrechtmäßige Kopieren von Spielen verursachten 1984 einen Zusammenbruch des Spielemarktes.[27]

In dieser Ära bildete sich eine weitere Plattform für digitale Spiele, die Heimcomputer. Anfänglich stellten diese keine adäquate Plattform für digitale Spiele dar, da Heimcomputer in erster Linie zum Arbeiten und Lernen verwendet wurden. Dies änderte sich jedoch 1977 mit der Markteinführung des Apple II von Steve Wozniak und Steve Jobs, den beiden Gründern von Apple.[28] Mit dem Apple II hielten die Spiele Einzug auf den Heimcomputern. Einige der damals auf die Entwicklung der Spielebranche einflussreichsten Spiele wurden für den Apple II entwickelt und auf diesem gespielt.

3.1 Hardware der Spieleplattformen

Die vorstehend erwähnte Videospielekonsole Odyssey bestand aus herkömmlichen Kondensatoren, Widerständen, Transistoren und Dioden.[29] Steckkarten veränderten die Verdrahtung, welche für die Positionierung der einzelnen Pixel und Linien verantwortlich war. Dadurch konnten verschiedene Spielvarianten gespielt werden.[30]

---

21 Forster, W. (2009): S. 24
22 Forster, W. (2009): S. 24
23 Forster, W. (2009): S. 25
24 Freundorfer, S. (2014)
25 Forster, W. (2009): S. 25
26 Freundorfer, S. (2014), Forster, W. (2009): S. 25
27 Freundorfer, S. (2014)
28 Erdmann, C. (2011): S. 23
29 Forster, W. (2009). S. 14
30 Winter, D (2013)

Da die Odyssey jedoch keine Farben darstellen konnte, wurden Folien entwickelt, welche vor das Fernsehgerät gehängt werden mussten. So konnten Farben und Details durch aufgedruckte Spieloberflächen ins Spiel gebracht werden. Da es nicht möglich war, Spielstände auf dem Fernsehgerät auszugeben, lagen der Konsole Spielbretter und Figuren bei, mit denen die Spielstände abgebildet werden konnten.[31] Die Controller besitzen – jeweils links und rechts – analoge Drehräder, mit denen die horizontale bzw. vertikale Position der Bildschirmfigur verändert werden konnte.[32] Darüber ist ein Startknopf angebracht.

Die erste Konsole mit einem Chip wurde von dem Chiphersteller Fairchild entwickelt und enthielt als erste ihrer Art sogenannte ROM-Module zum Austausch von Software.[33]

In das VCS wurde erstmals ein Modulschacht eingeführt, in den austauschbare Spielemodule eingeschoben werden konnten.[34] Damit revolutionierte Atari den Videospielekonsolenmarkt und gründete eine Milliardenindustrie. Die Videospielekonsole besaß einen Mikroprozessor mit 1,19 MHz, einen 128 Byte großen Arbeitsspeicher und konnte 128 Farben in einer Auflösung von 320x200 Pixel darstellen.[35]

Die Heimcomputer waren aus technischer Sicht ähnlich ausgestattet. So hatte der Apple II in der Grundausstattung einen 1 MHz Prozessor und 4 Kilobyte Arbeitsspeicher.[36] Der Apple II besaß acht Steckplätze für Erweiterungskarten wie zum Beispiel ein Diskettenlaufwerk.[37] Der Apple II wurde bis 1991 produziert und in regelmäßigen Abständen der jeweils aktuellen Technik angepasst. So wurde beispielsweise das ursprüngliche 8 Bit System in der letzten Baureihe auf 16 Bit aufgestockt.[38]

Dank Transistoren und stetiger Weiterentwicklung der Technik konnten zwischenzeitlich kleinere und leistungsstärkere Computer gebaut werden. Konkret bedeutet dies, dass die Heimcomputer häufig nur aus einer Tastatur, welche die gesamte Logik des Computers beinhaltete, Laufwerken und Spielecontrollern sowie einem Monitor oder einem Fernseher bestanden. So beispielsweise der Comodore VC20[39] sowie der C64[40].

---

31 Billhardt, S.(2007)
32 Winter, D. (2013)
33 Forster, W. (2009): S.16
34 Forster, W. (2009): S.25
35 Kremp, M. (2007)
36 Erdmann, C. (2011): S.21
37 Erdmann, C. (2011): S.21
38 Slabihoud, S. (2014)
39 Forster, W. (2009): S.46f.
40 Forster, W. (2009): S.62f.

3.2 Grafische Darstellungsmöglichkeiten

Wenngleich Ping-Pong eines der am wenigsten gespielten Spiele der Magnavox Odyssey war, glaubte Nolan Bushnell von Atari an den Erfolg des zugrundeliegenden Spielprinzips.[41] Er entwickelte eine eigene Version des Spiels mit signifikanten grafischen Änderungen. So wurden aus quadratischen Blöcken lange und dünne Rechtecke. Das dicke Rechteck, welches das Spielnetz darstellte, wurde durch eine dünne, gestrichelte Linie ersetzt. Die bedeutendste Änderung war die Anzeige des Spielstands, welche am oberen Ende des Bildschirms zu sehen war.[42] Dies hatte den Vorteil, dass die Spieler nun nicht mehr selbst zählen mussten, sondern sich auf das Spiel konzentrieren konnten und der Spielstand jederzeit einsehbar war.

Dank der technischen Weiterentwicklung der Konsolen und Heimcomputer konnte Abstand genommen werden von der ausschließlichen schwarz/weiß Darstellung der digitalen Spiele. Jedoch war die Anzahl der Farben begrenzt. Die Videospielekonsole Channel F war beispielsweise die erste Konsole, die vier Farben darstellen konnte.[43] Bis Ende der 1980er Jahre war es auf Videospielekonsolen möglich, 256 Farben darzustellen.[44]

Die Farbdarstellung auf Heimcomputern war zu dieser Zeit bereits wesentlich fortschrittlicher: Im Jahr 1989 konnten 16,7 Millionen Farben dargestellt und somit weitaus mehr grafische Details realisiert werden.[45] Dieser Entwicklung hat unter anderem das Spiel »Space Invaders« seinen kommerziellen Erfolg zu verdanken.

> »Als Gründe für den Erfolg gelten die damalige Begeisterung für Star Wars sowie die Tatsache, dass man Space Invaders in Farbe spielen konnte. Diese war allerdings nicht programmiert, sondern stammte von grünen und orangen Cellophan-Streifen über dem Schirm.«[46]

Im Jahr 1989 wurde das Spiel »Prince of Persia« veröffentlicht. Die Animationen des Spiels

> »gehörten bereits zu den herausragenden Merkmalen des ersten "Prince-of-Persia" (PoP), das mit den grafischen Möglichkeiten des Apple II auskommen musste. Lange bevor Motion Capturing für realistische Effekte sorgte, nutzte der PoP-Erfinder Jordan Mechner das aus

---

41 Vogt, M. (2014)
42 Föderl-Schmid, A. (2001)
43 Forster, W. (2009): S. 220
44 Forster, W. (2009): S. 221
45 Forster, W. (2009): S. 223
46 Göwell, R. (2013)

dem Zeichentrickfilm bekannte Rotoscoping, das manuelle Nachzeichnen zuvor mit Menschen gefilmter Szenen.«[47]

Mechner kann somit als Vorreiter für die Bewegungsabläufe in elektronischen Spielen angesehen werden.

3.3 Bedeutende Entwicklungsstudios und Hardwareproduzenten

Nach Freundorfer war Anfang der 1980er-Jahre die Wachstumsrate der Videospieleindustrie sehr hoch. Atari konnte beispielsweise seinen Umsatz von 30 Millionen im Jahr 1978 auf 1,1 Milliarden im Jahr 1981 steigern. Daher ist es kaum vorstellbar, dass eine Korrektur der Umsatzerwartungen von Atari für das vierte Quartal des Jahres 1982 auf "nur" 10-15 Prozent einen Schock an der Wall Street auslöste.[48]

Exemplarisch für die Entwicklung der Heimcomputer wird an dieser Stelle ein kurzer Abriss über die Erfolgsgründe des mit circa 30 Millionen Einheiten[49] meist verkauften Heimcomputers der Welt, den Commodore 64, abgehandelt. Dank des von MOS entwickelten Computerchips konnte Commodore auf der »Consumer Electronics Show« im Jahr 1982 den Commodore 64 vorstellen. Der Preis von 595 Dollar und die kaum vorhandene Konkurrenz waren ausschlaggebend für den großen Marktanteil in den USA.[50] Der Commodore 64 verfügte über 64 Kilobyte Arbeitsspeicher[51] und somit sechzehnmal so viel wie der Apple II in der Basisversion. Das Unternehmen MOS, welches die Computerchips für den Commodore 64 produzierte, gehört zu Commodore.[52] Folglich hatte das Unternehmen im Vergleich zu seinen Mitbewerbern den Vorteil, das Endprodukt deutlich günstiger produzieren zu können, da das Unternehmen die Chips im Vergleich zu den Mitbewerbern nicht einkaufen musste.

Das japanische Unternehmen Nintendo stieg in den 1970er Jahren in den elektronischen Spielemarkt ein.[53] Um die potenziellen Kunden eines neuen Spiels besser ansprechen zu können, baute Nintendo Emotionen in die Hintergrundgeschichte seiner Spiele ein.[54] Dieses Konzept war bis dato einmalig und stellte das Erfolgsrezept von Neuentwicklungen wie beispielsweise »Donkey Kong« dar.[55]

---

47 Menge-Sonnentag, R. (2010)
48 Freundorfer, S. (2014)
49 Kuphaldt, T. (2011)
50 Kuphaldt, T. (2011)
51 Kuphaldt, T. (2011)
52 Büchner, W. (1984)
53 Shibata, S. (2014)
54 Jäger, S. (2013): S. 23f.
55 Krug, C. & Lebowitz, J. (2011): S. 14

Das Spiel erfreute sich in Videospielehallen großer Beliebtheit, sodass es schließlich auch für gängige Videospielekonsolen wie den Atari 2600 und Heimcomputer produziert wurde. Mit circa 48 Millionen verkaufter Einheiten zählt Donkey Kong zu den erfolgreichsten digitalen Spielen.[56]

Im Jahr 1983 brachte Nintendo seine neue Videospielekonsole »Famicom« auf den japanischen Markt. Für die Vermarktung der Konsole in den USA strebte Nintendo eine Kooperation mit dem amerikanischen Unternehmen Atari an. Letzteres ist jedoch kurz vor Unterzeichnung des Vertrages abgesprungen. Daraus resultierend brachte Nintendo 1985 das NES eigenständig auf den amerikanischen und europäischen Markt.[57] Hierfür wurde die Videospielekonsole optisch angepasst und erhielt den Namen »Nintendo Entertainment System« (NES).[58]

Nintendo hat ein Lizenzmodell entwickelt, bei welchem die Dritthersteller lediglich Entwickler der digitalen Spiele sind, da Nintendo das Monopol auf die Produktion der Module hat und das fertige Modul anschließend an die Dritthersteller zurückverkauft.[59] So konnte Nintendo den Markt regulieren.

4 Revolution auf dem Spielemarkt: Anfang der 1990er-Jahre bis heute

Durch Handhelds, Online Gaming, Mobile Gaming und größeren technischen Sprüngen im Bereich der Videokonsolen und Heimcomputer ergeben sich neue Herausforderungen für den Spielemarkt. Im Folgenden werden neue Marktsegmente vorgestellt sowie technische und grafische Veränderungen, die sich seit Anfang der 1990er Jahre vollzogen haben, dargelegt.

4.1 Neue Marktsegmente

Handhelds
Sowohl Atari als auch Nintendo brachten im Jahr 1989 portable Konsolen, sogenannte Handhelds, auf den Markt.[60] Die Gründe des weltweiten Erfolgs des »Game Boy« von Nintendo hat Forster wie folgt zusammengefasst:

> «Während Atari und Sega an Farb-Handhelds arbeiten, wagt sich Nintendo mit einem unauffälligen Schwarzweiß-Gerät auf den Markt. Statt mit technischen Gimmicks zu protzen,

---

56 Ewalt, D. M. (2006)
57 Forster, W. (2009): S. 88
58 Forster, W. (2009): S. 88
59 Forster, W. (2009): S. 86
60 Forster, W. (2009): S. 228

verlässt sich der Game Boy auf klares Design und wenige Bedienelemente – ein Handheld nicht für Hardcore-Spieler, sondern für alle.«[61]

Unterstützt wird diese Aussage durch die nachstehenden Verkaufszahlen und die Anzahl der Spiele. Nach Forster werden für den Atari »Lynx« lediglich 85 Spiele programmiert. Das Gerät wurde nur vier Jahre lang entwickelt und lediglich zwei Millionen Mal verkauft. Im Vergleich dazu wurde der Game Boy bis 2002 entwickelt und 120 Millionen Mal verkauft. Insgesamt wurden 1.200 Spiele für diese Plattform programmiert.[62] Der »Game Boy« stellte zunächst nur vier Graustufen dar; erst mit der Einführung des »Game Boy Color« im Jahr 1998[63] zog Nintendo mit der farbigen Darstellung der Konkurrenten wie dem Atari »Lynx«, dem Sega »Game Gear« oder dem SNK »Neo Geo Pocket Color« gleich.

Online Gaming
Anfang der 1990er Jahre war die Anzahl der Spieler, welche gleichzeitig dasselbe Spiel spielen konnten, auf maximal vier begrenzt, da Videospielekonsolen vier Anschlüsse für Gamepads besaßen. Bei Computern änderte sich die Situation mit dem Einzug der Netzwerktechnologie in private Haushalte. Mit Hilfe dieser Technologie war es Spielern möglich, zusammen in einem lokalen Computernetzwerk (LAN) zu spielen. Als Ende der 1990er Jahre das Internet eine höherer Bandbreite über Digital-Subscriber-Line (DSL) erhielt und diese Technik nach und nach weltweit eingeführt wurde, entstand einer der größten Märkte der Spieleindustrie: das Online Gaming. In Deutschland wurde DSL im Jahr 1999 von der Deutschen Telekom eingeführt.[64] Die Kosten für den Internetzugang über DSL waren anfangs sehr hoch, so veranschlagte die Deutsche Telekom als Grundgebühr für den Anschluss 98 DM. Für 50 Onlinestunden mussten die Kunden 197 DM bezahlen, für 100 Onlinestunden sogar 247 DM.[65] Folglich entstanden schnell sehr hohe Rechnungsbeträge. Erst ein Jahr später, Ende 2000, führte die Deutsche Telekom eine Flatrate für die Nutzung des Internets für 49 DM pro Monat ein.[66]

Durch die zunehmende Nutzung des Internet entwickelten sich folgende Spielarten:
- *Browserspiele* können innerhalb eines Webbrowsers von mehreren tausend Spielern gespielt werden. Das erste Spiel dieser Art war »Sol«.[67]

---

61 Forster, W. (2009): S. 128
62 Forster, W. (2009): S. 128ff.
63 Shibata, S. (2014)
64 Kessler, M. (2009)
65 Kessler, M. (2009)
66 Kessler, M. (2009)
67 Steil, D. (2013)

- *MMORPG*, sogenannte Massively Multi-Player Online Role-Playing Games, sind Rollenspiele, welche ausschließlich im Internet von mehreren tausend Spielern gleichzeitig gespielt werden können. Der kommerziell erfolgreichste Vertreter »World of Warcraft« hatte im dritten Quartal 2013 7,6 Millionen Abonnenten[68]. Das erste grafikbasierte MMORPG war »Dungeons & Dragons Neverwinter Nights« im Jahr 1991 und lief bis 1997 auf AOL-Servern.[69] Mit der Einführung von Internet-Flatrates konnte ein gesteigertes Interesse und eine zunehmende Anzahl an Spielern verzeichnet werden. Es gibt sowohl kostenfreie MMORPGs, wie bspw. »DC Universe«, als auch kostenpflichtige Varianten, wie bspw. »World of Warcraft«. Bei letzterem muss der Spieler zusätzlich zum Kaufpreis eine monatliche Gebühr entrichten.[70]

Social Gaming
Immer größerer Beliebtheit erfreuen sich sogenannte Social Games. Diese werden in Sozialen Netzwerken wie Facebook gespielt und beinhalten Interaktionen mit anderen Spielern. Social Games sind dem Geschäftsmodell Free-to-play zuzuordnen. Hierbei ist das Basisspiel kostenlos erhältlich; weitere Inhalte sind jedoch nur gegen Bezahlung verfügbar.[71] So können beispielsweise virtuelle Waren, wie Energie, Ressourcen, Kleider oder Magie, sowie weitere Funktionen, wie Avatare, Zusatzlevels oder Gegenstände, käuflich erworben werden.[72] Die Kosten der Spieleentwicklung werden hierbei nicht durch einen einmaligen Verkauf des Spiels abgedeckt, sondern durch einen Strom stetiger Mikro-Transaktionen durch die Spieler.

Mobile Gaming
Durch mobile Geräte wurde ein weiteres Marksegment geschaffen: die Mobile Games. Anfänglich haben Handyhersteller wie Nokia ihre Handymodelle mit einfachen Spielen (z. B. »Snake«) ausgestattet. Aufgrund der technischen Rahmenbedingungen dieser Geräte waren die Möglichkeiten der Spiele z. B. in Bezug auf die visuelle Darstellung selbiger und die Interaktionsmöglichkeiten stark begrenzt. Dies sollte sich mit Einführung der Smartphones (anfänglich vor allem Apples iPhone) ändern, da diese eine leistungsfähige Computerarchitektur mit einer Touchscreen-Bedienung besitzen. Entwickler können für die mobilen Betriebssysteme sogenannte Apps (Applikationen), mit denen einzelne Funktionen angeboten werden können, programmieren. Neben funktionaler Apps wie zum Beispiel E-

---

68 Activision Blizzard (2013): S. 2
69 Steil, D. (2013)
70 Blizzard Entertaiment (2012)
71 Rafelsberger, T. (2012)
72 Steil, D. (2013)

Mail- oder Chat-Apps wurden Spiele entwickelt, die als Apps den Nutzern angeboten worden sind, beispielsweise »Super Monkey Ball«, die Tennis for two Variante »T4Two Free«, oder das erste iPhone-Spiel »Lights off«.[73]

4.2 Technische Fortschritte als Motor des Spielemarkts

Die Technik entwickelte sich dank der vorhandenen Konkurrenz im Markt stetig weiter. In der nachstehenden Tabelle werden die wichtigsten technischen Merkmale und deren Entwicklung von 1991 bis 2006 am Beispiel von Konsolen tabellarisch aufbereitet:

Tabelle 1: Übersicht der technischen Entwicklung von Konsolen
Quelle: Forster, W. (2009)

Konsole	Philips CDi	Sega Saturn	Sony Playstation	Nintendo N64	Sony Playstation 2	Microsoft Xbox	Microsoft Xbox 360	Nintendo Wii	Sony Playstation 3
Jahr	1991	1994	1994	1996	2000	2001	2005	2006	2006
CPU Takt	15 MHz	2x28,6 MHz	33,8 MHz	93,75 MHz	295 MHz	733 MHz	3,2 GHz	729 MHz	3,2 GHz
Arbeitsspeicher	1 MB	2 MB	2 MB	4,5 MB	32 MB	64 MB	512 MB	64 MB	256 MB
Videospeicher	-	1,5 MB	1 MB	-	4 MB	-	10 MB	24 MB	256 MB
Auflösung	768x560	704x480	640x480	640x480	1280x1024 (HD ready)	1920x1080 (Full HD)	1920x1080 (Full HD)	720x480	1920x1080 (Full HD)
Farbtiefe	24 Bit	bis 24 Bit	bis 24 Bit	32 Bit	32 Bit	32 Bit	32 Bit	-	32 Bit
Farbpalette	16,7 Mio.	16,7 Mio.	16,7 Mio.	16,7 Mio.	16,7 Mio.	16,7 Mio.	16,7 Mio.	16,7 Mio.	16,7 Mio.
Speichermedium	CD	CD	CD, Memory Card	CD, Memory Card	DVD, Festplatte, Memory Card	DVD, Festplatte, Memory Card	DVD, Festplatte, Memory Card	DVD, Flashspeicher, Memory Card	DVD, Blueray, Memory Card
Internet/ Netzwerk	nein	nein	nein	nein	ja	ja	ja	ja	ja

---

73 Dymny, M. (2007)

Tabelle 1 verdeutlicht den technischen Fortschritt exemplarisch für den gesamten Hardwarebereich des Spielemarkts. Dieser Fortschritt fand ebenfalls im Bereich der Mobiltelefone und vor allem im Bereich der Heimcomputer statt. Die Hersteller versuchten sich durch Innovationen von der Konkurrenz abzuheben. Beispielsweise wurde für die Playstation 2 von Sony die sogenannte »Eyetoy-Kamera« entwickelt, mit der Bewegungen des Spielers aufgenommen und in das Spiel integriert werden konnten. Nintendo ging 2006 noch einen Schritt weiter und brachte mit der »Wii« eine Konsole auf den Markt, welche mit Hilfe von Bewegungssensoren die Hand-Bewegungen des Spielers in das Spiel übertragen konnte.[74] Da auch Microsoft diesen sogenannten Casual-Gaming-Markt erschließen wollte, griff das Unternehmen die Idee der Bewegungssteuerung auf und entwickelte zusammen mit dem Unternehmen PrimeSense eine Hardware, mit welcher die Steuerung des Spiels ohne Gamepad möglich war[75]: In das System wurden eine Kamera, Tiefensensoren und ein 3D-Mikrofon verbaut, mit welchen der Spieler das Spiel mittels freier Körperbewegungen und Sprachbefehlen steuern konnte.[76]

4.3 Grafische Weiterentwicklungen

Bis zur Veröffentlichung von »Wolfenstein 3D« im Jahr 1992[77] wurden fast ausschließlich zweidimensionale Spiele entwickelt. Durch die Einführung von zusätzlichen 3D-Grafikkarten wurden ab 1995 vermehrt dreidimensionale Spiele entwickelt, mit denen erstmalig interaktive 3D-Grafiken dargestellt werden konnten. Durch diesen Trend wurde die Spieleindustrie endgültig zur treibenden Kraft in der Hardwareentwicklung.[78]

Zur gleichen Zeit führte Microsoft für seine Betriebssysteme die Multimedia-Schnittstelle DirectX ein, mit welcher ein einfacherer Zugriff auf die Hardware sichergestellt wurde und Entwicklungskosten gesenkt werden konnten[79]. Mit jeder neuen DirectX-Version wurden zusätzliche Funktionalitäten wie Texturen- und Shader-Effekte eingebaut.

Seit Anfang der 2000er-Jahre lässt sich ein kontinuierlicher Anstieg der Rechenleistung von Computern verzeichnen. Durch die Programmierbarkeit von visuellen Effekten werden diese komplexer und realitätsnaher.[80] Dadurch wird auch die grafische Darstellung von digitalen Spielen zunehmend fotorealistisch. So

---

74 Shibata, S. (2014)
75 Microsoft (2010)
76 Ten, S. (2010)
77 Althe, L. (2009): S. 11
78 Guthe, M. (2013)
79 Angermüller, J. (2012)
80 Guthe, M. (2013)

können beispielsweise Gesichter von Profifußballern in digitale Spiele integriert werden.

5   Fazit und Ausblick

Der kontinuierliche Fortschritt auf dem Spielemarkt ist stets in Verbindung zu technologischen Entwicklungen zu setzen. Dies betrifft sowohl die grafische Darstellung, als auch zukünftige Spielekonzepte. Einer Studie der PricewaterhouseCoopers AG zufolge werden Plattformkonvergenz, neue Endgeräte, Cloud Computing und Socialising die bedeutendsten Trends auf dem Spielemarkt darstellen.[81] Durch die Touch-Steuerung ist die Bedienung von Smartphones und somit auch von mobilen Spielen intuitiver. Nach PwC steigern Tablets das Nutzererlebnis aufgrund von größeren Bildschirmen und höherer Auflösung. Bis 2016 wird dem Tablet-Gaming ein Anteil von einem Drittel am Gesamtumsatz im Mobile Gaming-Bereich prognostiziert.[82]

Ein weiterer Aspekt ist der sogenannte »Second Screen«, über den der Spieler Zusatzinformationen während des Spielens erhalten kann. Laut Nintendo wird mit der »Wii U« ein solcher Ansatz verfolgt: Während das Hauptspiel auf dem Fernseher läuft, können über ein Display auf dem Gamepad weitere, spezielle Spielsequenzen gespielt werden. Das Spiel kann sogar ausschließlich auf dem Gamepad gespielt werden, sollte der Fernseher anderweitig benötigt werden.[83]

Ferner wird sich die Spieleindustrie in naher Zukunft das Cloud Computing zu Nutze machen: Spiele werden zentral auf einem Server installiert und die Inhalte auf Endgeräten gestreamt. Die Vorteile hiervon sind eine signifikante Reduzierung der Entwicklungs- und Vertriebskosten, da keine Auslieferung von Hardware an den Endkunden erforderlich ist, sowie die Reduzierung der Raubkopien. Ferner müssen sich Kunden keine neuen Systeme anschaffen, da Inhalte gestreamt werden.[84] Erste Unternehmungen im Cloud Gaming-Bereich gibt es seit 2010. Hochauflösende Spiele, die einen hohen Speicherbedarf haben, werden hingegen erst in einigen Jahren gestreamt werden können. Die wichtigste Ressource hierfür ist ein flächendeckendes Highspeed-Internet.[85]

---

81   PwC (2012): S. 23
82   PwC (2012): S. 25
83   Nintendo (2014)
84   PwC (2012): S. 28f.
85   PwC (2012): S. 29

Literaturverzeichnis

Activion Blizzard, (2013): Third Quarter 2013 Financial Results. http://files.shareholder.com/downloads/ACTI/2775430712x0x704154/aea0172e-98c1-42d4-b5f5-b92cb86d3211/ATVI_Q3_press_release_with_tables.pdf. Aufgerufen am 21.01.2014.

Althe, L. (2009): Lokalisierung von digitalen Spielen: Eine thematische Einführung, Diplomarbeit, GRIN Verlag München.

Angermüller, J. (2012): Schichtenstruktur und Interaktionsmodelle der Systemerweiterung DirectX mit den Schwerpunkten DirectSound und DirectMusic. http://www.fh-wedel.de/~si/seminare/ss02/Ausarbeitung/7.directx/kapitel1.htm#_ftn7. Aufgerufen am 03.12.2013.

Baer, R. (2004): Inventions & Products. http://www.ralphbaer.com. Aufgerufen am 19.02.2014.

Billhardt, S. (2007): Klassiker der Game-Maschinen. http://www.focus.de/digital/games/spielkonsolen/tid-7871/spielkonsolen_aid_137761.html. Aufgerufen am 21.02.2014.

Blizzard Entertainment (2012): World of Warcraft Nutzungsbedingungen. eu.blizzard.com/de-de/company/legal/wow_tou.html. Aufgerufen am 21.01.2014.

Büchner, W. (1984): Geschäft ist Krieg. http://www.spiegel.de/spiegel/print/d-13511455.html. Aufgerufen am 19.02.2014.

Di Quattro, T. (1999): Problematische Aspekte der Mediensozialisation am Beispiel Computerspiele. GRIN Verlag München.

Duden (2013): Videospiel. http://www.duden.de/rechtschreibung/Videospiel. Aufgerufen am 22.11.2013.

Duden (2013): Video. http://www.duden.de/rechtschreibung/video_. Aufgerufen am 22.11.2013.

Dymny, M. (2007): Lights Off. http://www.ifoneapps.de/lights-off/15. Aufgerufen am 21.01.2014.

Erdmann, C. (2011) One more thing. Addison-Wesley Verlag München.

Ewalt, D. M. (2006) The Best-Selling Videogame Franchises. http://www.forbes.com/2006/08/02/bestselling-video-games-cx_de_0802mario.html. Aufgerufen am 16.01.2014.

Föderl-Schmid, A. (2001): Do the Pong! - Telespiele aus den 70er Jahren. http://derstandard.at/812304?_slideNumber=4&_seite=. Aufgerufen am 19.02.2014.

Forster, W. (2009): Spielekonsolen und Heimcomputer 1972-2009. 3. Auflage, Gameplan, Utting.

Freundorfer, S. (2014): Game-Crash 1984: Als E.T. die Videospiele killte. www.spiegel.de/einestages/game-crash-1984-a-948205.html. Aufgerufen am 13.01.2014.

Frey, H. (2013): Grundlagen der Rechnerarchitektur – Einführung. http://userpages.uni-koblenz.de/~frey/gdra/01%20Einführung%20(leer).pdf. Aufgerufen am 18.02.2014.

Gartner (2013): Gartner Says Worldwide Video Game Market to Total $93 Billion in 2013. http://www.gartner.com/newsroom/id/2614915. Aufgerufen am 11.12.2013.

Grüninger (2002): Braunsche Röhre. http://www.schule-bw.de/unterricht/faecher/physik/online_material/e_lehre_1/spannung/braun_roehre.htm. Aufgerufen am 24.11.2013.

Göweil, R. (2013): Als die Münzen rar wurden. http://www.wienerzeitung.at/themen_channel/spiele/retro/278308_Als-die-Muenzen-rar-wurden.html. Aufgerufen am 12.11.2013.

Guthe, M. (2013): Entwicklung der visuellen Darstellung in digitalen Spielen. http://medienwissenschaft.uni-bayreuth.de/assets/Uploads/spielkulturen/cg-in-games.pdf. Aufgerufen am 03.12.2013.

Hofer, A. (2010): Faszination LAN-Partys – Soziale und kommunikative Aspekte des gemeinschaftlichen Computerspielens, Magisterarbeit. http://othes.univie.ac.at/10819/1/2010-08-01_0304929.pdf. Aufgerufen am 19.02.2014.

Huizinga, J. (1987): Homo Ludens – Vom Ursprung der Kultur im Spiel, 21. Auflage, Rowohlt Taschenbuchverlag Reinbek.

Jäger, S. (2013): Erfolgreiches Charakterdesign für Computer- und Videospiele – Ein medienpsychologischer Ansatz, Springer Fachmedien Wiesbaden.

Kessler, M. (2009): Rückblick: 10 Jahre DSL in Deutschland. http://www.teltarif.de/dsl-rueckblick-zehn-jahre/news/34773.html. Aufgerufen am 21.04.2014.

Kremp, M. (2007): Spiegel online, 30 Jahre Atari 2600: Mit Aliens zum Welterfolg. http://www.spiegel.de/netzwelt/spielzeug/30-jahre-atari-2600-mit-aliens-zum-welterfolg-a-509627.html. Aufgerufen am 14.01.2014.

Koubek, J. (2013) OXO, Spacewar!, Adventure – Ein handlungsorientierter Ausflug in die Geschichte der Computerspiele. http://medienwissenschaft.uni-bayreuth.de/assets/Uploads/Koubek/forschung/KoubekSpielegeschichte.pdf. Aufgerufen am 25.11.2013.

Krug, C. & Lebowitz, J. (2011): Interactive Storytelling for Video Games. Focal Press, Oxford.

Kuphaldt, T. (2011): Heimcomputer - Commodore 64. cbmmuseum.kuto.de/home_c64.html. Aufgerufen am 16.01.2014.

Lischka, K. (2008): Spiegel online, 50 Jahre Computerspiele: Mr. Higinbothams heiteres Maschinentennis. http://www.spiegel.de/netzwelt/spielzeug/50-jahre-computerspiele-mr-higinbothams-heiteres-maschinentennis-a-586672.html, Website. Aufgerufen am 24.11.2013.

Menge-Sonnentag, R. (2010): Der Krummschwert-Akrobat. Newsbeitrag vom 26.06.2010. http://www.heise.de/tp/artikel/32/32818/1.html. Aufgerufen am 23.01.2014.

Microsoft (2010): PrimeSense Supplies 3-D-Sensing Technology to «Project Natal" for Xbox 360. www.microsoft.com/en-us/news/press/2010/mar10/03-31primesensepr.aspx. Aufgerufen am 21.01.2014.

Neumann, M. (2013): Funktionsprinzip des Computers. http://mneumann.hs-harz.de/Informatik/Rechneraufbau.pdf. Aufgerufen am 19.12.2013.

Nintendo (2014): Spielstile. http://www.nintendo.de/Wii-U/System-Eigenschaften/Spielstile/Spielstile-663026.html. Aufgerufen am 22.01.2014.

PwC (2012): Videogames in Deutschland, Studie August 2012 von PricewaterhouseCoopers AG Wirtschaftsprüfergesellschaft.

Rafelsberger, T. (2012): Das Freemium Business Model. http://www.webmarketingblog.at/2012/07/18/das-freemium-business-model. Aufgerufen am 22.01.2014.

Shibata, S. (2014): Unternehmensgeschichte. www.nintendo.de/Unternehmen/Unternehmens-geschichte/Nintendo-Geschichte-625945.html. Aufgerufen am 19.02.2014.

Slabihoud, S. (2014): Apple. http://8bit-museum.de/heimcomputer/apple. Aufgerufen am 21.02.2014.

Steil, D. (2013): Browsergames: Erst gratis, dann teuer. http://www.focus.de/kultur/vermischtes/browsergames-browsergames-erst-gratis-dann-teuer_aid_1138960.html. Aufgerufen am 21.01.2014.

Steil, D. (2013): Die versteckten Kosten bei Free-to-Play-Spielen. http://www.focus.de/digital/games/tid-33027/level-charaktere-und-bessere-ausruestung-die-versteckten-kosten-bei-free-to-play-spielen_aid_1076503.html. Aufgerufen am 22.01.2014.

Strunkmann-Meister, A. (2011): Die Ästhetik des Pixels in der modernen Kunst, Bachelorarbeit. Ludwig-Maximilians-Universität München, Fakultät für Geschichts- und Kunstwissenschaften, Department Kunstwissenschaften, Institut für Kunstpädagogik.

Ten, S. (2010): How Kinect depth sensor works – stereo triangulation. http://mirror2image.wordpress.com/2010/11/30/how-kinect-works-stereo-triangulation. Aufgerufen am 21.01.2014.

University of Cambridge (1999): EDSAC 99. http://www.cl.cam.ac.uk/events/EDSAC99/statistics.html. Aufgerufen am 10.01.2014.

Vogt, M. (2014): Die Geschichte von Atari. http://www.atari-computermuseum.de/history.htm. Aufgerufen am 15.01.2014.

Winter, D. (2013) Magnavox Odyssey - First home video game console. http://www.pong-story.com/odyssey.htm#P10. Aufgerufen am 14.01.2014.

Winter, D. (2013): Odyssey, Bedienungsanleitung. http://www.pong-story.com/pics/odyssey/german/man_10.jpg. Aufgerufen am 14.01.2014.

Clan, Gilde, Avatar: Die Bedeutung von Online-Rollenspielen für die Identität und Soziabilität Jugendlicher im mediatisierten Alltag

Kai Erik Trost

1 Games im Kontext mediatisierter Lebenswelten

Games[1] sind heute omnipräsent: als Mobile-Game gehören sie zur Grundkonfiguration eines jeden Smartphones oder Tablet-PCs, als Social-Game sind sie bequem über den Browser ablauffähig oder über Soziale Netzwerkseiten wie Facebook zu erreichen, während sie als Online-Rollenspiele eine große Menge – meist jugendlicher Nutzer – in einer gemeinschaftlichen Fantasy-Welt vereinen.

Insbesondere die letztgenannten, online-basierten Rollenspiele sind ein hervorragendes Beispiel für die heutige Mediatisierung von Lebenswelten: Interaktionen finden nicht nur technisch gestützt statt, sondern sind auch – explizit – an technische Institutionen innerhalb des Spiels gerichtet (womit sie im soziologischen Sinne streng genommen keine Interaktionen wären); in Games erstellen Jugendliche mit Avataren imaginäre Repräsentationen der eigenen Identität (oder einer anderen, wünschenswerten Identität), entwickeln parasoziale Bindungen zu technischen Institutionen wie auch interpersonelle Beziehungen zu anderen Mitspielern; Jugendliche erfahren die Semantik von Freundschaft und Gemeinschaft durch das gemeinsame symbolische Handeln im Rahmen der Spielwelt – welches zugleich wieder auf die Offline-Welt übertragen wird.

Diese mit Games verbundenen Veränderungen von Kommunikationspotenzialen, -angeboten und -formen gehen mit einem Wandel von Kommunikation insgesamt einher. Dieser kann mit dem Konzept der Mediatisierung (vgl. Krotz 2007) begrifflich erfasst werden. Mediatisierung konzeptualisiert die Veränderung der Kommunikationswelt der vergangenen Jahre und begreift mediale Kommunikation »als basaler Prozess in Gesellschaft und Kultur, aber auch als basaler Prozess im Alltag und als Bedingung für die Konstitution des Individuums und seiner Identität sowie seiner von ihm konstruierten und interpretierten Welt und Wirklichkeit« (ebd.: 17, Hervorh. i. Orig.). Die Folgen von Mediatisierung kommen

---

[1] Die Begriffe (PC-)Games, Computerspiele, Videospiele und Bildschirmspiele werden im Folgenden synonym verstanden, da ihre Unterscheidung meist rein technischer, historischer oder rezeptionsspezifischer Natur ist bzw. weil sich das Differenzierungsmerkmal auf das Endgerät (PC, TV-Gerät, mobiles Empfangsgerät etc.) bezieht.

dadurch zustande, dass Menschen sich Medien und allgemeine Technik im Sinne des Symbolischen Interaktionismus (vgl. Mead 1998) aneignen und in ihren Alltag integrieren und darüber ihr Umfeld und sich selbst verändern.

Gerade die Generation der ‚Digital Natives' nutzt hier alle verfügbaren medialen Technologien, um Identität(en) zu entwickeln, Verhaltensweisen zu erproben und Werte- und Normensysteme auszuhandeln. Diese Praktiken und die oben angesprochenen Transformationen und Veränderungen sind insbesondere bei Games Gegenstand eines (häufig negativ konnotierten) gesellschaftlichen und wissenschaftlichen Diskurses – gerne flankiert, von einer kritischen Berichterstattung in den Medien selbst. Insbesondere gilt dies für die oben bereits erwähnten Online-Rollenspiele wie Massively Multiplayer Online-Role Playing Games (MMORPGs), die im Genre[2] der online-basierte Multiplayer-Spiele zu verorten sind. Hier bewegen sich die Nutzer gemeinschaftlich in einer umfangreichen virtuellen Spielwelt, die persistent ist, d. h. nicht angehalten oder beendet werden kann.

Diese Spiele (das populärste ist World of Warcraft mit weltweit mehreren Millionen Nutzern) sind komplex angelegt: Als Adaption des klassischen Tischrollenspiels erstellen die Nutzer einen Avatar, der über bestimmte Fähigkeiten und Eigenschaften verfügt. Mit ihm können die Spieler die fiktive Welt erkunden, Aufgaben erfüllen, Gespräche führen und sich mit anderen Personen organisieren, mit ihnen handeln und sich mit ihnen zu Gruppen zusammenschließen, Kämpfe bestreiten uvm.

Im Sinne des Symbolischen Interaktionismus wird hier bereits deutlich, dass gerade dieses Spielprinzip von Online-Rollenspielen – mitsamt seinen Interaktionsparadigmen, Zeichensystemen, Figurationen und Ritualen sowie mitsamt dem dort verarbeiteten sozialen und kulturellen Wissen – die Frage aufwirft, welche Rolle diese Angebote für Identität und Vergemeinschaftung übernehmen. Denn Identität[3] als Konstrukt resultiert aus gesellschaftlichen Interaktionssituationen und aus der Reflexivität bezüglich der hierdurch konstituierten

---

2 Im Rahmen dieses Artikels wird auf eine Elaborierung oder Typisierung des Genre-Begriffs (wie es etwa anhand dem Grad narrativer Handlung möglich wäre) verzichtet. Vielmehr wird der Einfachheit halber eine (kategoriale) Einordnung in ‚game-typische' Spieletypen bzw. Genres vorgenommen.

3 Der Identitätsbegriff sei hier mit der Perspektive des Symbolischen Interaktionismus expliziert (vgl. Mead 1998). Demnach wird davon ausgegangen, dass das Indivium sozial determiniert ist und dass sich Identität durch den symbolischen Prozess von Interaktion, Kommunikation und Handeln herausbildet. Identität wird kontinuierlich neu ausgehandelt und stellt das Ergebnis dieses Erfahrungs- und Tätigkeitsprozesses dar (vgl. Mead 1998: 177 ff.; vgl. auch den Identitätsbegriff bei Krappmann 1993: 12ff.). Auf eine weitere Elaborierung des Identitätsbegriffs – zum Beispiel im Sinne von Goffman: Ich-Identität, personelle Identität, soziale Identität (vgl. Goffman 1967) – sei an dieser Stelle verzichtet.

Erfahrungsräume, ebenso wie Gemeinschaft, die – im Sinne von Max Weber (1972: 12) – aus subjektiv gefühlter Zusammengehörigkeit hervorgeht.

Der vorliegende Artikel möchte sich diesen Fragen annähern. Insbesondere wird der Frage der Indentitätsrelevanz bei Jugendlichen nachgegangen, wobei das basale Spiel- und Interaktionsprinzip dieser Angebote berücksichtigt und ein Bezug zu den Handlungen und Tätigkeiten innerhalb der Spielwelt hergestellt wird. Ebenfalls soll die Frage der Bedeutung dieser Spieleangebote für die Soziabilität Jugendlicher Berücksichtigung finden, weswegen auch Fragen der Vergemeinschaftung sowie Fragen der Vermittlung von Werten und Normen durch diese Spiele thematisiert werden. Zunächst wird das Konstrukt der Identität sowie die Aneignung von Medien im Alltag in den Blick genommen.

2 Identität und Medienaneignung

Die Entwicklung von Identität formt das ‚Selbst-Bewusstsein', führt durch Selbsterkenntnis zu Persönlichkeitsreife, ermöglicht Jugendlichen neue Lebenserfahrungen und -perspektiven und die Festigung der sozialen Rolle (vgl. Krappmann 2010). Die Identitätskonstruktion, d. h. die Aushandlung, Findung, und Verortung der eigenen Identität(en), kann als eine zentrale Entwicklungsaufgabe der Adoleszenz gesehen werden – für den Identitätsforscher Erik Erikson ist sie gar das zentrale Charakteristikum der Adoleszenz (vgl. Fend 2003: 402 f.). Dies gilt insbesondere für die heutige Lebenswelt Jugendlicher: Erstens, weil Identität im Zuge der Modernisierung und Individualisierung der Gesellschaft nicht mehr per Geburt oder Milieu vorgegeben ist und nur noch bedingt kollektiv vorgelebt wird, sondern zunehmend selbstständig erworben und weiterentwickelt werden muss (vgl. Beck/Beck-Gernsheim 1994). Zweitens, weil die Grenzen der Jugendphase heute nicht mehr festgelegt sind, sondern sich im Zuge ebenjener gesellschaftlicher Entwicklungen verflüssigt haben. Die hierbei ursprünglich klaren Konturen des »Schon- und Experimentierraums« (Barthelmes & Sander 2001: 24) der Jugend im Sinne einer definierten Übergangsphase von der Kindheit zum Erwachsenenalter weichen einer mehr oder weniger offenen Lebensphase (vgl. Böhnisch 2012: 139 ff.). Diese ist von der Pluralisierung an Lebenskonzepten gekennzeichnet und wird von gesellschaftlichen Leitbildern wie relativer Wahlfreiheit, individueller Selbstverantwortung oder persönlicher Leistungsfähigkeit begleitet.[4] Die eigene Biografie wird hier zur selbst-verantwortlichen Notwendigkeit; weder Familie

---

4   Zur gesamtgesellschaftlichen Entwicklung vgl. exemplarisch Beck/Beck-Gernsheim 1994 oder Sennett 2000; zur gegenwärtigen Situation der Jugend insgesamt vgl. die Shell-Jugendstudie 2010, die ein sehr differenziertes Abbild der zeitgenössischen Jugend und ihres Alltags erstellt.

oder Arbeitgeber noch andere Institutionen liefern Jugendlichen im Zeitalter ‚gesellschaftlicher Instabilität' eine ‚stabile Identität'. Zum dritten spielen in dieser von Unsicherheit und Unübersichtlichkeit gekennzeichneten Phase Medien im Alltag eine selbst-verständliche Rolle. Sie sind nicht nur Mittel für die Informationsbeschaffung oder für die Kommunikation, sondern dienen auch der Alltagsstrukturierung und liefern Orientierungs- und Identifikationsangebote (vgl. Krotz 2007; Schulz 2004).

Demnach sind Medien auch bei der Konstruktion von Identität relevant und haben eine prägende Funktion inne: Da sich viele gesellschaftliche und kulturelle Prozesse in einer von Medien durchdrungenen Lebenswelt zunehmend auf die Medien beziehen, bzw. von ihnen konstituiert werden, stellen jene in ihren verschiedenen Ausprägungen identitätsrelevante Funktionen im Alltag bereit: Medien konstituieren Freundschaften, Cliquen oder ganze jugendkulturelle Szenen, bieten Jugendlichen die Möglichkeit, kollektive Orientierungen und Zugehörigkeiten auszudrücken, sich von der Erwachsenenwelt abzugrenzen und Lebensstile zu visualisieren; sie vermitteln ein Bild von Geschlecht und konstituieren die Geschlechteridentität, leisten Eskapismusfunktionen und ermöglichen die Flucht aus der Realität; mediale Bezugspersonen, auch parasoziale Bindungen zu Medienfiguren, vermitteln Werte und Ideale, bestimmen die Selbstwahrnehmung oder die Zufriedenheit mit der eigenen Person.[5]

Jugendliche identifizieren sich bspw. mit ‚Medienstars' und finden bei diesen ‚Teile ihrer Persönlichkeit' sowie Lebenserfahrungen wieder. Dadurch werden die Medien für sie zu einem Spiegel, der ihnen auch für die Arbeit am Selbstbild behilflich sein kann (vgl. Barthelmes & Sander 2001: 16). Medien konstruieren die Wirklichkeit auf vielfältige Weise, Medienakteure sind etwa als »Optionen für den eigenen Lebensweg« (Wegener 2008: 38) zu sehen und ergänzen heute, wie die Medien insgesamt, die Sozialisationsinstanzen Familie, Peers oder Schule.

Diese Rolle der Medien – mit den identitätsrelevanten Funktionen von Medienangeboten, Medienakteuren und Medienbeziehungen – bleibt nicht ohne Diskurs: Grundsätzlich können Medien durch ihre technologischen, semiotischen und wirtschaftlichen Merkmale problematische Abhängigkeiten, Zwänge oder Übertreibungen zur Folge haben oder durch Virtualisierung (Inszenierung und Simulierung, vgl. Thiedeke 2000) die Grenzen der gültigen Wirklichkeit verschieben (vgl. Schulz 2004: 87). Vor diesem Hintergrund werden insbesondere Games medial thematisiert: Bei der medialen Berichterstattung lässt sich eine kontroverse Diskussionen ihrer Wirkungen ablesen, sei es hinsichtlich ihrer negativen sozialen Konsequenzen (‚übertriebene' Darstellung fiktionaler Gewalt, Rückzug bzw. Flucht in die digitale Welt etc.) oder in puncto intrapersoneller Folgen (patholo-

---

5   Vgl. zur Medienaneignung und Identität sowie zu medialen Bezugspersonen bspw. Wegener 2008, insb. S. 35-69.

gische Abhängigkeit, negative Effekte auf schulische Leistungen etc.). Weniger Berücksichtigung erfahren hingegen Fragen der Aneignung und Identitätsrelevanz sowie Fragen hinsichtlich ihres Nutzens im Alltag, bspw. inwiefern sie Jugendlichen beim Aufbau von symbolischem oder sozialem Kapital (vgl. Bourdieu 1983) unterstützen.

Festgehalten sei zunächst, dass Identität und Gemeinschaft im Zuge von Individualisierung und Mediatisierung vermehrt als eine ‚Instanz von Selbstmanagement' zu verstehen ist, für deren Ausdruck, Aushandlung und Verortung die Medien zunehmend konstitutiv sind. Wie in den folgenden Kapiteln gezeigt wird, sind Games hierfür eine Ausdrucksform, mit der Besonderheit, dass sowohl Identität als auch Vergemeinschaftung nicht zwangsläufig nur im Grenzbereich der ‚virtuellen Realität' verortet ist.

3 Spieltheoretische Grundlagen im Kontext von Identität

Bevor im Weiteren gefragt wird, welche Effekte Games hinsichtlich der Identitätsarbeit Jugendlicher zum einen, zum anderen in Bezug auf Vergemeinschaftung mit sich bringen, muss zunächst ein Blick auf Games und auf deren spielmechanische Spezifika gelegt werden.

Die zentrale Motivation bzw. Gratifikation von Games lässt sich ebenso wie das subjektive Erleben der Spielsituation nur bedingt fassen.[6] Diese hängen von verschiedenen Kontextvariablen, insb. vom spezifischen Gamedesign, dem Nutzer- oder Spielertyp, dem Genre und der konkreten Spielsituation ab (vgl. Pietschmann 2009: 11 f.). Ebenfalls unterscheiden sie sich innerhalb der vorherrschenden wissenschaftlichen Perspektive.[7] So hebt bspw. die evolutionspsychologische Perspektive die primäre Lernfunktion von Games hervor (vgl. Ohler & Nieding 2006), während aus Sicht der Spieltheorie eher motivationale Faktoren wie das Entdecken einer neuen, virtuellen Welt oder Gratifikationen wie Selbstbeschäftigung, Ablenkung, Zeitvertreib oder soziale Interaktion betont werden (vgl. Crawford 1984).

---

6 Siehe zu den Gratifikation von Games allgemein Klimmt 2004: Als zentrale Motivatoren für Games lassen sich identifizieren: Gefühle von (a) Kontrolle, (b) Macht und Dominanz sowie (c) Kompetenz und Selbstaufmerksamkeit und (d) Freude und Stolz.

7 Als multiperspektivisch angelegte (Wissenschafts-)Disziplin hat sich erst in den vergangenen Jahren das Forschungsfeld der *Computer Game Studies* emanzipiert und maßgeblich gefestigt, nachdem Games zuvor in – mehr oder weniger – autarken Einzeldisziplinen untersucht wurden, deren Fragestellungen einem wissenschaftsinternen Diskurs (kognitive Informationsverarbeitung in der Psychologie, Sozialisation und Persönlichkeitsentwicklung in der Soziologie usw.) entsprangen.

Medienspezifisch kann zunächst die explizite, elektronisch-vermittelte Interaktivität gegenüber der kognitiv-aktiven Rezeptionsweise originärer Unterhaltungsmedien wie Filme oder Romane als basales Differenzkriterium fixiert werden (vgl. Klimmt 2004; Seda 2008). Interaktivität meint dabei – im Gegensatz zum (soziologischen) Terminus der Interaktion – nicht die interpersonelle Kommunikation, sondern schließt ausdrücklich auch die technische, parasoziale Interaktion *mit* dem Medium ein (vgl. Seda 2008: 36 ff.).

Durch kognitive Prozesse werden den jeweiligen Spielsituationen subjektiv Sinn und Zusammenhang zugeschrieben, was sich bei der Rezeption und Nutzung in beschreibbaren Erlebniszuständen manifestiert. Diese Zustände der sog. ‚Involvierung', die je nach vorherrschender Terminologie oder Perspektive mit Konstrukten wie ‚Flow', ‚Eskapismus' oder ‚Immersion' erfasst werden können, sind charakteristisch für das subjektiv positive Erleben von Games (vgl. Pietschmann 2009: 12). Die Grundlage bildet das sog. Presence-Konzept, welches letztlich die Illusion beschreibt, sich selbst inmitten der simulierten, virtuellen Welt zu befinden. Kognitive Prozesse – Gefühle, Gedanken, Reaktionen – beziehen sich gegenwärtig nicht auf die reale Welt (ebd.: 12 ff.). Bedeutsam ist hier die Immersion. Diese meint den Grad an Imagination und das Ausmaß des (metaphorischen) Eintauchens in die fiktive Realität des Spiels durch die Identifikation mit der dort simulierten Welt und mit der Repräsentanz des Selbst (Spielfigur, Avatar usw.). Das subjektiv positive Erleben von Games konstituiert sich auch durch das Erfahren der Spielsituation als herausfordernde aber lösbare, nicht aber als unter- oder überfordernde Aufgabe (vgl. Fritz 2003). Bei entsprechender Passung von Spielschwierigkeit/Anforderung und Fähigkeit des Spielers wird das Spielerlebnis als eine angenehme, leistungsorientierte Tätigkeit begriffen; der Wunsch nach Erfolg inneviert den Nutzer weiterzuspielen und der sog. ‚Flow' stellt neuen Antrieb dar (ebd.).

Die hier nur kurz und recht abstrakt skizzierten Funktionsweisen und Basisparadigmen von Games lassen bereits deren Identitätsrelevanz erkennen: Games sind zunächst aufgrund ihrer hohen Interaktivität, wegen der sofortigen Rückmeldungen sowie wegen der bereits angesprochen Zustände der Involvierung emotionspsychologisch sehr effektiv (vgl. Zillmann 2004; Fritz 2003). Sie sind identitätsrelevant, weil sie Funktionen vermitteln, die das Erfahren von Selbstwirksamkeit ermöglichen, der Perspektivübernahme dienen oder die Verarbeitung von Erlebnissen und Erfahrungen der Alltagswelt unterstützen (wenngleich dies nicht stets als bewusste Identitätsarbeit einzuordnen ist; vgl. auch Oerter 1993). Beim Spielerleben und Spielerfahren ist zwar zwischen dem Realitätsbereich von Spiel und Alltag zu differenzieren, doch stehen sich diese Erlebnisräume komplementär gegenüber: Merkmale und Differenzen beider Räume werden grundsätzlich in die Reflexion des Selbst einbezogen und sind dementsprechend relevant für die Konstruktion von Identität (vgl. Mogel 2008; Oerter 1993). Diese konstruiert sich nicht ausschließlich im physisch-realweltlichen Umfeld; das Nichtvorhandensein eines physischen Gegenübers stellt weder eine konstitutive Voraussetzung für Identitätsbildung dar, noch ist diese Kommunikationssituation heute Einzelfall oder Besonderheit (so haben wir uns z. B. auch daran gewöhnt, den Gesprächspartner bei der Telefonie als adäquaten Kommunikationspartner zu akzeptieren; die nicht nur räumlich entfernte sondern auch aus technischen Gründen verzerrte Stimme des Gegenübers besitzt für uns ein vergleichbares Maß an subjektiver Authentizität oder Verbindlichkeit; vgl. Turkle 1998: 384).

Die angesprochene ‚Intensität' von Games bedeutet zusammen mit Immersion aber auch, dass – akzeptiert der Rezipient den virtuellen Raum als Umgebung für Stellvertreterhandlungen und nimmt er den dortigen Raum und seine Akteure als authentisch wahr – eine soziale Komponente zum Ausdruck gebracht werden kann: Hinter einer Figur bzw. hinter einem Avatar steht bspw. keine parasozialtechnische Institution, sondern die grafische Repräsentation einer ‚echten Person'. Mit dieser sind wie zu anderen Mitspielern soziale Interaktionen möglich. Games können hier also auch als eine Art medial erzeugter Raum der interpersonellen Kommunikation zwischen Individuen verstanden werden, welcher nicht anders als jener im realweltlichen, nicht-virtualisierten Umfeld identitätsrelevant ist. Er ermöglicht Jugendlichen die Darstellung von Identität über virtuelle Ausdrucksformen und konstruiert Identität durch den – hier im doppelten Sinne – symbolisch vermittelten Prozess der interpersonellen Individual- und Gruppenkommunikation.

4 Vergemeinschaftung und die Konstruktion von Identität

4.1 Online-Rollenspiele und ihre identitätsrelevanten Spezifika

Die Frage, wie sich dies auf die individuelle Identitätsentwicklung auswirkt, lässt sich nicht pauschal, sondern allenfalls kategorial für ein bestimmtes Genre oder eine Spielekategorie beschreiben, ist idealerweise aber auf Ebene des einzelnen Games zu untersuchen (vgl. Gebel 2013: 150). Folglich ist zunächst der gesetzte Rahmen des Genres bzw. der etablierten Spielkategorie, d. h. des (Online-) Rollenspiels, zu berücksichtigen. Wie bereits dargelegt genügt es außerdem nicht, sich bei der Analyse des (virtuellen) Raumes auf die materielle Erscheinung, bspw. auf die räumliche Wahrnehmung, zu konzentrieren. Vielmehr ist die soziale Konstruiertheit des virtuellen Raumes zu berücksichtigen. So können die mit der materiellen Erscheinung verbundenen Aneignungs- und Nutzungsformen – und die damit verknüpften Semantiken, Sinnzuschreibungen und Konnotationen – einbezogen werden.

Im Vergleich zu dem vom klassischen bzw. freien Rollenspiel offerierten Handlungsrahmen steckt das Online-Rollenspiel einen engeren Rahmen. Dies bedeutet jedoch nicht, dass die Relevanz für die Identitätsarbeit grundlegend als geringer einzustufen ist (vgl. Gebel 2009: 150). Online-Rollenspiele werden genretypisch meist einer mythologischen, fantasybasierten (Mittelalter-)Welt verortet, die in Struktur und Mechanik den Eigenschaften der ‚realen Welt' nachempfunden ist: Mittels eines Avatars, eines virtuellen Alter Ego, kann der Nutzer die Entitäten der Welt visuell und auditiv erfahren, also bspw. räumliche Orte wie Städte oder Wälder besuchen, mit physischen Objekten wie Häusern, Türen, Waffen etc. interagieren, sich mit Subjekten, seien es andere Mitspieler oder Nichtspielercharaktere, unterhalten, gegen Gegner und Feinde kämpfen, finanzielle Transaktionen durchführen uvm. Dementsprechend einfach gelingt es den Nutzern, die konstruierte ‚Welt' mit ihrer Struktur und Mechanik zunächst als solche zu akzeptieren (womit sich diese damit von einer rein ludisch orientierten Spielfläche abhebt) und Gratifikationen wie die bereits angesprochene Immersion zu erleben.

Die im vorangegangenen Abschnitt angesprochene Leistungskomponente für den motivationalen ‚Flow' des Spielers wird durch ein levelbasiertes Belohnungssystem gelöst; der Avatar wird leistungsfähiger, stärker, mächtiger, indem er Gegner tötet oder gestellte Aufgaben löst, wofür er mit variierenden Belohnungen – Erfahrung, Aufstieg im Rang, Ausrüstungsgegenstände, Geld – entlohnt wird (wobei der soziale Vergleich mit anderen Mitspielern hier als maßgeblicher Motivator für den Fortschritt im Spiel fungieren dürfte).

Charakteristisch für Online-Rollenspiele ist die bereits angedeutete, sozialkommunikative Komponente. Erstens findet nicht nur eine Interaktion zwischen Mensch und Maschine, sondern eine zwischen den Nutzern statt; Interaktionen weisen dementsprechend häufig einen interpersonellen Charakter auf. Dabei wird, zweitens, die soziale Interaktion unter den Nutzern explizit gefördert: Das Spielprinzip ist meist so angelegt, dass ein Vorankommen im Spiel häufig nur durch gemeinschaftliches, gar koordinatives und organisationales Handeln in Gruppen möglich ist. So existieren im Spiel verschiedene ‚Fraktionen', die gemeinschaftlich operieren, wobei viele der ‚Endgegner' nicht allein bezwungen werden können und bestimmte Aufgaben Gemeinschaften vorenthalten sind. Dementsprechend konstituieren sich auf Basis gemeinsamer Motive und Ziele interessenszentrierte, situative Vergemeinschaftungsformen. Diese sind bei Online-Games wie Rollenspielen meist eingebettet in ein Konstrukt verschiedener Gemeinschaftsebenen, die je nach Spielkonzept und Spiel zwischen einer Handvoll und mehreren hundert Personen umfassen können. So umfasst z. B. die Spieler-Szene bzw. Community alle Nutzer des jeweiligen Spiels, während ‚Clans' und ‚Gilden' verdichtete Gemeinschaften innerhalb der Spielwelt beschreiben. Ferner schließen sich kleinere Gruppen situativ zusammen, um gemeinsame spielinterne Aufgaben zu lösen.

4.2 Online-Rollenspiele als sozial konstituierte Online-Umgebungen

Aufgrund dieser gemeinsamen Zielsetzungen, wegen des Zusammenspiels und wegen derer begrenzter Regulierung sowie wegen der Häufigkeit und Dauer der Interaktion – also wegen einer letztlich spielintern manifesten ‚Kooperation' – erfüllen Online-Rollenspiele viele qualitative Merkmale sozialer Gruppen (vgl. Thiedeke 2000).

Eine unilaterale respektive egozentrierte Partizipation an und in der Spielwelt von Online-Rollenspielen ist nicht möglich, da Interdependenz und Reziprozität dort nicht nur basale Merkmale der Partizipation insgesamt, sondern auch dispositive Voraussetzung von (gemeinschaftlichem) Erfolg darstellen. M. a. W.: Um in einem Online-Rollenspiel teilnehmen zu können, müssen die Nutzer einander helfen, Erfahrungen austauschen, sich organisieren, sich besprechen und koordinieren.

Soziale Aushandlungsmechanismen sind in der Spielwelt von Multiplayerspielen also quasi normativ verortet. Die Jugendlichen sind mit ihrem Avatar bzw. mit ihrem ‚Charakter' in der Spielwelt die »Architekten ihrer eigenen Sozialwelt« (Geisler 2010: 99), die sich an den Werten und Normen der Alltagswelt orientiert. Sie sind Gegenstand sozialer Aushandlungsprozesse, wobei nicht anders als im realweltlichen Umfeld sozio-kulturelle Werte und Deutungen geschaffen werden; bestimmte Verhaltensweisen werden ebenso wie Regeln und Sanktionen durch die Spielergemeinschaft selbst normativ verortet. Zu nennen sind etwa verschiedene Rollen(funktionen) in Gildensystemen, an welche spezifische Aufgaben oder gemeinschaftliche Absprachen von zielorientiertem Handeln geknüpft sind, wobei Verstöße (z. B. Nicht-Erscheinen) Sanktionen zur Folge haben können (z. B der Ausschluss aus der Gilde). Nach Geisler (2010: 104) zeugen diese »teilweise sehr detaillierten und mitunter sogar strengen Regeln« vom »Wunsch nach Kohärenz der Gruppe und langfristigen Bindungen«.

Geisler sieht die Vergemeinschaftungen sowie die genannten thematisierten Bestätigungen des Wir-Gefühls daher auch als Wunsch nach »einer bestehenden Größe« innerhalb der oben bereits thematisierten, vonstattengehenden Individualisierungsprozesse an, welche der Fragilität einer medialen und somit ‚mittelbaren' Gemeinschaft entgegenwirken: »[...] die Frage nach der sozialen Bedeutung der Computerspielgemeinschaften [ist] oftmals verbunden mit der Frage nach der Bedeutung zwischenmenschlicher Prozesse und guter Freundschaften« (Geisler 2010: 104).

Charakteristisch für Online-Rollenspiele ist daher der Umstand, dass sich diese als sozial konstituierte Online-Umgebungen manifestieren. Es geht, anders als bei typischen Einzelspieler-Varianten, nicht ausschließlich um die Erfüllung spielerischer Ziele. Online-Rollenspiele konstituieren sog. Third Places (vgl. Oldenburg 1991). Hierbei handelt es sich um entweder privat oder öffentlich konnotierte, spezielle räumliche Typologien, die für soziale Kontakte und zum wechselseitigen Austausch aufgesucht werden (im physischen Raum: Restaurants, Cafés etc.). Sie dienen der Zerstreuung, der Entspannung und der Ablenkung; also dazu, sich abseits von bspw. beruflichen oder schulischen Verpflichtungen zu treffen, sich auszutauschen und zu ‚erholen'. Wie Ducheneaut et al. (2007) zeigen, implementieren die Online-Umgebungen von Online-Rollenspielen die wesentlichen Merkmale dieser Third Places (worin wohl auch zu einem großen Teil ihre Popularität begründet sein dürfte): Sie sind neutrale und distinkte Orte, welche die Nutzer ohne Einschränkung besuchen und sich dort frei und in Echtzeit bewegen; Merkmale sozialer Schichtung – Status, Prestige, Bildung usw. – sind nicht von Relevanz.

4.3 Online-Rollenspiele als sozialer Erfahrungsraum

Neben diesen Gratifikationen von Entspannung, Unterhaltung und Ablenkung entsteht im sozialen Raum von Online-Spielen gleichzeitig ein gewisser Leistungsgedanke: Die zentrale Botschaft des Spiels – »Kannst du dich bewähren?« (Geisler 2010: 100) – ist eine Frage realer Wirklichkeit:

> »Im gegenseitigen Messen werden [...] klassische Aspekte der Identitätsentwicklung deutlich, in der ein Mensch versucht, durch Auseinandersetzung mit seiner Umwelt seinen Platz zu finden und möglichst viel Einfluss auf sein Umfeld ausüben zu können« (ebd.: 101).

Online-Rollenspiele können daher als eine Art sozialer Erfahrungsraum begriffen werden. Nach Durkin (2006) fungieren Games als eine gegenüber anderen sozialen Entitäten distinkte Lebenswelt und dienen dem Ausdruck von Autonomie. Im Kontext dieser ‚elternfreien Zone' können Jugendliche im Rahmen der Spielwelt symbolisch autonom und selbstbestimmt handeln sowie partiell gegenüber bestimmten sozialen Gebilden wie der Erwachsenenwelt, dem Elternhaus oder der Schule opponieren. Gerade dieser Umgang mit den Peers ist für Jugendliche ein wichtiges Element hinsichtlich ihrer Identitätsarbeit: Die Freundschaft zu anderen Jugendlichen und der Umgang mit den Peers ist als Träger sozialen Kapitals zu verstehen. Mit ihnen können subjektiv als wichtig empfundene Themen, die bspw. Erwachsene nicht ernst nehmen, meiden oder tabuisieren, angesprochen und diskutiert sowie gruppenspezifische Werte und Verhaltensregeln entwickelt und ‚gelebt' werden (vgl. Fend 2005; Krappmann 2010).

Gerade Online-Rollenspiele bieten Jugendlichen für diese wichtigen Identitätserfahrungen von Selbstthematisierung und Abgrenzung eine breite Palette an Funktionen, die dort qua Spielprinzip implementiert sind. Neben sozialem Kapital wird auch symbolisches Kapital generiert; es entsteht dort, wo Jugendliche die in der Spielewelt verorteten semiotischen Systeme mitsamt ihrer Kodierungen nutzen: Das symbolische Kapital von Erfolg, Status und Prestige ist in Online-

Rollenspielen kodiert in symbolisch manifesten Artefakten der Spiellandschaft, typischerweise in Ausrüstungsgegenständen wie Kleidung, Waffen oder Schmuck. Die Spieler werden mit diesen Artefakten bei (gemeinsamer) Zielerfüllung und bei Erfolg belohnt. Symbolisches Kapital wird auch dort generiert, wo Jugendliche semiotische Systeme wie bspw. das spielinterne Sprachsystem im Chat nutzen, um sich gegenüber der Erwachsenenwelt abzugrenzen und im Kontext der Peer-Group ein eigenes Bild der Identität zu entwickeln.

Nach Fritz (2004) verknüpft der Spieler seine narzisstischen Wünsche – Macht, Beherrschung, Kontrolle, Reichtum, Kraft – sowie gesellschaftliche und kulturelle Wertvorstellungen und Normen mit dem Computerspiel. Hier ist es für Jugendliche eine Art soziales Spielfeld, in welchem abseits von institutioneller Kontrolle oder gesellschaftlicher Sanktion Erfahrungen im Grenzbereich des Normativen und darüber hinaus gemacht werden können (indem z. B. das Bedürfnis nach einem ‚Anders-sein' oder ‚Böse-sein' ausgelebt werden kann). In diesem Sinne konstituieren Games eine Identitätsentwicklung als offenen Prozess; sie ermöglichen es an wichtige Lebenskontexte anzuknüpfen und dabei verschiedene Alternativen wie ein opponierendes Verhalten in der Spielwelt oder gegenüber Mitspielern auszuprobieren (vgl. Geisler 2010: 100).

Nicht nur beim Erleben solch quasi ‚virtueller Grenzerfahrungen' sind Online-Rollenspiele bzw. Games identitätsrelevant, sie sind für Jugendliche auch bei der Konstruktion der Geschlechteridentität bedeutsam: Brüggen (2008) zeigt etwa, inwieweit Erfahrung und Expertise im Umgang mit Games für männliche Jugendliche in ihrer Geschlechterrolle verortet und dementsprechend bei der Konstruktion des (sozialen) Geschlechts relevant ist. Gerade männliche Jugendliche erlangen durch Erfolg in Games Status in der Peer-Group und damit symbolisches Kapital, insbesondere weil dieses aufgrund ihrer thematischen oder ästhetischen Charakteristika (Action, Krieg, Gewaltdarstellung o. ä.) häufig maskulin konnotiert ist (ebd.).

Ähnliches konstatiert auch Durkin (2006), der darüber hinaus die symbolischen Manifestationen von ‚Stärke' in Games durch bspw. Aggression oder Gewalt als Demonstration physischer Autonomie und als Substitut für das physische Ausleben von Stärke deutet. Das Ausleben von Aggressionen ist dort, anders als im realweltlichen Umfeld, risikolos und bleibt (außerhalb der Spielwelt) ohne soziale und normative Konsequenz.

Wie sich gezeigt hat ist die Online-Umgebung des Spiels soziales Experimentierfeld, informeller Lernort und Sozialisationskontext, in dem das gemeinsame Spiel durch das Erfahren von Erfolg oder Misserfolg als Mittel fungiert, um das Bild der eigenen Identität zu entwickeln und mit dem Umfeld zurechtzukommen. Festzuhalten ist außerdem, dass Jugendliche auf verschiedenen Ebenen symbolisches Kapital generieren, das als solches nicht anders als im realweltlichen Kontext als Ressource bedeutsam ist.

4.4 Online-Rollenspiele als Identifikationsobjekt

Online-Rollenspiele sind nicht nur identitätsrelevant, weil sie – wie oben expliziert – durch ihr Spielprinzip das Erfahren von Werten wie bspw. Selbstwirksamkeit ermöglichen; sie sind mit ihren semiotischen und narrativen Bestandteilen auch als Identifikationsobjekt zu sehen. Maßgeblich hierfür ist die Identifikation mit der simulierten Welt (vgl. Gebel 2009, 151) (was im Sinne der Involvierung zugleich basale Grundlage des Spielkonzepts ist; vgl. Kapitel 3).

Identifikation findet auf verschiedene Art und Weise statt; zu unterscheiden ist die Identifikation des Spielers zu parasozialen Akteuren (den ‚Charakteren' der Spielwelt, den sog. NPCs), zu narrativen Elementen (dem Plot, der Geschichte), zu ikonischen Elementen der Spielwelt (audio-visuelle Abbildungen von Figuren und Objekten der realen Welt) sowie zu anderen sozialen Akteuren, also zu Mitspielern und Gemeinschaften wie Gilden, Clans oder Gruppen.

Online-Rollenspiele bieten insofern vielfältige Potenziale für die Identifikation. Durkin (2006) nennt grundsätzlich die

- Artikulation des Selbst durch die Wahl einer entsprechenden Charakterklasse sowie
- die Personalisierungsmöglichkeiten des Avatars (physisches Äußeres etc.),
- die freie Artikulation gegenüber anderen Mitspielern,
- die Vielfalt an Handlungsmöglichkeiten innerhalb der Spielwelt (Laufbahn etc.).

Nach Geisler (2010: 104) haben die Nutzer dabei die Möglichkeit, sich bei Online-Rollenspielen untereinander auf drei verschiedenen Identitätsebenen auszutauschen. Auf der Ebene der personalen Identität der Alltagswelt, anhand der Statusrolle innerhalb einer Gemeinschaft und mittels der selbsterstellten Wunschrolle innerhalb der Spielwelt. Von zentraler Bedeutung sind hierbei die Avatare: Sie sind die wesentlichen Repräsentanten des handelnden Akteurs, des Selbst, weil der Spieler die simulierte Spielwelt und ihre Spielsituationen im Game aus der subjektiven Perspektive dieser, meist menschlichen oder menschenähnlichen, Spielfiguren erlebt und weil daher das kulturelle und soziale Wissen der Person, im Sinne von Bedeutungszuschreibungen, Wertevorstellungen oder Normen, durch Rollenübernahme auf den Avatar projiziert wird.[8]

---

[8] Siehe hierzu etwa Fritz 2004. Er fasst den Rahmen für diese Projektion insgesamt recht weit und geht davon aus, dass die Identifikation sowohl auf sensumotirischer, direktionaler, rezeptiver und semantischer Ebene stattfinden kann. Für ihn ist die Symbolisierung in einem Avatar hinsichtlich einer hohen Identätsrelevanz aber nicht konstitutiv – anders als bspw. für Durkin 2006.

Da Teile der Persönlichkeit auf den Avatar und auf dessen Handeln übertragen werden, ist jener als eine Art Selbstausdruck zu sehen. Hier ist vermutlich für jedes Game individuell zu fragen, inwieweit die Identifikation des Spieler mit dem Avatar grundsätzlich möglich ist, inwieweit ihm Identifikation und Rollenübernahme durch bspw. die grafische Gestaltung, durch die Story des Spiels und durch das Konzept der Presence erschwert oder erleichtert wird. Bei Online-Rollenspielen ist basierend auf dem Spielprinzip von erweiterten Möglichkeiten des Selbstausdrucks auszugehen. Die Spieler versehen ihn mit einer Persönlichkeit, übertragen an ihn individuelles Verhalten, verleihen ihm Eigenschaften und Werte- und Normensysteme und treten in seinem Namen mit anderen, real-existierenden Mitspieler in Interaktion (vgl. Gebel 2009: 151).

Der Avatar ist hier also nicht nur im Sinne einer virtuellen Identität, sondern vor allem als Repräsentant der ‚Offline-Welt' zu verstehen. So zeigen die Studien von Witting und Esser (2003) sowie die Fallstudien von Hsiao (2007), dass die Nutzer ihre eigenen Erfahrungen, Konstruktionen der Wirklichkeit und Erwartungen sowie ihre persönliche Biografie in die Erschaffung und Gestaltung des Avatars einbringen. Sie bearbeiten teilweise real erfahrene Lebensereignisse und bilden ihre Wünsche und Werte ab, was ihnen den Umgang und die Auseinandersetzung mit ihnen erleichtert. Auch Wagner (2008) konstatiert diese Identifikation mit den Avataren; sie dienen dazu, Ausschnitte der Lebenswelt im Spiel zu spiegeln. Sie haben dadurch auch im Alltag praktische Handlungsrelevanz, indem online die Auseinandersetzung mit ihnen ‚geübt' werden kann.

4.5 Online-Rollenspiele und soziales Kapital

Wie bereits dargelegt wurde ist es wichtig, Lebens- und Spielwelt nicht getrennt voneinander zu betrachten. Dies gilt nicht nur für die oben angesprochenen Aspekte von Identität und Selbstthematisierung sondern auch für Fragen der Vergemeinschaftung, welche im Folgenden kurz expliziert werden sollen. Die insbesondere in den Anfangszeiten des Internet populäre Annahme, dass die Nutzung von Online-Spielen – ebenso wie die des Internet insgesamt – vor allem negative interpersonelle Effekte mit sich bringt und bspw. zu sozialer Isolation führt, lässt sich auf Basis neuerer Forschungsliteratur nicht bestätigen.[9] Vielmehr zeigt sich, dass mit der Nutzung dieser Angebote neben symbolischem auch soziales Kapital (vgl. Bourdieu 1983) generiert werden kann.

---

9 Vgl. hierzu bspw. den Überblick bei Trost 2013: 57-59. Insgesamt ist die positive Korrelation zwischen der sozialen Aktivität im Offline und Online von Interesse: Bspw. zeigt die Shell-Jugendstudie, dass „sozial aktive" bzw. „gesellige" Freizeittypen die meiste Zeit im Internet verbringen (vgl. Leven, Quenzel & Hurrelmann 2010).

Zentraler Anknüpfungspunkt für Gemeinschaft und Freundschaft bei Jugendlichen sind gemeinsam geteilte Interessen (vgl. Reinders 2010: 125). Games ermöglichen hier nicht anders als andere soziale Kommunikationskontexte grundsätzlich die Anknüpfung von Freundschaftsbeziehungen (vgl. Trost 2013: 125-129): Das gemeinsam geteilte Interesse am Online-Rollenspiel, die bereits angesprochene soziale Konstituiertheit des Spieleraums sowie die Zielorientierung im Rahmen der Handlung führen dazu, dass der Sozialkontakt quantitativ und qualitativ intensiviert wird/werden muss. Dabei folgen die vonstattengehenden (Aushandlungs-)Prozesse beim Aufbau freundschaftlicher Beziehungen den etablierten Schemata des realweltlichen Kontexts (bspw. werden in der Phase des ‚Kennenlernens' weitere (individual-)mediale Kontaktformen verwendet, über die ein komplementärerer Zugang zur anderen Person erfolgt) (vgl. Trost 2013: 129 f.; siehe auch Foucault et al. 2009). Liegt zu der Bezugsperson des Games räumliche Nähe vor bzw. kann diese mit einem vertretbaren Aufwand hergestellt werden, so hat das persönliche Treffen im Rahmen der Anbahnung und Entwicklung der Beziehung nicht nur einen zentralen Stellenwert, es stellt darüber hinaus eine Art Initiationsritus dar: erst wenn persönliche Treffen stattfinden, hat die Beziehung für Jugendliche den Stellenwert der ‚Freundschaft' (vgl. Trost 2013: 129). Hierzu passt, dass Jugendliche – obschon in einem virtuellen Kontext interagiert wird – auch hier den Aufbau einer »Offline-Beziehung« anstreben (vgl. Trost 2013; Foucault et al. 2009).

Von besonderem Interesse sind hier die Transformationsprozesse, die sich zwischen virtueller Spielwelt und physischer Alltagswelt vollziehen: Vergemeinschaftungsformen sind nicht auf die mediale Basis des Games begrenzt; sie wirken in Online-Rollenspielen mit voranschreitendem Bestehen über die virtuelle Spielwelt auch häufig in die Alltagswelt. Jugendliche identifizieren sich mit der virtuellen Spielwelt, entnehmen dieser häufig Muster für eine gelingende Gemeinschaft und übertragen sie einerseits auf die Offline-Welt, andererseits wiederum auf die Online-Struktur (vgl. Geisler 2010: 103 f.). Zugleich werden bestehende Beziehungskonstellationen sowie aus dem realweltlichen Umfeld existierende Kontakte in das virtuelle Umfeld des Spiels integriert, wobei die gesamten Aktivitäten auf diese mediale Sphäre hin erweitert werden (vgl. Festl et al. 2012: 77). Die Transformationsprozesse sind somit reziprok konstituiert und erweitern das soziale Repertoire Jugendlicher. Zu diesem gehört auch, dass die Spieleumgebung im Online-Segment zumindest partiell Probleme im sozialen Nahfeld zu kompensieren vermag. Boyd (2010) sowie Mesch & Talmud (2006) zeigen, dass das Fehlen sozialer Unterstützung oder eines stabilen Umfelds im Offline durch den Online-Umgang mit den Peers kompensiert wird, indem persönliche Unsicherheiten oder soziale Missstände nicht Gegenstand der Kommunikation werden, sondern überwunden werden. Bspw. suchen soziale Minoritäten von Jugendlichen, die in ihrem sozialen Netzwerk und in der Schule eher isoliert oder ausgegrenzt sind – z. B. weil sie nicht der Heteronormativität entsprechen – nach Verbindungen außerhalb des räumlichen Nahfelds. Durch den Informationsfluss kann also ein neuer interpersoneller Zugang geschaffen werden, der es Jugendlichen ermöglicht, aus homogenen und sich stark überlappenden Netzwerken im Offline ‚auszubrechen' und dabei die ‚strukturellen Löcher' (Structural Holes, vgl. Burt 1992) des Netzwerks zu überbrücken. Durch den heterogenen Informationsfluss führt dies zu einer Erhöhung des Sozialkapitals.

Insgesamt zeigt sich, dass Games auch als eine soziale Ressource zu sehen sind, die sich gegenüber Offline-Kontexten komplementär verhält, neue Interaktionssituationen konstituiert und zum Aufbau von Sozialkapital führen kann. Dementsprechend verweist auch die Empirie darauf, dass jugendliche Nutzer von Games insgesamt gut integriert sind und über einen vergleichbar hohen – eher über einen höheren – Anteil von Bezugspersonen bzw. Freunden verfügen als Nicht-Spieler oder -Spielerinnen (vgl. Festl et al. 2012: 76 f.).

5 Fazit

Insgesamt sind Games längst keine Randerscheinung mehr, sie sind nicht mehr nur in Kinder- und Jugendzimmern anzutreffen, sondern als kontemporäre Medien genauso wie Filme oder Literatur als Kulturphänomen ernst zu nehmen. Zurecht wurde im August 2008 der Bundesverband der Entwickler von Computerspielen (G.A.M.E.) in den Deutschen Kulturrat aufgenommen – womit Games quasi auch offiziell der Stellenwert eines Kulturguts konzediert wurde.

Mit Angeboten wie Online-Rollenspielen hat das Internet in den letzten Jahren das Segment der Games wesentlich erfasst und diese um die Faktoren Gemeinsamkeit und soziale Interaktion erweitert. Diese Aspekte sind konstitutiv für das manifeste Spielprinzip von Online-Rollenspielen.

Der zumeist negativ konnotierte Diskurs um das Medium Games scheint gerade vor diesem Hintergrund verkürzt. Ebenso wenig eignen sich stark kontrastierende Begriffsbildungen, bspw. die Dichotomie von ‚real' und ‚virtuell', insofern es um Konstruktion von Identität geht, als auch die strikte Trennung von ‚Online' und ‚Offline', insofern es um interpersonelle Kommunikation und um Vergemeinschaftung geht. Games sind für einen großen Kreis an Spielerinnen und Spielern offen, bieten ein breites Spektrum an Identifikations- und Selbstausdrucksmöglichkeiten, besitzen für Jugendliche auf unterschiedlichen Ebenen eine erkennbare Identitätsrelevanz und gewähren Raum für Lernerfahrungen. Sie bieten Jugendlichen Rollenmodelle für die Identifikation und für die Entwicklung ihrer Identität sowie verschiedene Möglichkeiten, durch Abgrenzung Zugehörigkeit auszudrücken und durch das Spiel Selbstwirksamkeit zu erfahren. Im Spiel münden gemeinsame Interessen, Ziele und Aufgaben in Abstimmungsprozessen, in welchen sich Soziabilität entfaltet und in denen jugendkulturelle Stile und Lebensformen artikuliert werden können.

Begreift man Vergemeinschaftung im Sinne von Max Weber, so handelt es sich um soziale Beziehungen, die auf subjektiv gefühlter Zusammengehörigkeit der Individuen beruhen (Weber 1972: 12). Diesen wesentlichen Merkmalen ist es zunächst anheimgestellt, ob Vergemeinschaftung online stattfindet oder nicht, auf welchem Wege kommuniziert wird usw. Hier lassen sich Online-Rollenspiele als sozial konstituierte Umgebungen fassen, die als Bezugsrahmen für symbolisches und soziales Kapital fungieren und die als Interaktionsraum auch zur sozialen Eingebundenheit beitragen sowie Beziehungen und Freundschaften (im Offline) initiieren können.

Es gilt hier nicht zu unterschlagen, dass die semiotischen Merkmale von Games ebenso die gerade angesprochene soziale Konstituiertheit gleichwohl problembehaftet sind – bspw. weil sie die Gefahr pathologischer Abhängigkeiten verstärkt. Diese Fragen genießen im pädagogischen, im medizinisch-pathologischen sowie im medienethischen Diskurs ebenso zurecht einen hohen Stellenwert, wie bei der medialen Berichterstattung oder im Rahmen der gesellschaftlichen Debatte. Doch die Diskussion um und über Games sollte hier insgesamt nicht verhaftet sein; diese sollte Games differenzierter betrachten, sie auch als selbstverständlicher Teilaspekt des mediatisierten Alltags mit vielfältigen Facetten und Transformationen begreifen (und sie damit auch als zeitgenössische Freizeitaktivität Jugendlicher insgesamt anerkennen).

Literaturverzeichnis

Barthelmes, J.; Sander, E. (2001): Erst die Freunde, dann die Medien. Medien als Begleiter in Pubertät und Adoleszenz. Medienerfahrungen von Jugendlichen. München: DJI.

Beck, U.; Beck-Gernsheim, E. (1994): Riskante Freiheit. Individualisierung in modernen Gesellschaften: Frankfurt a. M.: Suhrkamp.

Böhnisch, L. (2012): Sozialpädagogik der Lebensalter. Eine Einführung. Weinheim: Juventa.

Bourdieu, P. (1983): Ökonomisches Kapital, kulturelles Kapital, soziales Kapital. In: Kreckel, R. (Hrsg.): Soziale Ungleichheiten (S. 183-198). Göttingen: Schwartz.

Boyd, D. (2010): Friendship. In: Ito, M., Bittani, M., Baumer, S., Cody, R. & Herr, B. (Hrsg.): Hanging Out, Messing Around, and Geeking Out. Kids Living and Learning with New Media. Cambridge, MA: MIT Press, S. 79-115.

Brüggen, N. (2008): Kompetenter Medienumgang aus Sicht der Heranwachsenden. In: U. Wagner (Hrsg.): Medienhandeln in Hauptschulmilieus. Mediale Interaktion und Produktion als Bildungsressource. München: kopaed, S. 186-207.

Burt, R. (1992): Structural Holes: The Social Structure of Competition. Cambridge: Harvard University Press.

Crawford, C. (1984): The Art of Computer Game Design. Berkeley: Osborne-McGraw-Hill.

Duchenaut, N.; Moore, R. J.; Nickell, E. (2007): Virtual Third Places: a Case Study of Sociability in Massively Multiplayer Games. In: Computer Supported Cooperative Work, Nr. 16 (1-2), S. 129-166.

Durkin, K. (2006): Game Playing and Adolescents' Development. In: P. Vorderer; J. Bryant (Hg.): Playing Video Games: Motives, Responses, and Consequences. New York, US: Lawrence Erlbaum, S. 415-428.

Fend, H. (2005): Entwicklungspsychologie des Jugendalters. Wiesbaden: VS Verlag.

Festl, R.; Domahidi, E.; Quandt, T. (2012): Freunde fürs Leben? Zur Veränderung sozialer Beziehungen Jugendlicher durch Computerspiele. In: merz. Medien + erziehung, Nr. 56 (06), S. 67-80.

Foucault, B.; Zhu, M.; Huang, Y.; Atrash, Z.; Contractor, N. (2009): Will You Be My Friend? An Exploration of Adolescent Friendship Formation Online in Teen Second Life. http://129.105.161.80/uploads/ICATSLPaper2009_Final.pdf, Zugriff am: 19.11.2013.

Fritz, J. (2003): Zwischen Frust und Flow. In: J. Fritz; W. Fehr (Hrsg.): Computerspiele. Virtuelle Spiel- und Lernwelten. Bonn: bpb.

Fritz, J. (2004): Das Spiel verstehen. Eine Einführung in Theorie und Bedeutung. Weinheit, München: Juventa.

Gebel, C. (2009): Computerspiele: Arbeit an der Identität zwischen Realität und Virtualität. In: H. Theunert (Hrsg.): Jugend, Medien, Identität. Identitätsarbeit Jugendlicher mit und in Medien. München: kopaed, S. 145-158.

Geisler, M. (2010): Medial sozial?! Formen und soziale Prozesse in Computerspielgemeinschaften. In: Kaminski, W.; Lorber, M. (Hrsg.): Computerspiele: Medien und mehr. München: kopaed, S. 99-110.

Goffman, E. (1967): Stigma. Über Techniken der Bewältigung beschädigter Identität. Frankfurt am Main: Suhrkamp.

Hsiao, H.-C. (2007): The Sims 2: Reflective Learning and Identity Construction. A Thesis in Art Education. Pennsylvania State University. https://etda.libraries.psu.edu/paper/7803, Zugriff am: 08.08.2013.

Klimmt, C. (2004): Computer- und Videospiele. In: R. Mangold; P. Vorderer; G. Bentele (Hrsg.): Lehrbuch der Medienpsychologie. Göttingen: Hogrefe, S. 696-716.

Krappmann, L. (2010): Prozesse kindlicher Persönlichkeitsentwicklung im Kontext von Gleichaltrigenbeziehungen. In: Harring, M.; Böhm-Kasper, O.; Rohlfs, C.; Palentien, C. (Hrsg.): Freundschaften, Cliquen und Jugendkulturen. Peers als Bildungs- und Sozialisationsinstanzen (S. 187-222). Wiesbaden: VS Verlag für Sozialwissenschaften.

Krotz, F. (2007): Mediatisierung: Fallstudien zum Wandel von Kommunikation. Wiesbaden: VS Verlag.

Leven, I.; Quenzel, G.; Hurrelmann, K. (2010): Familie, Schule, Freizeit: Kontinuitäten im Wandel. In: Shell Deutschland Holding (Hrsg.): Jugend 2010. Eine pragmatische Generation behauptet sich. Frankfurt: Fischer, S. 53-128.

Lombard, M.; Ditton, T. (1997): At the Heart of it All: The Concept of Presence. In: Journal of Computer Mediated Communication Nr. 3 (2).

Mead, G. H. (1998/1968): Geist, Identität und Gesellschaft. Frankfurt am Main: Suhrkamp.

Mogel, H. (2008): Psychologie des Kinderspiels. Berlin, New York: Springer.

Oerter, R. (1993): Psychologie des Spiels. Ein handlungstheoretischer Ansatz. München: Quintessenz.

Ohler, P.; Nieding, G. (2006): Why Play? An Evolutionary Perspective. In: Vorderer, P.; Bryant, J. (Hrsg.): Playing Video Games. Motives, Responses, and Consequences. New Jersey: Lawrence Erlbaum Associates, S. 101–115.

Oldenburg, R. (1991): The Great Good Place. New York: Da Capo.

Pietschmann, D. (2009): Das Erleben virtueller Welten. Involvierung, Immersion und Engagement in Computerspielen. Boizenburg: Hülsbusch.

Reinders, H. (2010): Peers und Migration – zur Bedeutung von inter- und intraethischen Peerbeziehungen im Jugendalter. In: Harring, M.; Böhm-Kasper, O.; Rohlfs, C.; Palentien, C. (Hrsg.): Freundschaften, Cliquen und Jugendkulturen. Peers als Bildungs- und Sozialisationsinstanzen. Wiesbaden: VS Verlag, S. 123-140.

Schulz, W. (2004): Reconstructing Mediatization as an Analytical Concept. In: European Journal of Communication, Nr. 19 (1), S. 87-101.

Seda, R. (2008): Interactive Storytelling im Computerspiel. Adventure Games im Spiegel polymedialer Einflüsse. Boizenburg: Hülsbusch.

Sennett, R. (2000): Der flexible Mensch. Die Kultur des neuen Kapitalismus. München: Goldmann.

Shell Deutschland Holding (Hrsg.) (2010): Jugend 2010. Eine pragmatische Generation behauptet sich. Frankfurt: Fischer.

Thiedeke, U. (2000): Virtuelle Gruppen: Begriff und Charakteristik. In: Ders. (Hrsg.): Virtuelle Gruppen: Charakteristika und Problemdimensionen. Wiesbaden: VS Verlag, S. 23-73.

Trost, K. E. (2013): Soziale Onlinenetzwerke und die Mediatisierung der Freundschaft. Eine qualitative Studie zur Bedeutung von Facebook für das Freundschaftskonzept Jugendlicher. Baden-Baden: Nomos.

Weber, M. (1972): Wirtschaft und Gesellschaft. Grundriss der verstehenden Soziologie. Tübingen: Mohr Verlag.

Wegener, C. (2008): Medien, Aneignung und Identität. »Stars« im Alltag jugendlicher Fans. Wiesbaden: VS Verlag für Sozialwissenschaften.

Witting, T.; Esser, H. (2003): Nicht nur das Wirkende bestimmt die Wirkung. Über die Vielfalt und Zustandekommen von Transferprozessen beim Bildschirmspiel. In: Fritz, J.; Fehr, W. (Hrsg.): Computerspiele. Virtuelle Spiel- und Lernwelten. Bonn: Bundeszentrale für politische Bildung, S. 30-48.

Zillmann, D. (2004): Emotionspsychologische Grundlagen. In: Mangold, R.; Vorderer, P.; Bente, G. (Hrsg.): Lehrbuch der Medienpsychologie. Göttingen: Hogrefe, S. 101-128.

Virtuelle Spielwelten als Soziale Netzwerke

Elke Hemminger

1 MMORPGs als virtuelle Spielwelten

Im Frühjahr 2013 kündigten die Spieleentwickler von ZeniMax Online Studios die Veröffentlichung von The Elder Scrolls Online (ESO), eines neuen Ablegers der beliebten Rollenspiel-Saga, an und lösten damit schon vorab Begeisterung und große Erwartungen aus. Nachdem das Spiel mehrfach zum "Most Anticipated MMOG of 2013"[1] gewählt wurde, begann sich schnell eine lebhafte Community um die virtuelle Welt zu bilden - wohlgemerkt um eine virtuelle Welt, die es bis dato nur in einer Beta-Testversion gibt. Noch vor dem offiziellen Erscheinungsdatum (April 2014) stieg die Anzahl der Fans von ESO auf Facebook auf über 1,7 Millionen an. Auf Internetforen und Chatseiten werden Erfahrungen der Testspieler[2] ausgetauscht, Verbesserungsvorschläge diskutiert und Bugs (Fehler in der Programmierung) gemeldet. So zeigt ESO schon lange vor dem offiziellen Start seine soziale Wirkung, indem es die Kommunikation und soziale Interaktion zwischen Personen, die sich in den meisten Fällen nie persönlich kennengelernt haben, anregt und ermöglicht. Noch erreichen die Zahlen nicht die Ausmaße wie beispielsweise bei World of Warcraft (WoW), für das im Jahr 2013 noch immer rund 7,7 Millionen Nutzer gemeldet wurden.[3] Dennoch stellt sich angesichts der Vielzahl und Komplexität der sozialen Interaktionen gerade rund um neuere, noch nicht etablierte Spiele die Frage, warum der soziale Aspekt sogenannter Massively Multi-Player Online Role-Playing Games (kurz: MMORPGs) nicht nur in der Öffentlichkeit, sondern auch in der wissenschaftlichen Analyse digitaler Spiele oft unterschätzt oder gar ignoriert wird.

Ziel dieses Textes ist es, die virtuellen Welten von MMORPGs als soziale Netzwerke und kulturelles Phänomen zu beleuchten. Zur Untersuchung von MMORPGs als soziale Netzwerke wird auf das Konzept des relationalen Konstruktivismus nach Harrison White zurückgegriffen, in dem die Komplexität und Multiperspektivität der sozialen Welt in der modernen Gesellschaft betont wird. Auch durch das spezielle Verständnis sozialer Kontakte als stories, die indirekt

---

1 http://elderscrollsonline.com/de/news/category/announcements/4: 14.1.2014.
2 Die Bezeichnung ‚Spieler' umfasst männliche und weibliche Personen gleichermaßen.
3 http://www.mmo-champion.com/threads/1383607-WoW-Down-to-7-6-Million-Subscribers: 14.1.2014

oder direkt nicht nur in ihrer Faktizität, sondern auch in ihrer Bedeutung beschrieben werden, ist das Netzwerkkonzept nach White für die Analyse von MMORPGs besonders geeignet. Unter Kultur wird nach Clifford Geertz und in Anlehnung an den klassischen Kulturbegriff nach Max Weber das ‚selbstgesponnene Bedeutungsgewebe' verstanden, in welches der Mensch eingebunden ist (Geertz 1983: S. 9). Zunächst soll der Analyse jedoch eine genauere Erläuterung zum Begriff der MMORPGs vorangehen.

2 MMORPGs als soziale Netzwerke

Als MMORPGs bezeichnet man die digitale Adaption der klassischen Tischrollenspiele, die es bereits seit über 35 Jahren gibt. In allen Formen des Rollenspiels[4] erstellen sich die Spielenden eine Figur, den so genannten Charakter oder Avatar. Diese fiktive Figur wird nach verschiedensten Regelwerken mit Eigenschaften, Fertigkeiten, persönlicher Geschichte und Gegenständen ausgestattet und bewegt sich während des Spiels gemeinsam mit den Charakteren der Mitspielenden durch eine fiktive, meist fantastische Welt. Dort werden Abenteuer erlebt und Aufgaben gelöst, Feste gefeiert und Gespräche geführt. Das Spiel selbst gestaltet sich sehr unterschiedlich; je nachdem welche Form des Rollenspiels gewählt wurde. Im MMORPG wird die fiktive Welt und der Avatar durch Client-Software und Zugangsserver aufrechterhalten. Kommunikation zwischen den Spielenden findet in Chatkanälen oder mittels Headset statt, wobei sich im Laufe der Zeit meist eine spielinterne Sprachkultur mit speziellen Fachbegriffen, Ausdrücken und Abkürzungen entwickelt, in die der neue Spieler erst eingeführt werden muss; ebenso in den anerkannten Verhaltenskodex, der den Spielenden das erwartete Verhalten in bestimmten Spielsituationen nahebringt.

Schon diese kurze Einführung zeigt die Komplexität von Sprachgebrauch und Verhaltensregeln in MMORPGs auf, ebenso auch den zentralen Stellenwert sozialer Interaktionen innerhalb der Spiele, ohne welche die Entwicklung von Sprach- und Verhaltensregeln nicht möglich wäre. In der öffentlichen Wahrnehmung steht jedoch meist anderes im Fokus. MMORPGs werden häufig mit so genannten Shootern verglichen oder pauschal als Auslöser von Internet- oder Spielsucht verurteilt. Worin der große Reiz dieser Spiele liegt oder welche Aspekte sozialer Interaktionen und sozialen Lernens auch außerhalb der Spielwelten zum Tragen kommen können, wird wenig beachtet. Für die User von MMORPGs sind die Grenzen zwischen virtueller Spielwelt und Alltagswelt häufig nicht klar gezogen;

---

4   Rollenspiele sind in diesem Zusammenhang als ‚echte' Spiele zu verstehen, nicht im Sinne der therapeutischen Rollenspiele in Pädagogik oder Psychotherapie.

soziale Kontakte innerhalb des Spiels bilden sich zu sozialen Netzwerken aus, die zum realen ‚Bedeutungsgewebe' der Spielenden gehören. Eine Analyse von MMORPGs als soziale Netzwerke, in denen Kultur vermittelt und interpretiert wird, kann daher eine fruchtbare Fragestellung sein.

Im folgenden Abschnitt wird zunächst der Zugang aus der Perspektive der Netzwerkforschung erläutert, um dann die doppelte kulturelle Relevanz von MMORPGs anhand der Begriffe Medien- und Spielkultur aufzuzeigen. Im Anschluss soll untersucht werden, welche Bedeutung soziales Handeln innerhalb der Spielkultur von MMORPGs hat und wie dort soziale Netzwerke entstehen können.

Mit der Entwicklung der technologischen Möglichkeiten zur Erschaffung virtueller Spielwelten, die von tausenden Spielenden geteilt werden, hat sich die Kultur des digitalen Spielens grundlegend verändert. MMORPGs wie Everquest (Sony), WoW (Blizzard) oder Der Herr der Ringe Online (Turbine) haben Veränderungen bei der Nutzung dieser Spiele durch die Spielenden selbst verursacht, ebenso aber auch eine Wandlung in der wissenschaftlichen Annäherung an digitale Spiele und deren Erforschung (Copier 2003; Taylor 2006). MMORPGs stellen Millionen von Nutzern einen Raum zur Verfügung, in dem Rollen probiert, Träume gelebt und soziale, kulturelle und räumliche Grenzen überschritten werden können. Somit sind diese Spiele auf dem besten Wege, mehr zu werden als nur ein Spiel (Hendriks et al. 2006; Taylor 2006; Turkle 1996). Sie generieren einen öffentlichen Raum bestehend aus virtuellen Charakteren und Örtlichkeiten sowie vielfältigen Möglichkeiten für reale und wichtige soziale Erfahrungen im Umgang mit Spiel und Mitspielenden.

Die Betrachtung von MMORPGs als soziales Netzwerk bietet eine Perspektive, die über die bloße Analyse von Teilsystemen der Spiele hinausgehen kann, indem sie neben den Akteuren und deren Handlungen und Beziehungen untereinander auch das Verhältnis der Akteure zueinander außerhalb des Spiels beachten kann. Insbesondere der Ansatz des relationalen Konstruktivismus von Harrison White bietet sich zur Untersuchung von MMORPGs als soziale Netzwerke an, da sein Netzwerkkonzept die Komplexität und Multiperspektivität der sozialen Welt in der modernen Gesellschaft betont (Holzer 2006: S. 79ff.; White 1992). Im Zentrum des Konzepts stehen die Verbindungen (ties) zwischen Personen, um die sich ein soziales Netzwerk bildet und ausbreitet. Dabei spricht White selbst wenig von Personen, sondern benutzt den Begriff der Identitäten, um deren soziale Verortung innerhalb des Netzwerks zu betonen. Durch die unterschiedlichen Identitäten, die eine Person in Bezug auf andere Identitäten jeweils innehaben kann, müssen teilweise divergierende Erwartungen koordiniert werden. Hier versieht White die ties mit besonderer Bedeutung, da ihnen somit die Selbstverständlichkeit und Eindeutigkeit abgesprochen und im Gegenzug eine gewisse Manipulierbarkeit und Kontingenz zugeschrieben wird (Holzer 2006: S. 79ff.; White 1992: S. 65ff.). Eine weitere Besonderheit im Netzwerkkonzept nach White liegt im Verständnis der

Bedeutung sozialer Kontakte zwischen zwei Knoten. Anstelle der eher statischen Vorstellung der Verbindungen setzt er das Konzept der stories, welche soziale Beziehungen direkt oder indirekt nicht nur in ihrer Faktizität, sondern auch in ihrer Bedeutung beschreiben.

> »Mit einer story wird eine Definition der Beziehung kommuniziert, in der sich die mitunter widerstreitenden Perspektiven und Interessen der Beteiligten niederschlagen. Indem sie im Netzwerk zirkuliert, koordiniert sie nicht nur die Erwartungen der Beteiligten, sondern auch die Erwartung Dritter« (Holzer 2006: S. 86f.).

Die *story* repräsentiert also innerhalb eines Netzwerks eine direkte oder indirekte Beziehung zwischen Knoten in ihrer ganzen Komplexität und Vielschichtigkeit und stellt damit die Aushandlung und Festlegung von gegenseitigen Erwartungen in den Mittelpunkt. Genau dieser Fokus macht das Netzwerkkonzept nach White zu einem besonders geeigneten Ansatz zur Analyse sozialer Interaktion in MMORPGs, da es die Erfassung der Beziehungen innerhalb und außerhalb der Spielwelt ermöglicht, sowie die Erwartungen an den Avatar und an die Person hinter der Spielfigur zu fassen vermag. Wir haben es also mit ties und stories auf jeweils zwei Ebenen zu tun; der Ebene des Spielenden und der Spielfigur, sowie der Spielkultur und der Alltagskultur. Beide Ebenen sind nicht trennscharf zu unterscheiden, müssen aber trotzdem für eine Analyse beachtet werden. Vorab gilt es jedoch zu klären, inwiefern der Begriff der Kultur für eine Betrachtung von MMORPGs von zentraler Bedeutung sein kann und warum dies zu einer wichtigen Ergänzung des Netzwerkkonzepts nach White führt (1992: S. 66-93).

3 Die Spielkultur der MMORPGs

Der Begriff der Spielkultur ist im Hinblick auf MMORPGs in doppelter Hinsicht von Interesse. Zum einen können die Spiele zunehmend als kulturelles Phänomen unserer Zeit, als Teil der Medienkultur, angesehen und verstanden werden. Zum anderen bilden sich innerhalb der Spiele selbst eigenständige Spielkulturen mit allen Merkmalen einer Kultur aus. Max Webers klassische Definition von Kultur als »ein mit Sinn und Bedeutung bedachter endlicher Ausschnitt aus der sinnlosen Unendlichkeit des Weltgeschehens« (Weber 1968: S. 180) wurde erweitert durch den Kulturbegriff von Clifford Geertz als »selbstgesponnenes Bedeutungsgewebe« (Geertz 1983: S. 9), in welches der Mensch eingebunden ist. Die Untersuchung dieses Gewebes, also der Kultur, ist daher laut Geertz »keine experimentelle Wissenschaft, die nach Gesetzen sucht, sondern eine interpretierende, die nach Bedeutungen sucht« (Geertz 1983: S. 9). Im ‚Bedeutungsgewebe' westlich-industrieller Kultur spielen virtuelle Welten eine zunehmend wichtige Rolle.

Insbesondere Online-Spielwelten finden Anklang bei Nutzern aller Kontinente, aller Altersstufen und aller Bildungsschichten[5].

Neben der hohen Nutzeranzahl weisen MMORPGs weitere Besonderheiten auf, die eine bessere wissenschaftliche Darstellung erfordern. MMORPGs ermöglichen in ganz spezifischer Weise die Überschreitung von sozialen, räumlichen und kulturellen Grenzen innerhalb der Spielwelt. Es bilden sich dynamische soziale Netzwerke, in denen sich Schülerin und Professor, Ärztin und Zimmermann treffen. Wer dabei die Führungsrolle übernimmt, hängt nicht vom sozialen Status oder dem Alter und Geschlecht ab, sondern von Spielfertigkeit und Spielerfahrung sowie der Rolle des Spielcharakters in der Gruppe. Es kommt somit also zur Ausbildung von eigenen, spielimmanenten Rollenstrukturen und Identitäten. Von welchem Ort aus die Figuren gelenkt werden, ist ebenfalls nicht relevant. Sofern Kommunikation möglich ist, können sich Spielende aus aller Welt zusammen durch die virtuelle Welt bewegen und dabei auch Zeitunterschiede überwinden. Zu jeder Tages- und Nachtzeit werden sich Spielende finden, um gemeinsam Abenteuer zu bestehen. Die Einbettung der Spielerfahrungen und Interaktionen in soziale Netzwerke innerhalb der Spielkultur hebt die Bedeutsamkeit dieser für die Teilnehmenden besonders hervor. Diese Perspektive betrachtet das soziale Handeln der Akteure auf einer Ebene, die über die individuelle Motivation und Bedeutung hinausgeht und das Handeln in das von den Spielenden selbst geschaffene Bedeutungsgewebe der jeweiligen Spielkultur einordnet.

Zusätzlich zur sozialen, räumlichen und zeitlichen Grenzüberschreitung werden durch die Spiele selbst die Grenzen verschiedener Medien verwischt, da sie unterschiedliche Genres und Medientypen mischen, neu interpretieren und weiterentwickeln. So sind im Online-Rollenspiel narrative Elemente als Filmsequenzen dargestellt, interaktive Kommunikationsplattformen werden innerhalb des Spiels als Chatkanäle genutzt und die Erlebnisse im Spiel als kommentierte Videosequenzen, Collagen oder Musikkompositionen an anderen Stellen ins Internet gestellt. Diese Praxis der ‚Medienkonvergenz' ist typisch für die so genannten ‚Neuen Medien' und erfordert ein Umdenken in Sprachgebrauch und Methodik im Umgang mit diesen (Carr et al.; Hills 2002; Jenkins 1992; Manovich 2001; Schelske 2007).

MMORPGs sind wichtiger Bestandteil der aktuellen Spiel- und Medienkultur. Jedes einzelne MMORPG bildet laut Suellen Adams (2005) zusätzlich eine eigene Kultur, die drei Grundelemente beinhaltet. Adams greift auf den Kulturbegriff nach Spradley (1972) zurück, der Kultur als »Wissen, das Menschen zur Erzeugung und Interpretation von sozialem Verhalten nützen« (Spradley 1980: S. 8,

---

5 Natürlich hängt der Zugang zu Medien nach wie vor stark ab von finanziellen Mitteln und entsprechender Infrastruktur. Teilhabe an der Medienkultur ist nach wie vor von der Exklusion bestimmter Bevölkerungsteile geprägt.

eigene Übersetzung) definiert. Die drei Grundelemente von Kultur nennt Spradley ‚cultural behavior' (kulturelles Verhalten), ‚cultural artifacts' (kulturelle Artefakte) und ‚cultural knowledge' (kulturelles Wissen); diese Elemente beinhalten demnach alles, was Menschen tun, herstellen und wissen (Spradley 1971: S. 5ff. & S. 54 ff.; Spradley 1972: S. 5-13; Adams 2005: S. 3, jeweils eigene Übersetzung). Übertragen auf die Online-Spielkultur von MMORPGs wird deutlich, dass sich der jeweils spezifische kulturelle Kontext eines Spiels aus eben diesen drei Grundelementen zusammensetzt und von neuen Nutzern erlernt werden muss.

Betrachten wir beispielhaft die Spielkultur von WoW, dem den Nutzerzahlen nach bislang erfolgreichsten MMORPG, so wird dort das kulturelle Verhalten (cultural behavior) durch die Sprache und das Verhalten des Avatars repräsentiert. Wer die Sprache des Spiels nicht beherrscht – diese umfasst zahlreiche Fachausdrücke, Abkürzungen und spezielle Schreibweisen – wird als unerfahren und fremd erkannt und steht somit außerhalb der kulturellen Spielgemeinschaft. Ein guter Spieler dagegen beherrscht den Jargon des Spiels, kennt seine Rolle in der Gruppe und zeigt durch sein Verhalten, dass der Sozialisationsprozess in der Spielkultur durchlaufen wurde und somit erfolgreiches gemeinsames Spielen möglich ist (Adams 2005: S. 3f.). So wählt der Spielende bereits zu Beginn des Spiels mit der Erstellung seines Avatars für diesen eine so genannte Klasse (beispielsweise Hexenmeister, Krieger oder Druide) aus, die die Spielfigur auf eine bestimmte Rolle im Gruppenspiel festlegt. So ist es in der Regel nicht gern gesehen, wenn ein Magier seine Rolle als DD (Damage Dealer) vernachlässigt und sich stattdessen im Nahkampf versucht. Seine Rolle legt ihn fest auf die Unterstützung seiner Gruppe durch das Vermeiden direkter Kampfaktionen und den gleichzeitigen Einsatz von Zaubern zur Wirkung des höchstmöglichen Schadens auf die gegnerischen Figuren. Lässt er sich dennoch auf eine direkte Auseinandersetzung ein, wird das gesamte Gruppengefüge gestört und die begonnene Quest in aller Regel scheitern.

Der Begriff der kulturellen Artefakte (cultural artifacts) kann auf die virtuelle Spielkultur von WoW ebenso angewandt werden, wie der des kulturellen Verhaltens (cultural behavior). Zwar stellen die Spielenden keine greifbaren Dinge her, jedoch beinhaltet die Spielkultur zahlreiche so genannte ‚items', die Reichtum und Status symbolisieren, innerhalb des Spiels verkauft und verschenkt werden und für das erfolgreiche Spielen allein und in der Gruppe notwendig sind. So gibt es in WoW verschiedene Haustiere (pets), die als Begleiter mit den Avataren mitlaufen. Manche dieser pets sind extrem selten oder schwer zu erwerben, so dass ein solcher Begleiter als Zeichen für besonders erfolgreiches Spiel gewertet werden kann. Sowohl das Verhalten der Spieler als auch die Artefakte sind zwar nicht greifbar wie außerhalb der virtuellen Welt, jedoch im Spiel auf dem Bildschirm sichtbar (Adams 2005: S. 4). Das Übertragen der Artefakte von der Spielkultur in die Alltagskultur, beispielsweise bei Versteigerungen virtueller Gegenstände durch eBay, kommt zwar vor, ist aber innerhalb der Spielkultur nicht als legitim anerkannt und wird nach Möglichkeit auch von Betreiber Blizzard unterbunden. Im Sinne des Netzwerkkonzepts nach White werden also im Spiel sozial eingebettete Identitäten entwickelt, die die Beziehungen zwischen den Spielenden teilweise vorab definieren und somit den Rahmen für weitere Aushandlungen von Identitäten und Rollenstrukturen vorgeben.

Ein Sonderfall ist in diesem Bereich die so genannte fan art, also Kunstwerke, die von den Fans eines Spiels entworfen werden. Dabei kann es sich um Zeichnungen oder Skulpturen, aber auch Videos und Musik handeln. Solche fan art wird aus dem Material und den Themen der Spielkultur entwickelt und dann aus der Spielkultur heraus mit in die Alltagskultur genommen, beispielsweise durch das Einstellen von fan art auf der Videoplattform YouTube. Hier handelt es sich um ein Phänomen der alltäglichen Grenzüberschreitung zwischen virtueller und alltäglicher Kultur.

Das kulturelle Wissen (cultural knowledge), nach Spradley das dritte Grundelement von Kultur, begegnet uns im Online-Rollenspiel WoW auf zwei Ebenen. Zum einen verwalten die Entwickler des Spiels kulturelles Wissen, da sie die programmierten Regeln als Teil des Spiels vorgeben, verändern und anpassen können. Auf der anderen Seite werden viele Regeln, Codes und Konventionen von der Gemeinschaft der Spielenden selbst formlos festgelegt und weitergegeben, ohne dass dies von den Entwicklern so vorgesehen war. Analog zu Vorgängen in anderen Kulturen und Gemeinschaften werden solche Regeln unter den Spielenden entwickelt, angepasst und im Sinne von Traditionen vermittelt. Es ist beispielsweise nicht angebracht, sich einer Gruppe anzuschließen um einen bestimmten Gegenstand zu bekommen und dann, sobald dieser in der Beute aufgetaucht ist, zu verschwinden. Ein solches Verhalten verstößt gegen intersubjektiv ausgehandelte Konventionen und wird in aller Regel zu Sanktionen innerhalb der Spielkultur führen, beispielsweise zum Abbruch sozialer Kontakte. Somit sind die Mitspieler, ganz abgesehen von den programmierten Regeln des Spiels, die wichtigsten Vermittler von kulturellem Wissen (Adams 2005: S. 4).

Übertragen auf die Betrachtung von MMORPGs als soziale Netzwerke manifestieren sich die drei Grundelemente der Spielkultur, cultural behavior, cultural artefacts und cultural knowledge, als wichtige Elemente des Netzwerks selbst. Sie tragen maßgeblich dazu bei, dass die ties zwischen den Identitäten gebildet, gepflegt und kontrolliert werden können. Kulturelles Verhalten und Wissen bildet gleichzeitig die Grundlage für den Zugang zu spielrelevantem sozialem Kapital im Sinne von Bourdieu, indem sie den Zugang zu Ressourcen über Kontakte ermöglichen und sichern. In einer Spielkultur, die spezifisch auf das Zusammenwirken einzelner Akteure in bestimmten Rollen ausgerichtet ist, ist dieser Zugang zu sozialem Kapital grundlegend für fast alle spielrelevanten Handlungen.

Auch die stories, welche die Bedeutung einzelner ties definieren, bilden sich aus den kulturellen Grundelementen heraus, wobei hier die kulturellen Artefakte eine besondere Rolle spielen können. Denn sowohl der Umgang mit Artefakten als Statussymbolen innerhalb des Spiels, als auch der bloße Besitz eines bestimmten Gegenstands können einer Identität ein derart spezifisches Gesicht verleihen, so dass alle Handlungen in den Hintergrund rücken. Beispielsweise werden in WoW Titel an Spielfiguren verliehen, die auf das erfolgreiche Bestehen besonders schwieriger Aufgaben hinweisen. Der Besitz eines solchen Titels reicht aus, um dem entsprechenden Spieler und seiner Spielfigur einen zentralen Status in seinem sozialen Netzwerk zuzuweisen. Solche Ereignisse bilden die stories aus, die einzelne ties charakterisieren und nehmen damit Einfluss auf das gesamte soziale Netzwerk eines Spielenden. Warum aber sind diese Netzwerke so entscheidend für das Spielen von MMORPGs? Dieser Frage soll im nachstehenden Abschnitt am Beispiel von WoW nachgegangen werden.

4 Nutzerpraktiken in MMORPGs: Zwischen Spielregeln und Sozialem Handeln

Aus soziologischer Sicht hat die vorgestellte Art der Betrachtung von Kultur vieles gemein mit dem Konzept des Symbolischen Interaktionismus, der Kultur als Produkt von Interaktionen sieht, die einer wechselseitigen Beeinflussung von Individuen und kollektivem gesellschaftlichem Handeln ausgesetzt sind. Dies bedeutet, dass die Spielkultur die Identität und das Verhalten der Spielenden beeinflusst, während die Spielenden und ihr Verhalten die Kultur formen, in der sie agieren (Adams 2005: S. 4). Gleiches gilt für die sozialen Netzwerke, in denen die Akteure verortet sind. Das Handeln der Spielenden ist in MMORPGs in erster Linie soziales Handeln, also auf andere Spielende bezogen. Dieser Aspekt ist für die digitale Spieleforschung neu, da bislang soziales Handeln innerhalb der Spielwelten nur sehr eingeschränkt möglich war. So beispielsweise bei den brettspielähnlichen Varianten von Mario Party (Nintendo), die zwar mit mehreren Spielenden stattfinden, aber soziales Handeln innerhalb der Spielwelt nicht vorsehen. MMORPGs hingegen ermöglichen soziales Handeln nicht nur, sondern fordern es von den Spielenden, da erfolgreiches Bewältigen der Aufgaben (Quests) zum größten Teil nur in der Gruppe möglich ist. Dabei kann es sich um kleine Gruppen von zwei bis fünf Spielenden handeln (für Gruppenquests und Instanzen), oder aber um größere Gruppen von 30 oder mehr Spielenden (für Raids oder Schlachtzüge).

Durch die Notwendigkeit in der Gruppe zu spielen, entstehen innerhalb der Spielkultur soziale Netzwerke verschiedenster Dichte und Qualität, denn die Organisation von Spielgruppen wäre ohne eine entsprechende Struktur enorm aufwendig. Um in einer Gruppe spielen zu können, ist es notwendig, Bekanntschaften zu pflegen, Freundschaften zu entwickeln und diese Beziehungen auf verschiedene Art zu verwalten. Dies ist auf unterschiedlichen Ebenen möglich und erfordert ein hohes Maß an Organisation, die teilweise durch Möglichkeiten der Verwaltung im Spiel vereinfacht wird. Die Spielgruppen finden sich entweder auf informelle Weise, also beispielsweise durch Chats oder zufällige Treffen, oder aber durch spielinterne, formale Suchfunktionen zusammen. Das Spiel selbst bietet vielfältige Möglichkeiten zur Organisation sozialer Kontakte auf unterschiedlichen Ebenen und fördert somit die Ausbildung und Erweiterung sozialer Netzwerke innerhalb der Spielkultur.

Empirische Daten aus teilnehmender Beobachtung und fokussierten Interviews in Bezug auf WoW zeigen, dass neue Spielende meist durch Freunde oder Verwandte zum Spiel finden und somit automatisch in bestehende soziale Netzwerke eingebunden werden. Diese werden dann durch Zufallsbekannt-schaften innerhalb der Spielkultur erweitert, was von verschiedenen Features des Spiels, beispielsweise die Gruppensuchfunktion, Saisonquests oder das PvP-Spiel in Arena oder Schlachtfeld, aktiv unterstützt wird. Die Qualität solcher spielimmanenter ties kann stark variieren, wobei sich mit steigender Qualität eine Tendenz zum Übergang zu einer Verbindung zeigt, die über das Spiel hinausgeht. Dann werden bewusst face-to-face Treffen vereinbart und Inhalte thematisiert, die außerhalb der Spielkultur relevant sind. Einig sind sich die Spielenden darüber, dass soziale Kontakte auf Dauer den Reiz des Spiels ausmachen und ein Grund für die Treue zu einem bestimmten Spielsystem sind. Denn ein Wechsel des Systems würde ein Verlassen des gesamten sozialen Netzwerks mit allen Folgen bedeuten (Copier 2003; Hemminger 2009).

Somit gehen soziale Beziehungen innerhalb der Netzwerke häufig über die bloße Pragmatik des Spiels weit hinaus. Viele Spielende pflegen ihre Kontakte nicht nur aus Notwendigkeit für erfolgreiches Spielen, sondern sind darauf bedacht, auch Inhalte außerhalb der Spielkultur in die stories aufzunehmen. Zwar begegnen sich viele Spielende niemals außerhalb der virtuellen Spielwelt, trotzdem werden regelmäßig die Grenzen der Virtualität in Unterhaltungen und Erfahrungen überschritten. So werden im Gildenchat durchaus auch persönliche Probleme oder aktuelle Ereignisse diskutiert. Fußballergebnisse sind dabei ein besonders beliebtes Thema, was regelmäßig Diskussionen im Chat über die Angemessenheit von solchen Äußerungen innerhalb des Spiels auslöst (Hemminger 2009). Hier verschmelzen die virtuelle Welt und die Alltagswelt der Spielenden derart miteinander, dass von einer virtuellen Wirklichkeit gesprochen werden muss.

Das Spiel mit fremden Personen birgt automatisch das Potenzial zu Erfahrungen, die für die Spielenden hinter der Spielfigur wichtig und relevant sind. Obwohl solche Erfahrungen innerhalb der Spielkultur gemacht werden, stellen sie für die Spielenden signifikante Ereignisse dar (Hemminger 2009). Der Schonraum virtueller Welten kann sowohl Stärken als auch Schwächen einer Person amplifizieren, indem er die Möglichkeit zu Handlungen ohne unmittelbar spürbare Konsequenzen bietet. Es ist einfacher in Spielwelten innere Barrieren zu überschreiten und dies wird von den Spielenden auf verschiedene Weise genutzt. Die Nutzer können versuchen, ihre persönlichen Ängste vor sozialem Miteinander zu überwinden, sie können lernen, mit Fremden zu kommunizieren und ihre Hilfe anzubieten. Oder die Spielenden missbrauchen die Hilfsbereitschaft anderer und missachten damit die Regeln des guten Benehmens innerhalb der Spielkultur. Gleichgültig auf welche Weise der virtuelle Spielraum genutzt wird, die innerhalb des Spiels gemachten Erfahrungen werden als wirklich und wichtig wahrgenommen. Nicht nur weil sie durchaus spürbare und sichtbare Konsequenzen haben (beispielsweise virtueller Geldverlust und Tod, Geschenke und Postsendungen), sondern auch durch die emotionale Wirkung der Erlebnisse auf die eigene Person. In dem Maße, in dem reale Person und Spielcharakter ineinander verwoben sind, sind auch Alltagskultur und Spielkultur miteinander verknüpft. Spielwelt und Alltagswelt können nicht als streng getrennte Wirklichkeitsausschnitte angesehen werden. Die Räume verschmelzen zunehmend, wenn die Spielwelt durch die virtuelle Realität sozialen Handelns ergänzt wird.

Dieses Verschmelzen der Räume tritt jedoch nicht zwangsweise immer auf, wenn sich ein Nutzer in die Spielwelt einloggt. Die tatsächliche Nutzung von MMORPGs geschieht in verschiedenen Dimensionen, die keineswegs alle das Verschmelzen von Alltagswelt und Spielwelt beinhalten, sondern sich stark unterscheiden. Von der konsequenten bis rigiden Anwendung der Spielmechanik zum schnellen Leveln über den Versuch, wie im Tischrollenspiel in die virtuelle Welt und die Persönlichkeit des Avatars einzutauchen, bis hin zur Nutzung der Spielwelt als öffentlichen Raum, in dem sich Alltagswelt und Spielwelt zu einer virtuellen Realität vereinen, dem sogenannten Merged Gameplay, sind alle Abstufungen möglich (Hemminger 2009).

Die Beschreibung der Nutzerpraxis von MMORPGs kann einen grundlegenden Beitrag zur Untersuchung sozialer Netzwerke innerhalb der Spielkultur liefern und Einblick geben in mögliche Veränderungen sozialer Interaktion, die mit der stetigen Weiterentwicklung digitaler Medien auf uns zukommen könnten. Das Konzept des Merged Gameplay bietet dabei die Möglichkeit, beide Ebenen der kulturellen Eingebundenheit von Akteuren, nämlich in die Alltagskultur und in die Spielkultur, einzubeziehen.

5 Fazit

Der Zugang zu virtuellen Spielkulturen aus der Perspektive der Netzwerkforschung bildet eine wichtige Grundlage für deren Analyse. Durch den Fokus auf kulturelle Vorgänge und soziale Interaktion ermöglicht der Ansatz einen umfassenden Blick auf die Akteure und deren Einbindung in mehrere Ebenen von sozialem Handeln und Kultur.

Das Verschmelzen von Alltagskultur und Spielkultur in der Nutzerpraxis von MMORPGs ist ein kulturelles Phänomen, das für viele Nutzer bereits selbstverständlich geworden ist. Insbesondere im Alltag Jugendlicher hat die aktive Teilnahme an verschiedensten Online-Kulturen großen Stellenwert. Es handelt sich hierbei nicht um ein passives Einwirken auf den Konsumenten, sondern um einen kreativen, sozialen und komplexen Vorgang, der nicht vom Alltag getrennt bleiben kann. Vielmehr ist die Nutzung von MMORPGs, zumindest in bestimmten Dimensionen der Nutzerpraxis, ein bedeutsamer und erfahrungsreicher Teil des Alltags für die Spielenden. Umso bedenklicher ist demzufolge die übliche Aufarbeitung dieses Phänomens in Wissenschaft, Medien und Politik. Ein undifferenziertes Verurteilen, konsequentes Ignorieren oder eine sensationsheischende Berichterstattung tragen weder zum Verständnis für problematische Aspekte bei, noch führen sie die Diskussion über den Reiz der Online-Spielkulturen konstruktiv weiter.

Das Web 2.0 mit allen Möglichkeiten und Gefährdungen ist längst ein prägender Teil unserer Kultur und unseres Alltags geworden. Insbesondere im Hinblick auf eine heranwachsende Generation, die sich einen Alltag ohne virtuelle Wirklichkeiten bereits jetzt nicht mehr vorstellen kann, liegt es in unserer gesellschaftlichen Verantwortung, die Online-Kultur zu erforschen, zu verstehen und sie als wertvollen Erfahrungsraum zu gestalten.

Literaturverzeichnis

Adams, Suellen 2005: »Information Behavior and the Formation and Maintenance of Peer Cultures in Massive Multiplayer Online Role-Playing Games: A Case Study of City of Heroes« Proceedings of DiGRA Conference 2005: Changing Views – Worlds in Play. http://www.digra.org/dl/db/06278.15067.pdf (Zugriff am 02.12.2008).

Bartle, Richard 1996: »Hearts, Clubs, Diamonds, Spades: Players Who Suit Muds« http://www.mud.co.uk/richard/hcds.htm (Zugriff am 30. 10. 2008).

Carr, Diane/Buckingham, David/Burn, Andreas & Schott, Gareth 2006: Computer Games. Text, Narrative and Play. Cambridge: Polity.

Copier, Marinka 2003: »The other Game Researcher. Participating in and watching the Construction of Boundaries in Game Studies« Proceedings of DiGRA Level Up Conference 2003, S. 404-419. www.digra.org/dl/db/05163.46510.pdf (Zugriff am 18.03.08).

Dormans, Joris 2006: »On the Role of the Die: A brief ludologic study of pen-and-paper roleplaying games and their rules« Game Studies 6 (1). www.gamestudies.org/0601/article/dormans (Zugriff am 19.12. 2007).

Ermi, Laura & Mäyrä, Frans 2005: »Fundamental Components of the Gameplay Experience: Analysing Immersion« Proceedings of DiGRA Conference 2005: Changing Views – Worlds in Play. http://www.digra.org/dl/db/06276.41516.pdf (Zugriff am 02.02.2008).

Geertz, Clifford 1983: Dichte Beschreibung: Beiträge zum Verstehen kultureller Systeme. Frankfurt a. M.: Suhrkamp.

Hansen, Klaus P. 2003: Kultur und Kulturwissenschaft. Basel und Tübingen: A. Francke, 3. Auflage.

Hemminger, Elke 2009: The Mergence of Spaces. Experiences of Reality in Digital Role-Playing Games. Berlin: Sigma.

Hemminger, Elke 2010: »Fantasy Facebook. Merged Gameplay in MMORPGs as Social Networking Activities« in: Mitgutsch, Konstantin/Klimmt, Christoph/Rosenstingl, Herbert (Hrsg.): Edges of Gaming. Conference Proceedings of the Vienna Games Conference 2008 – 2009, Wien: Braumüller.

Hemminger, Elke/Schott, Gareth 2010: »The Mergence of Spaces. MMORPG User-Practice and Everyday Life« in: Fromme, J./Unger, A. (Hrsg.): Computer Games/Players/Game Cultures: A Handbook on the State and Perspectives of Digital Game Studies. Berlin: Springer.

Hendricks, Sean Q./Williams, J. Patrick & Winkler, W. Keith (Hrsg.) 2006: Gaming as Culture: Essays on Reality, Identity and Experience in Fantasy Games. Jefferson: McFarland.

Hepp, Andreas 2009: »Netzwerk und Kultur« http://andreas-hepp.name (Zugriff am 12.10.2009).

Hills, Matt 2002: Fan Cultures. London: Routledge.

Hollstein, Bettina & Straus, Florian (Hrsg.) 2006: Qualitative Netzwerkanalyse. Konzepte, Methoden, Anwendungen. Wiesbaden: VS Verlag.

Holzer, Boris 2006: Netzwerke. Bielefeld: Transcript.

Jansen, Dorothea 2003: Einführung in die Netzwerkanalyse. Opladen: Leske+Budrich, 2. erw. Auflage.

Jenkins, Henry 1992: Textual Poachers. New York/London: Routledge.

JIM-Studie 2006: Jugend, Information, (Multi-) Media. Basisuntersuchung zum Medienumgang 12- bis 19-Jähriger. Stuttgart: Medienpädagogischer Forschungsverbund Südwest, 2. Auflage.

Manovich, Lev 2001: The Language of New Media. Cambridge, Massachsetts: The MIT Press.

Salazar, Javier 2005: »On the Ontology of MMORPG Beings: A theoretical model for research« Proceedings of DiGRA Conference 2005: Changing Views – Worlds in Play. http://www.digra.org/dl/db/06276.36443.pdf (Zugriff am 28.10. 2008).

Stegbauer, Christian & Rausch, Alexander 2006: Strukturalistische Internetforschung. Netzwerkanalysen internetbasierter Kommunikationsräume. Wiesbaden: VS Verlag.

Stegbauer, Christian (Hrsg.) 2008: Netzwerkanalyse und Netzwerktheorie. Ein neues Paradigma in den Sozialwissenschaften. Wiesbaden: VS Verlag.

Schelske, Andreas 2007: Soziologie vernetzter Medien. Grundlagen computervermittelter Vergesellschaftung. München/Wien: Oldenbourg.

Spradley, James/McCurdy, David W. (Hrsg.) 1971: Conformity and Conflict. Readings in cultural anthropology. Boston: Little, Brown and Company.

Spradley, James/McCurdy, David W. 1972: The Cultural Experience. Ethnography in Complex Society. Prospect Heights: Waveland Press.

Taylor, T. L. 2006: Play between Worlds. Exploring Online Game Culture. Cambridge, Massachsetts: The MIT Press.

Turkle, Sherry 1996: »Parallel Lives: Working on Identity in Virtual Space« in: Grodin, Debra/ Lindlof, Thomas R. (Hrsg.): Constructing the Self in a Mediated World. Thousand Oaks: Sage, S. 156-176.

Turkle, Sherry 1997: Life on the Screen. Identity in the Age of the Internet. London: Orion Books.

Weber, Max 1968: »Die 'Objektivität' sozialwissenschaftlicher und sozialpolitischer Erkenntnis« in: ders.: Gesammelte Aufsätze und Wissenschaftslehre. Tübingen: Mohr, S. 146-214.

White, Harrison 1992: Identity and Control. A Structural Theory of Social Action. Princeton: Princeton University Press.

Yee, Nick 2005: »Motivations of Play in MMORPGs« Proceedings of DiGRA Conference 2005: Changing Views – Worlds in Play. http://www.digra.org/dl/db/06276.26370.pdf (Zugriff am 30. 10. 2008).

Internetquellen

http://www.mmogchart.com/Chart11.html, Zugriff am 05.05.2008.

http://www.mmorpg-research.de, Zugriff am 05.05.2008.

http://elderscrollsonline.com/de/news/category/announcements/4, Zugriff am 14.1.2014.

http://www.mmo-champion.com/threads/1383607-WoW-Down-to-7-6-Million-Subscribers, Zugriff am 14.1.2014.

Wenn das Spiel zum Leben wird – Onlinegames und die digitale Sucht

Bettina Schwarzer

1   Einleitung

Schon seit jeher ist die Menschheit von Spielen begeistert. So ist überliefert, dass die alten Ägypter vor mehr als 3000 Jahren mit großer Begeisterung das Brettspiel »Senet«, eine Art "Spiel des Lebens", spielten. Senet war ein mythisches Spiel um Tod und Wiedergeburt und um das ewige Leben (Selket, 2013).

Um der Faszination des Spiels auf den Grund zu gehen, hat der Kulturhistoriker Huizinga die Rolle des Spiels in allen Bereichen der Kultur untersucht. Er kommt zu dem Schluss, dass das Spiel als ein Faktor des kulturellen Lebens zu verstehen ist, der in alle Bereiche menschlichen Zusammenlebens eingreift (Huizinga, 1966, 12). So sind auch in der heutigen Zeit fast alle Lebensbereiche mit spielerischen Elementen durchsetzt: Kinder spielen im Sandkasten, Profifußballer verdienen mit Fußballspielen ihr Geld, Musiker spielen Instrumente, Politiker spielen mit Gesten und in unserer Sprache bedienen wir uns Wortspielen.

Doch nicht jedes Spiel wird gleichermaßen als Kulturleistung anerkannt. Besonders Computer-, Video- und Online-Spiele stehen häufig in der Kritik und haben in der öffentlichen Wahrnehmung Akzeptanzprobleme (Cypra, 2005). Eltern und Pädagogen sorgen sich, dass immer mehr Kinder und Jugendliche durch Online-Spiele in virtuelle Welten »versinken«, den Anschluss an die Realität verlieren und vom »Heroin aus der Steckdose« abhängig werden (Arnsperger, 2012). Doch nicht nur Schlagworte wie soziale Isolation, Schulversagen und Identitätsverlust, sondern auch die zunehmende Zahl an konkreten Fällen von Online-Spielsucht bei Kindern und Jugendlichen und deren erschreckende Folgen, die durch die Presse gehen, sind Anlass für Sorge in der Bevölkerung und bei offiziellen Stellen.

Doch wie verbreitet ist das Phänomen der Online-Spielsucht[1] tatsächlich und ist bzw. wird jeder, der mehrere Stunden am Tag spielt, auch süchtig? Sind alle Online-Spiele gleichermaßen gefährlich und welche Faktoren beeinflussen die Entstehung einer Internet-Spielsucht?

---

1   Die Begriffe Online-Spielsucht und Internet-Spielsucht werden im Folgenden synonym verwendet.

Diese und viele weitere Fragen werden im Zusammenhang mit Online-Spielsucht immer wieder gestellt, aber oft nur unzureichend beantwortet. Das hängt zum einen damit zusammen, dass das Themengebiet relativ neu und wissenschaftlich noch nicht vollständig durchdrungen ist. Zum anderen leiden bisherige Untersuchungen darunter, dass keine Einigkeit darüber besteht, wie Online-Spielsucht eindeutig zu definieren ist. Je nach gewählter Definition werden so gänzlich unterschiedliche Ergebnisse in den Untersuchungen erzielt, die eher Verwirrung stiften als Klarheit schaffen.

Im Folgenden wird der aktuelle Stand der Forschung zu einigen der vorstehend genannten Fragen aufgearbeitet, wobei die Online-Spielsucht von Kindern und Jugendlichen in den Mittelpunkt der Betrachtungen gestellt wird. Als Einstieg wird zunächst auf die Entwicklung der Online-Spiele eingegangen und es werden verschiedene Typen von Online-Spielen vorgestellt. Das zweite Kapitel beschäftigt sich mit dem Begriff und der Verbreitung von Online-Spielsucht. Im Anschluss daran werden Faktoren vorgestellt, die die Entstehung einer Internet-Spielsucht begünstigen. Abschließend werden die Auswirkungen der Online-Spielsucht beleuchtet.

2 Der Online-Spielemarkt

Der Markt für Online-Spiele ist in den letzten Jahren stark gewachsen. Laut Angaben von BIU/GFK spielten im Jahr 2013 rund 24 Millionen Deutsche Online-/Browser-Games und Spiele-Apps (BUI, 2013). Der durchschnittliche deutsche Internet-Gamer ist Mitte bis Ende 30 und gespielt wird über alle sozialen Schichten und Bildungsniveaus hinweg (BIU, 2013). Studien zeigen jedoch, dass das Einstiegsalter in die Online-Spielewelt in den letzten Jahren immer weiter gesunken ist und teilweise bereits Grundschüler ein exzessives Spielverhalten zeigen (Rehbein et al., 2009).

Als Online-Spiele werden Spiele bezeichnet, die über das Internet gespielt werden. Anders als Offline-Spiele setzen Internetspiele zwingend eine permanente Verbindung mit dem Internet voraus (Schmidt et al., 2008, 24). Die Frage seit wann es Online-Spiele gibt, lässt sich nicht eindeutig beantworten. Noch vor Bekanntwerden des heutigen Internets hat Jim Guyton im Jahr 1977 das Spiel »Mazeworld« im Vorläufernetz ARPAnet zum Laufen gebracht (Bruckmann, 1992, 5). In diesem Spiel konnten sich die Nutzer voreinander verstecken und sich gegenseitig beschießen, allerdings konnten sie noch nicht miteinander interagieren. In den darauffolgenden Jahren tauchten dann die ersten Spiele auf dem Markt auf, die tatsächlich als Multi-User Rollenspiele bezeichnet werden konnten, wie z. B. Scepter Of Goth von Alan Kietz (Bruckmann, 1992, 6).

Schmidt et al. (2008, 9) kommen zu dem Schluss, dass sich das Angebot an Online-Spielen zwischenzeitlich stark in technischer sowie angebots- und nutzungsbezogener Hinsicht ausdifferenziert hat und so von »den« Online-Spielen kaum mehr gesprochen werden kann. Sie schlagen eine sehr differenzierte Betrachtung der unterschiedlichen Spiele-Gattungen und -Genres vor (vgl. dazu ausführlich Schmidt et al., 2009), um die Unterschiede im Detail erfassen zu können. Für die weiteren Ausführungen erscheint eine derart detaillierte Betrachtung jedoch weder notwendig noch zielführend. Aus diesem Grund wird im Folgenden nur eine grobe Unterscheidung nach der Art der bestehenden Verbindung zum Internet in Browser- oder Client-basierte Spiele zugrunde gelegt. Diese beiden Arten von Spielen werden in den folgenden Unterkapiteln vorgestellt.

2.1 Browser-basierte Spiele

Für ein Browser-basiertes Spiel benötigt der Benutzer lediglich einen Web-Browser und eine Internetverbindung. Das Spiel wird auf den Servern des Anbieters gehostet, so dass der Nutzer keine zusätzliche Software erwerben oder downloaden muss (Schmidt et al., 2009, 9). Browser-basierte Internetspiele können in die Subkategorien »Browser-Spiele«, »Social-Network-« sowie »Internetglücksspiele« unterteilt werden.

Browser-Spiele sind oft relativ einfache Spiele, die sehr geringe Einstiegshürden bieten und nur einen geringen Zeitaufwand erfordern, um eine Partie abzuschließen. Zielgruppe sind Spieler, die kurzweilige Unterhaltung ohne langwierige Lernphasen suchen. Gelegentlich werden sie daher auch als »Casual Games« (Gelegenheitsspiele) bezeichnet, worunter beispielsweise Puzzle-, Geschicklichkeits- oder Denkspiele fallen. Die Zahl der am Markt verfügbaren Gelegenheitsspiele ist kaum noch überschaubar. Bekannte Vertreter sind z. B. Moorhuhn oder Angry Birds, aber auch Spiele wie Pac Man oder Tetris können vom Spielaufbau und -anspruch her dieser Kategorie zugeordnet werden. Teilweise bieten die Spiele auch Interaktionsmöglichkeiten mit anderen Spielern, jedoch fehlt im Gegensatz zu den Social-Network Spielen die direkte Verbindung zum eigenen Freundeskreis bzw. Netzwerk.

Social-Network-Spiele nutzen, wie der Name besagt, Soziale Netzwerke als Plattform. Sie haben in der Regel eine geringe Komplexität und einen eher geringen Anspruch. Inzwischen spielt mehr als die Hälfte der eine Milliarde Facebook-Nutzer laut eigenen Angaben Social Games. Spiele werden so schneller populär und können durch Netzwerkeffekte ein Millionenpublikum erreichen (Paukner, 2012). Ein bekannter Vertreter dieser Kategorie ist Farmville von Zynga, das 2009 veröffentlicht wurde. Das Modell von Farmville ist denkbar einfach: Der virtuelle Bauer bestellt per Mausklick sein virtuelles Feld und baut Gemüse oder Getreide an, für das er nach der Ernte Spielgeld erhält, um neues Saatgut zu kaufen. Je länger er spielt, desto mehr kann er anbauen und sich leisten. Nach und nach bevölkern dann auch Tiere die Felder und Scheunen und Bauernhäuser entstehen (Kuhn, 2010). Durch die Verankerung in dem Sozialen Netzwerk trifft der Spieler Freunde und Bekannte und kann mit diesen interagieren und kommunizieren. So können beispielsweise Spielerfolge auf der eigenen Facebook-Pinnwand veröffentlicht oder andere Spieler zu gemeinsamen Aktivitäten eingeladen werden.

Der Begriff Online-Glücksspiel beinhaltet verschiedene Glücksspielarten, die online angeboten werden. Die Europäische Kommission definiert den Begriff wie folgt (2011, 14):

»Online-Glücksspieldienste sind alle Dienste mit einem einen Geldwert darstellenden Einsatz bei Glücksspielen, einschließlich Lotterien und Wetten, die im Fernabsatz, elektronisch und auf individuellen Abruf eines Dienstleistungsempfängers erbracht werden.«

Beispiele hierfür sind zum einen Sportwetten für verschiedene Sportarten aber auch Online-Poker. Das weltweite Online-Glücksspiel verzeichnete in den letzten Jahren einen regen Zulauf. So stiegen die Gewinne von 6,62 Mrd. Euro im Jahr 2003 auf geschätzte 22 Mrd. EUR im Jahr 2012. Bis 2015 erwartet das Beratungshaus H2, dass sich diese Gewinne um rund 30 Prozent auf 28 Milliarden Euro erhöhen. Der größte Anteil der Gewinne wird derzeit über Sportwetten (rund 53 Prozent) generiert, gefolgt von Online-Casino-Spielen (ca. 25 Prozent). Online-Poker bleibt mit nur 14 Prozent der gesamten Gewinne bislang noch deutlich zurück. (Klöhn, 2013)

2.2 Client-basierte Spiele

Bei den Client-basierten Internet-Spielen muss der Nutzer eine Software erwerben oder downloaden, um an den Spielen teilnehmen zu können. Im Folgenden werden Client-basierte Internet-Spiele in die Kategorien »Computerspiele mit Onlinemodus« und »Massively Multiplayer Online Role-Playing Game« (MMORPG) unterteilt.

Zu der Kategorie Computerspiele mit Onlinemodus gehören beispielsweise First-Person-Shooter wie Counter-Strike, Sportspiele wie die FIFA-Reihe oder Strategiespiele wie StarCraft II. Diese Spiele können auch offline gespielt werden – eine Verbindung zum Internet ist nur dann erforderlich, wenn gegen andere Spieler gespielt werden soll. Die Spiele unterscheiden sich zwar deutlich hinsichtlich der Art des Spiels, bieten aber typischerweise die Möglichkeit gegeneinander anzutreten und sich so in einer virtuellen Rangliste zu platzieren, was den

Reiz der Spiele ausmacht. Dementsprechend haben sich in Deutschland in den letzten Jahren Team- und Ligastrukturen herausgebildet, die regelmäßig Wettkämpfe bestreiten, Meisterschaften organisieren und Werbepartner vermitteln. Die steigenden Teilnehmerzahlen belegen die wachsende Popularität. So entstand beispielsweise ab FIFA 98 eine Vielzahl von Online-Ligen, die sich seit 1998 im Verband deutschsprachiger FIFA Ligen (VDFL) organisieren. Dieser trägt zwei Mal im Jahr die offizielle Deutsche FIFA-Meisterschaft aus.

Eine völlig neue Ära der Online-Spiele brach 1997 an, als das Spiel »Ultima Online« auf den Markt kam. Die Marketing-Abteilung des Publishers Electronic Arts warb für das Spiel mit der Phrase »massively multiplayer online role-playing game« (ea.com, 2004). Aus dieser Zeit stammt die Abkürzung MMORPG, die auch heute noch für das Genre des Online-Rollenspiels steht.

Ultima Online war das erste Online-Spiel, das mit zeitweilig 200.000 Abonnenten tatsächlich einen Massenmarkt erreicht hat. Dementsprechend groß war auch der kommerzielle Erfolg des Spiels. Eine derartig weite Verbreitung war aber nur möglich, weil das Spiel die damalig neuen technologischen Möglichkeiten ausschöpfte und sich auf dem Server gleichzeitig mehrere tausend Spieler einloggen konnten. Zum ersten Mal in der Geschichte der Online-Spiele konnte also tatsächlich von »massiv vielen« Nutzern gesprochen werden.

Nur ein Jahr später wurde ein weiterer Meilenstein in der Entwicklung der MMORPGs erreicht. Mit dem Spiel »Everquest« der Firma Sony Entertainment wurde zum ersten Mal das kooperative Spiel der Nutzer in den Vordergrund gestellt. Mit rund 460.000 Abonnenten entwickelte sich Everquest damals zum populärsten Online-Spiel der westlichen Welt (Sterling Woodcock, 2005) und diente aufgrund seines Erfolgs als Vorbild für neue Online-Rollenspiele. Seit Everquest hat sich das Konzept der MMORPGs nicht wesentlich verändert.

Als bekanntestes MMORPG gilt heute »World of Warcraft« (WoW). Mit rund 7,6 Millionen aktiven Abonnenten ist das Spiel trotz leichtem Rückgang in den Nutzerzahlen das meistgespielte Online-Spiel.

Ein wesentliches Charakteristikum von MMORPGs liegt darin, dass gleichzeitig viele tausend Spieler in einer Spielwelt (inter)agieren. Die erfolgreichsten MMORPGs spielen in mittelalterlichen Fantasywelten, in denen niemals Stillstand herrscht. Die Spielwelt ist eine persistente Welt, die parallel zur Alltagswelt des Spielers existiert und sich unabhängig davon, ob der Spieler gerade eingeloggt ist und am Spielgeschehen teilnimmt, weiterentwickelt.

Nach dieser groben Charakterisierung der verschiedenen Online-Spieltypen wird im Folgenden auf den Begriff und die Verbreitung von Online-Spielsucht eingegangen.

3 Online-Spielsucht – die nicht eindeutig definierte Sucht

3.1 Definitorische Grundlagen

Mit der steigenden Verbreitung des Internets in den Haushalten und der zunehmenden Begeisterung für Online-Spiele hat auch das Interesse am Thema »Online-Spielsucht« in Wissenschaft und Praxis zugenommen. Dennoch gibt es nach wie vor keine allgemeingültige Definition von Internet-Spielsucht. So schreibt die Drogenbeauftragte der Bundesregierung im Suchtbericht 2013:

> »Obwohl die Suchtberatungsstellen in den letzten Jahren eine steigende Nachfrage bei der Behandlung dieser Störung verzeichnen, ist noch nicht abschließend geklärt, wann tatsächlich ein Abhängigkeitsverhalten vorliegt. Belegt ist, dass die reine Nutzungszeit kein belastbares Kriterium für einen pathologischen Internetgebrauch darstellt. Vielmehr spielen hierbei andere Faktoren eine Rolle, die in der Regel in der Person des Betroffenen liegen. Von einer Suchterkrankung kann man erst dann sprechen, wenn ein Kontrollverlust eingetreten ist und das Spielen derart exzessiv betrieben wird, dass andere Anforderungen des täglichen, sozialen und beruflichen Lebens völlig vernachlässigt werden.«

(Drogenbeauftragte, 2013, S. 45).

In diesem Zitat wird ein wichtiger Aspekt angesprochen: Es muss unterschieden werden zwischen exzessivem Spielverhalten, d. h. überdurchschnittlich langen Spielzeiten, und Spielsucht. Exzessives Spielen ist keineswegs gleichzusetzen mit Spielsucht. So konnte Griffith (2010) anhand von zwei Fallstudien zeigen, dass trotz gleichen Spielverhaltens und identischer Spieldauer einer der beiden Spieler eindeutig spielsüchtig war, der andere jedoch nicht. Von Spielsucht ist erst dann zu sprechen, wenn aus dem Spielverhalten negative Konsequenzen für das Leben des Spielers resultieren. Griffith (2005) hat sechs Kriterien identifiziert, deren Erfüllung für das Vorliegen einer Sucht spricht:

- *Stellenwert/Bedeutung (salience):* Online-Spiele werden zur wichtigsten Aktivität im Leben der Person und dominieren ihr Denken, ihre Gefühle und ihr Verhalten. So denkt die Person z. B. auch wenn sie nicht aktiv spielt bereits über das nächste Spiel nach.
- *Stimmungsveränderungen (mood modifications):* Die subjektiven Erfahrungen/Gefühle der Spieler verändern sich durch die Teilnahme an Online-Spielen. So empfinden sie beispielsweise ein stimulierendes Hochgefühl oder ein beruhigendes Gefühl des Entkommens.
- *Toleranz (tolerance):* Toleranz ist ein Prozess, bei dem zunehmende Spieldauern benötigt werden, um die beschriebenen Stimmungsveränderungen zu erzielen. Dadurch steigt die Spielzeit kontinuierlich an.

- *Entzugserscheinungen (withdrawal symptoms):* Unangenehme Gefühle und/oder physische Effekte, die auftreten, wenn mit dem Spielen von Online-Spielen aufgehört oder die Spielzeit plötzlich drastisch reduziert wird.
- *Konflikte (conflicts):* Dieses Kriterium bezieht sich zum einen auf Konflikte, die der Spieler mit anderen Online-Spielern oder Menschen in seiner physischen Umgebung hat (interpersonale Konflikte), zum anderen auf Konflikte die innerhalb der Person bestehen (intrapsychische Konflikte und/oder subjektive Gefühle des Kontrollverlusts), die z. B. durch Schwierigkeiten mit anderen Aktivitäten wie Job, Hobbies, Schule usw. ausgelöst werden.
- *Rückfälle (relapse):* Tendenz nach Zeiten der Abstinenz oder Kontrolle wieder in frühere, insbesondere exzessive Spielmuster zu verfallen.

Diese sechs Kriterien werden in empirischen Studien immer wieder herangezogen, sind jedoch nicht allgemein anerkannt. So werden in einigen Studien nur ausgewählte Kriterien, in anderen alle Kriterien verwendet. Des Weiteren gibt es Studien, die Kriterien für pathologisches Spielen zugrunde legen, während andere Studien Kriterien für Substanzabhängigkeit heranziehen und wieder andere verwenden eine Mischung aus beiden Kriterienkatalogen (Kuss/Griffith, (2012, 5). Nach ihrer Analyse von 30 empirischen Studien zum Thema Online-Spielsucht kommen Kuss/Griffith (2012, 18) zu folgendem Schluss:

> As long as there is no coherent diagnostic framework upon which to base online gaming addiction diagnosis, not only does conceptual confusion ensue, but both further research endeavors as well as potential treatment plans are seriously complicated.

Hussain et al. (2012) konnten zeigen, dass je nach Anzahl der für die Einordnung in süchtig/nicht-süchtig zugrunde gelegten Kriterien die Zahl der als onlinespielsüchtig eingeordneten Spieler stark differiert. So verwendeten sie in ihrer Analyse von 1420 MMPORG-Spielern zur Einordnung der Spieler einmal einen Kriterienkatalog, bei dem alle Suchtkriterien erfüllt sein mussten, um als süchtig eingestuft zu werden, und einmal einen Kriterienkatalog, von dem mehr als die Hälfte aber nicht alle Suchtkriterien erfüllt sein mussten. Die Analyse zeigte, dass bei Verwendung des zweiten Katalogs 44,3 Prozent der Spieler als süchtig eingestuft wurden, wohingegen es bei Zugrundelegung aller Kriterien nur 3,6 Prozent waren. Sie kommen zu dem Schluss, dass die Verwendung von weniger Kriterien dazu führt, dass die Anzahl der als süchtig eingestuften Spieler stark ansteigt und zu einer Überbewertung des Problems führt, was zu unnötigen Bedenken bei Sozialwissenschaftlern und Politikern führen kann (Hussain et al., 2012, S. 367).

3.2 Internet-Spielsucht in Zahlen

Aufgrund der beschriebenen definitorischen Probleme sind auch die Zahlen, die zur Online-Spielsucht vorliegen, mit Vorsicht zu genießen, da aus den Statistiken teilweise nicht eindeutig hervorgeht, welche Kriterien für die Einstufung als online-spielsüchtig zugrunde gelegt wurden.

Der Bericht der Drogenbeauftragten (2013, 46) nennt für Deutschland für das Jahr 2011 folgende Zahlen: Bei den 14- bis 16-Jährigen sind es 100.000 Abhängige und 400.000 problematische Nutzer. Bei den 15- bis 24-Jährigen zeigen etwa 150.000 Spieler Anzeichen einer Abhängigkeit und rund eine Million zeigen ein problematisches Nutzungsverhalten. In den höheren Altersgruppen fallen die Zahlen geringer aus.

Aktuelle internationale Studien stufen rund 1,6 bis 8,2 Prozent der jugendlichen Online-Spieler als abhängig ein (Drogenbeauftragte, 2013, S. 46). Studien aus anderen Ländern sind jedoch aufgrund der jeweils unterschiedlichen Definitionen nur begrenzt vergleichbar. So kommt beispielsweise eine im Juni 2012 veröffentlichte Studie aus China zu dem Ergebnis, dass in der Altersgruppe der unter 29-Jährigen 14 Prozent der jungen Leute als Internetabhängig gelten, was etwa 33 Millionen entspricht. Dem Bericht zufolge sind von diesen Abhängigen rund 68 Prozent speziell nach Internet-Spielen süchtig. Allerdings ist zu berücksichtigen, dass in dieser Studie jede Person als »süchtig« eingeordnet wird, die 90 Minuten ihrer Freizeit im Internet verbracht hat (Shan, 2010).

Eine Studie aus den Niederlanden kam zu dem Ergebnis, dass etwa 1,5 Prozent der 13-16-jährigen Kinder in den Niederlanden als abhängig zu bezeichnen sind. Als Kriterium wurden sowohl eine hohe Spieldauer als auch zwanghafter Internetgebrauch herangezogen. Bei den abhängigen Kindern konnte eine durchschnittliche Spielzeit von etwa 55 Stunden pro Woche festgestellt werden. Allerdings gab es in der Studie auch eine Gruppe von Schülern, die zwar eine hohe Spielzeit aufwies, aber nicht als süchtig zu bezeichnen war (van Rooij, 2011).

4   Faktoren, die Internet-Spielsucht begünstigen

Wie schon im letzten Kapitel ausgeführt, sind bzw. werden nicht alle exzessiven Online-Spieler auch tatsächlich süchtig. Das heißt, dass es durchaus Spieler gibt, die zwar überdurchschnittlich lange spielen, aber dennoch nicht die negativen Anzeichen einer Sucht zeigen. Es stellt sich somit die Frage, wovon es abhängt, ob ein Spieler süchtig wird oder nicht.

Anhand von multivariaten Analysen zu den Entstehungsbedingungen von Computerspielabhängigkeit konnte gezeigt werden, dass diese aus einer Wechselwirkung von Merkmalen des Spielers, Merkmalen des genutzten Spiels (Rehbein et al., 2009, 1) sowie besonderen Umfeldbedingungen resultiert (vgl. Abb. 1). Diese Faktoren werden in den folgenden Unterkapiteln dargestellt.

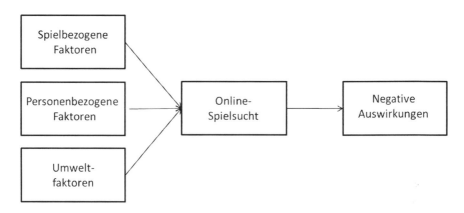

Abbildung 1: Einflussfaktoren auf Online-Spielsucht

4.1 Spielbezogene Faktoren

Unter spielbezogenen Faktoren werden Charakteristika des Spiels verstanden, durch welche die Entwickler bewusst versuchen, die Spieler an das Spiel zu binden. In Studien zeigte sich, dass die Intensität des Abhängigkeit erzeugenden Potenzials mit der Art der Spielstruktur, der Vergabe virtueller Belohnungen sowie der Einbettung in eine soziale Spielumgebung variiert (Rehbein et al., 2009, 1). Bei manchen dieser Charakteristika lassen sich Unterschiede zwischen Social Network Games und MMORPGs erkennen.

Da sowohl westliche als auch asiatische Forscher zu dem Schluss gekommen sind, dass von den MMORPGs das größte Suchtpotenzial ausgeht (Chappell et al., 2006; EA 2004, zit. nach Cypra 2005), wird im Folgenden nur auf diese eingegangen.

In der Studie von Rehbein et al. (2009, 1) zeigte sich, dass World of Warcraft (WoW) mit deutlichem Abstand das größte Abhängigkeitspotenzial entfaltet. Die tägliche Spieldauer betrug bei 15-jährigen männlichen Nutzern dieses Spiels im Schnitt nahezu vier Stunden. 36 Prozent spielten mehr als 4,5 Stunden am Tag. Jeder Fünfte war entweder als abhängigkeitsgefährdet (11,6 Prozent) oder als abhängig (8,5 Prozent) einzustufen. Aufgrund der großen Verbreitung des Spiels wird WoW im Folgenden als Beispiel herangezogen.

4.1.1 Anonymität

Der anonyme und dezentrale Charakter der Online-Spiele ermöglicht es Spielern, an sozialen Interaktionen teilzunehmen, die für sie in der realen Welt nicht zugänglich wären. Das Fehlen von sozialen Barrieren wie beispielsweise Alter, sozialer Status, Religion, Nationalität und Hautfarbe erlaubt eine uneingeschränkte Interaktion zwischen den Spielern. Darüber hinaus reduziert das Wissen, dass man die anderen Spieler vermutlich nie in der Realität treffen wird, die Risiken realer sozialer Interaktion wie Ablehnung oder Erniedrigung.

Die Anonymität wird durch die Verwendung von Avataren geschaffen, die keinerlei Ähnlichkeit mit der Person des eigentlichen Spielers haben müssen, sondern zeigen, wie der Spieler im Spiel wahrgenommen werden möchte. Das »Schaffen« des Avatars umfasst bei WoW beispielsweise die Auswahl der Figur (z. B. Elfe, Zwerg oder Mensch) und die Klasse (z. B. Krieger oder Priester). Die gewählten Festlegungen beeinflussen das Spiel, da der Avatar je nach Figur und Klasse unterschiedliche psychologische und physische Eigenschaften aufweist (Chappell et al., 2006, 206).

4.1.2 Soziale Beziehungen

Soziale Beziehungen spielen eine wichtige Rolle in MMORPGs. Die meisten Online-Rollenspiele sind so angelegt, dass bestimmte, teilweise für das Weiterkommen im Spiel benötigte Aufgaben (Quests) nicht allein zu bewältigen sind, so dass die Spieler aufeinander angewiesen sind.

In WoW finden sich die Spieler in sogenannten Gilden zusammen um Quests zu bewältigen. Gilden sind virtuelle Zusammenschlüsse verschiedener Charaktere einer beliebigen Anzahl von Spielern. Sie geben dem einzelnen Spieler Halt und Sicherheit und ermöglichen ihm die Orientierung in der virtuellen Welt. Je nach Orientierung bzw. Ziel der Gilde können vier Gildenarten unterschieden werden. So gibt es bei WoW beispielsweise Raid-Gilden, deren Ziel es ist, allabendlich Schlachtzüge gemeinsam zu bestreiten oder Fun-Gilden, die zumeist aus Spielern bestehen, die sich aus anderen Spielen oder der realen Welt kennen (WoW, 2009).

Das Zusammenspiel fördert die Interaktion und das Teamwork (Hussain/ Griffith, 2008) und führt dazu, dass die Spieler die sozialen und kooperativen Aspekte des Spiels als positiv empfinden. Diese sozialen Bindungen innerhalb des Spieleuniversums erzeugen aber auch eine Verpflichtung und Versäumnisängste. So stellen Spieler teilweise nachts den Wecker, um einer Verabredung mit der Gilde nachzukommen (Grüsser-Sinopoli, 2013).

4.1.3 Belohnungssysteme

In MMPORGs wird typischerweise eine Kombination von zwei verschiedenen Belohnungssystemen eingesetzt: Zum einen gibt es eine stetige Belohnung durch Levelaufstiege und festgelegte Quest-Belohnungen. Zum anderen unregelmäßige Belohnungen durch das zufällige Erlangen von seltenen Gegenständen (Möller, 2012, 137).

Die stetige Belohnung durch Levelaufstieg wird von Beginn an eingesetzt. Beginnt ein neuer Spieler mit dem Spiel, so findet er alles, was er für die ersten Erfolge benötigt, in seiner unmittelbaren Spielumgebung. Dadurch hat der Spieler am Anfang schnell aufeinanderfolgende Erfolgserlebnisse, die ihn motivieren weiterzuspielen. Mit der Zeit werden die Aufgaben jedoch schwieriger und die Intervalle zwischen den Belohnungen länger.

Die Methode des zufälligen Erlangens von Belohnungen sieht vor, dass Ausrüstungsgegenstände, die der Spieler gerne hätte bzw. zum Vorankommen benötigt, auf einem zufallsbasierten System vom Spiel zur Verfügung gestellt werden. Dies bedeutet, dass nicht jede Spielhandlung, sondern nur einige Spielhandlungen belohnt werden. Für den Spieler ist der Zeitpunkt der Belohnungsausschüttung nicht vorhersehbar und erfolgt teilweise sogar zufällig. Es kann durchaus sein, dass der Spieler als Belohnung einen Gegenstand erhält, den er gar nicht gebrauchen kann. Er wird dann weiterspielen, da er hofft, das nächste Mal den »richtigen« Gegenstand zu erhalten.

Für diese Form der intermittierenden Verstärkung konnte in lernpsychologischen Untersuchungen gezeigt werden, dass sie ein lang anhaltendes und hoch frequentes Verhalten begünstigt (Rehbein/Borchers, 2009, 43), da der Spieler in der Hoffnung weiterspielt, dass er demnächst eine Belohnung erhält, die für ihn von Nutzen ist.

In WoW und anderen MMORPGs sind Spielerfolg und Spielzeiten durch das System der Dragon Kill Points (DKP) unmittelbar gekoppelt. Dieses wird besonders in WoW in vielen Spielergruppen bei der Verteilung wertvoller Spielgegenstände innerhalb der Gruppe angewendet. Je häufiger und je erfolgreicher sich ein Spieler an Missionen (Raids) der Spielergruppe beteiligt, desto mehr DKPs werden ihm angerechnet. Der Spieler wird also unmittelbar belohnt, wenn er viel Zeit für seine Spielgruppe aufbringt. Je mehr DKPs der Spieler besitzt, desto mehr kann er zum Erlangen wertvoller Spielgegenstände einsetzen.

4.1.4 Persistente Welten

Während bei Offline-Computerspielen das Spiel quasi pausiert wenn der Spieler nicht spielt, ist dies in Online-Spielen häufig nicht der Fall. Auch wenn der Spieler das Spiel verlässt, geht das Geschehen in der Spielwelt weiter: Schlachten werden geschlagen, neue Herausforderungen entstehen und andere Spieler, die in der Welt aktiv sind, entwickeln sich weiter, gewinnen neue Ausrüstungsgegenstände oder erreichen einen Levelaufstieg. Auch wenn dies auf den ersten Blick nur ein kleiner Unterschied zwischen Offline- und Online-Spielen zu sein scheint, so ist es doch ein entscheidender Einflussfaktor, der eine hohe Suchtwirkung haben kann. Die Spieler sorgen sich, dass sie etwas Wichtiges versäumen könnten wenn sie nicht spielen oder befürchten, dass andere Spieler besser werden als sie. Daher versuchen sie so oft und so lange wie möglich in der Online-Welt präsent zu sein.

4.2 Personenbezogene Faktoren

Im Hinblick auf den Spieler haben sich spielmotivationale Aspekte sowie Persönlichkeitseigenschaften als relevante Faktoren herausgestellt (Rehbein et al., 2009, 1).

4.2.1 Spielmotivationale Aspekte

Die Motivation Online-Spiele zu spielen, kann von Person zu Person unterschiedlich sein. In seiner Studie, an der 3000 MMORPG Spieler populärer Spiele[2] teilnahmen, konnte Yee (2006) anhand einer Faktoranalyse zeigen, dass sich die verschiedenen motivationalen Faktoren in die drei Gruppen Erfolg (Achievement), soziale Aspekte sowie Immersion zusammenfassen lassen (Yee, 2006, 774). Unter Immersion wird das von Spielern häufig beschriebene »sich verlieren im Spiel« verstanden. D. h. die Spieler vergessen ihre reale Umwelt und ihre Alltagsprobleme und gehen ganz in der Spielwelt auf (Seah/Cairns, 2008).

Anhand der Umfragedaten von 3000 MMPORG-Spielern konnten für jede der Gruppen eine Reihe von Subkategorien identifiziert werden, die in Tabelle 1 dargestellt sind.

---

2 Die Spieler spielten die folgenden Spiele: EverQuest, Dark Age of Camelot, Ultima Online und Star Wars Galaxies.

Tabelle 1: Motivationsfaktoren für Online-Spiele
(Quelle: In Anlehnung an Yee, 2006)

Erfolg (Achievement)	Soziale Aspekte	Immersion
Fortschritt Interesse, schnellstmöglich Macht und Status zu erlangen	Sozialisieren Interesse, anderen zu helfen und mit ihnen zu kommunizieren	Entdecken Interesse, Dinge herauszufinden, die den anderen Spielern unbekannt sind.
Mechanik Interesse, das zugrundeliegende System zu verstehen, um die Leistung des Avatars zu erhöhen	Beziehungen aufbauen Wunsch, langfristige und bedeutungsvolle Beziehungen aufzubauen	Rollenspiel Wunsch, eine Person zu schaffen und mit anderen Spielern in einer fiktiven Geschichte zu spielen
Wettkampf Wunsch, andere Spieler herauszufordern und gegen sie anzutreten	Teamarbeit Zufriedenheit dadurch erlangen, dass man Teil eines Teams ist	Customizing Interesse, eine Person auszugestalten (Aussehen, Stil, Ausstattung)
		Entkommen/Flucht Entspannen, aus dem realen Leben entkommen, reale Probleme vermeiden

In der Studie ließen sich keine gravierenden geschlechterspezifischen Unterschiede bzgl. der Motivationsfaktoren feststellen. Allerdings spielten bei männlichen Spielern alle erfolgsbezogenen Motivationsfaktoren eine größere Rolle als bei Frauen, wohingegen bei diesen der Aufbau der Beziehungen die wichtigste Rolle spielte. Der Motivationsfaktor »Sozialisieren« wurde von Männern und Frauen gleichermaßen hoch bewertet. Männliche Spieler sind demnach genauso interessiert an den sozialen Aspekten des Spiels wie Frauen, nur spielen für sie andere Teilaspekte eine wichtigere Rolle. (Yee, 2006, 774).

Weiterhin untersuchte Yee, ob die Motivationsfaktoren eine hohe Korrelation mit problematischem Spielverhalten bzw. Spielsucht aufweisen und somit zur Vorhersage problematischen Spielverhaltens dienen könnten. Es zeigte sich, dass der Motivationsfaktor »Entkommen/Flucht« das größte Vorhersagepotenzial hatte, gefolgt von der Anzahl der gespielten Stunden und dem Faktor »Fortschritt«. Für die anderen Faktoren konnten keine signifikanten Korrelationen festgestellt werden (Yee, 2006, 774).

Andere Studien unterscheiden zwischen interpersonalen und intrapersonalen Motivationsfaktoren. Taylor/Taylor kommen in ihrer qualitativen Studie zu dem Schluss, dass die interpersonalen Faktoren eine deutlich wichtigere Rolle für die Motivation spielen als die intrapersonalen. So gaben mehr als die Hälfte der Befragten erweiterte soziale Beziehungen und den Aufbau und Erhalt von neuen Kontakten als wichtigsten Motivationsfaktor an. Rund ein Drittel der Befragten gab an, durch das Spielen negative Erfahrungen im zwischenmenschlichen Bereich der Offline-Welt vermeiden zu wollen. Intrapersonale Faktoren wie das Anstreben von Erfolg wurden nur von wenigen Personen genannt (Taylor/Taylor, 2009, 617).

Diese Ergebnisse bestätigen die Beobachtungen von Ng/Wiemer-Hastings (2005). Auch sie kommen zu dem Schluss, dass die sozialen Beziehungen der ausschlaggebende Motivationsfaktor für das Spielen von Online-Spielen sind. Die Spieler verbringen, auch wenn sie nicht süchtig sind, möglichst viel Zeit mit Spielen, da sie soziale Kontakte und Interaktionsmöglichkeiten wahrnehmen wollen.

4.2.2 Persönlichkeitsmerkmale

Verschiedene Forscher konnten in empirischen Untersuchungen Zusammenhänge zwischen psycho-sozialen Faktoren bzw. Problemen und Internet-Spielsucht nachweisen (Lemmens et al., 2009; Rehbein et. al, 2009; van Rooij et al., 2011). Die identifizierten Zusammenhänge waren jedoch nicht eindeutig genug, um die Schlussfolgerung zu ziehen, dass Online-Spielsucht ausschließlich durch psychosoziale Probleme bedingt wird (van Rooji, 2011, 66). D. h. zu einer psychischen Veranlagung müssen zusätzlich noch umweltbedingte bzw. spielbezogene Faktoren hinzukommen, um tatsächlich eine Online-Spielsucht auszulösen.

Van Rooji konnte in einer Studie in Holland einen Zusammenhang zwischen negativer Selbstwahrnehmung, Einsamkeit, depressiven Symptomen, sozialen Ängsten und Internet-Spielsucht nachweisen (van Rooji, 2011, 66). Je stärker die Symptome ausgeprägt waren, desto häufiger wurde ein Spieler abhängig.

Ein Zusammenhang zwischen Internet-Spielsucht und Einsamkeit sowie sozialen Ängsten ließ sich auch in der Studie von Kim et al. (2004, 216) nachweisen. In der Studie konnte jedoch nicht eindeutig festgestellt werden, ob die damit einhergehenden unzureichenden zwischenmenschlichen Beziehungen Ursache oder Folge der Spielsucht waren. So könnte der Spieler einerseits aufgrund problematischer zwischenmenschlicher Beziehungen in der realen Welt in die Spielwelt »geflüchtet« und dort abhängig geworden sein, andererseits könnte die mit der Abhängigkeit einhergehende hohe Spieldauer dazu geführt haben, dass der Spieler seine bestehenden sozialen Kontakte in der realen Welt vernachlässigt oder gar abbricht.

Ko et al. (2005, 276) kamen zu dem Ergebnis, dass männliche Jugendliche mit geringem Selbstwertgefühl und einer geringen Zufriedenheit mit dem täglichen Leben besonders anfällig für Online-Spielsucht sind. Jeong/Kim (2011) konnten feststellen, dass Personen, die im realen Leben eher selbstbewusst sind, weniger dazu neigen, einer Online-Sucht zu verfallen, als solche Personen die weniger selbstbewusst sind. Darüber hinaus fanden sie heraus, dass Personen, die ein hohes Selbstbewusstsein in der virtuellen Welt entwickeln, eher süchtig nach Internetspielen werden (Jeong & Kim, 2011).

Chak/Leung konnten einen Zusammenhang zwischen Online-Spielsucht und Internalität (Kontrollüberzeugung) nachweisen. Der Begriff »Internalität« bezeichnet, inwieweit eine Person glaubt, Einfluss auf ihr eigenes Leben nehmen zu können. In ihrer Studie stellten sie fest, dass sich Spieler, die glauben ihr eigenes Leben beeinflussen zu können, besonders zu Online-Spielen hingezogen fühlen, da sie dadurch ihr Empfinden der Kontrollausübung verstärken können (Chak/Leung, 2004, 567).

Kim et al. fanden in ihrer Studie einen Zusammenhang zwischen Online-Spielsucht und Aggression sowie Narzissmus. Über den Zusammenhang zwischen Computer- bzw. Online-Spielen und aggressivem Verhalten ist in der Vergangenheit viel spekuliert worden und auch die wissenschaftlichen Untersuchungen liefern bisher keine eindeutigen Aussagen. Aus den Ergebnissen ihrer Studie ziehen Kim et al. den Schluss, dass Menschen, die zu aggressivem Verhalten tendieren, dieses bevorzugt in Online-Spielen ausleben, da sie es in der realen Welt oftmals unterdrücken müssen (Kim et al., 2004, 215). In Bezug auf narzisstisches Verhalten konstatieren sie, dass narzisstische Menschen mit größerer Wahrscheinlichkeit abhängig werden. Sie führen dieses Ergebnis darauf zurück, das MMORPGs das Streben narzisstischer Menschen nach Status und Respekt besonders unterstützen (Kim et al., 2004, 216).

Bei den vorstehend erläuterten persönlichkeitsbezogenen Faktoren ist zu berücksichtigen, dass die meisten Studien aus dem asiatischen Raum stammen. Ob die Ergebnisse trotz der bestehenden kulturellen Unterschiede zwischen Asien und Europa komplett auf westliche Länder übertragbar sind, ist bislang nicht abschließend geklärt, da noch keine ausreichende Anzahl an Studien aus Europa vorliegt.

4.3 Umweltfaktoren

Während im Zusammenhang mit der Online-Spielsucht von Erwachsenen Einflussfaktoren wie Arbeitslosigkeit diskutiert werden, steht bei der Betrachtung von Kindern und Jugendlichen das häusliche Umfeld im Vordergrund. In einer explorativen Studie von Xu et al. (2012) zeigte sich, dass nur die Kontrolle bzw. Überwachung durch die Eltern dazu beiträgt, Internet-Spielsucht zu verhindern.

Es haben sowohl Ressourceneinschränkungen (d. h. die Wahrnehmung des Kindes hinsichtlich verfügbarem Geld oder der Nutzung von Ressourcen eingeschränkt zu sein) als auch die Wahrnehmung des Kindes, das andere versuchen es vom Spielen abzuhalten, einen positiven Einfluss auf die Spielsucht (Xu et al., 2013).

Chiu et al. (2004) fanden heraus, dass Harmonie und gute Beziehungen zwischen Eltern und Kindern innerhalb von Familien dazu führen, dass Internet-Spielsucht seltener auftritt. Dies wird damit begründet, dass Eltern in derartigen Familien ein größeres Interesse an der Ausbildung und Freizeitgestaltung ihrer Kinder haben.

4.4 Zusammenwirken der Faktoren

Zusammenfassend ist festzuhalten, dass es nicht *den* suchtauslösenden Faktor gibt, sondern verschiedene Faktoren zusammenwirken müssen, damit es tatsächlich zu einer Online-Spielsucht kommt. Verfügt eine Person beispielsweise über geringe Social Skills und hat wenig Selbstvertrauen, so kann diese sich die spielgegebene Anonymität zu Nutze machen und sich ein virtuelles Leben im Spiel aufbauen (Ng/Wiemer-Hastings, 2005). Das Abtauchen in die scheinbar unbegrenzte »Fantasie-Welt« lässt in der subjektiven Bewertung und Präferenz des Spielers die reale gegenüber der virtuellen Welt zurücktreten. Er kann aus der realen Welt »flüchten« und hat im Spiel oft ein so genanntes »Flow-Erleben«, d. h. ein euphorisches Gefühl des völligen Aufgehens in einer Tätigkeit, was dazu führt, dass er zeitliche und räumliche Grenzen völlig verliert. Flow kann somit als Zustand beschrieben werden, in dem Aufmerksamkeit, Motivation und die Umgebung in einer Art produktiven Harmonie zusammentreffen. Durch dieses »Flow-Gefühl« und die damit einhergehende Harmonie ist das hohe Suchtpotenzial eines Online-Spiels erheblich begünstigt (Rehbein et al., 2009).

5   *Auswirkungen der Online-Spielsucht*

Der Begriff der »Sucht« wird grundsätzlich mit negativen Auswirkungen auf die Person des Süchtigen in Verbindung gebracht. Eine der am häufigsten im Zusammenhang mit Online-Spielsucht bei Kindern und Jugendlichen geäußerten Befürchtungen ist das Nachlassen der schulischen Leistungen. Verschiedene Studien (Chiu et al., 2004; Skoric et al., 2009) konnten diesen Zusammenhang nachweisen, wenn auch die kausalen Zusammenhänge bislang noch nicht durch Langzeitstudien belegt wurden und hierzu weitere Forschung notwendig ist (Sepher/Head, 2013, 6). In einer Langzeitstudie mit 3043 Jugendlichen aus Singapur konnte nicht nur ein Zusammenhang zwischen Online-Spielsucht und schlechteren schulischen

Leistungen festgestellt werden, sondern darüber hinaus auch zwischen Online-Spielsucht und Depressionen, Ängsten sowie sozialen Phobien (Gentile, 2011).

Weitaus auffälliger sind die negativen Auswirkungen, wenn die Abhängigen den Kontakt zur Realität verlieren und in der Spielwelt »versinken«. Verschiedene Extrembeispiele sind in den vergangenen Jahren durch die Presse gegangen: So berichten Eltern von Jugendlichen bzw. jungen Erwachsenen, die alle familiären Beziehungen abgebrochen haben und in ihren eigenen Wohnungen verwahrlost sind oder von Kindern, die in den Hungerstreik treten, nur um mehr Spielzeit zu erpressen (Arnsperger, 2012).

6 Fazit

Auch wenn es bislang nicht möglich ist, eindeutig zu beziffern, wie hoch die Zahl der Online-Spielsüchtigen tatsächlich ist, so ist es doch ein gesellschaftliches Phänomen, das nicht länger ignoriert werden kann. Zu groß sind die Gefahren für Kinder und Jugendliche unwissentlich in den Sog der Online-Spiele zu geraten. Doch was kann getan werden, um Kinder und Jugendliche zu schützen?

Einerseits muss an die Ethik und soziale Verantwortlichkeit der Spielehersteller appelliert werden, denn letztlich tragen sie durch die Gestaltung der Spiele nicht unerheblich zum Auftreten des Phänomens der Online-Spielsucht bei. Das Bestreben der Spielehersteller Eltern über »elterliche Freigaben« die Möglichkeit zu geben, das Spielverhalten ihrer Kinder zu steuern, mag ein erster Schritt in die richtige Richtung sein. So findet sich bei Blizzard Entertainment, dem Anbieter von World of Warcraft, auf der Website unter der Rubrik »Support« folgender Hinweis:

> »Wir sind davon überzeugt, dass reale Prioritäten, wie zum Beispiel Hausaufgaben, Hausarbeit sowie Essen mit der Familie vor dem Vergnügen des Spielens stehen sollten. Unsere Elterlichen Freigaben bieten Eltern und Erziehungsberechtigten einfach zu nutzende Werkzeuge, um die Spielzeit und Nutzung der sozialen Dienste an ihre familiären Bedürfnisse anzupassen« (Blizzard Entertainment, 2014).

Die Eltern haben bei den Spielen dieses Herstellers die Möglichkeit, die Spielzeit ihrer Kinder zu begrenzen oder bestimmte Zeiträume für das Spielen festzulegen. Auch können sie den Zugang zu Sozialen Netzwerken und Sprachchats kontrollieren sowie den Kauf von Gegenständen einschränken. Mit diesen Möglichkeiten wird aber die Verantwortung für den Umgang mit dem Spiel auf die Eltern abgewälzt, die zum einen häufig gar nicht über das notwendige Know-how verfügen und zum anderen unter Umständen erhebliche familiäre Konflikte schaffen, wenn sie die Spiel-Nutzung ihrer Kindern reglementieren. Darüber hinaus setzen diese Maßnahmen nicht am Kern des Problems an, nämlich der Gestaltung des Spiels und seiner Charakteristika wie z. B. der eingebauten Belohnungssysteme, die das Suchtpotenzial der Spiele ganz erheblich beeinflussen. Wurden bislang zahlreiche Psychologen von den Spieleherstellern beschäftigt, um möglichst ausgeklügelte Features zur Spielerbindung (und damit zur Erhöhung der Suchtgefahr) zu entwickeln, so könnten diese zukünftig versuchen, neue Wege zu finden, um Spielspaß und dauerhafte Kundenbindung zu erhalten und gleichzeitig das Suchtpotenzial und die damit verbundenen negativen Auswirkungen auf die Spieler zu reduzieren. Dass dieses nicht einfach ist und vermutlich auch Auswirkungen auf die Geschäftsmodelle der Spielehersteller haben wird, ist zu erwarten. Aber es dürfte langfristig für das Unternehmensimage besser sein, proaktiv an dem Thema zu arbeiten, als abzuwarten, bis sich Online-Spielsucht noch weiter ausbreitet und größeren Bevölkerungskreisen die Zusammenhänge zwischen Spielgestaltung und Suchtpotenzial bewusst werden.

Zum anderen müssen die Eltern aktiv werden. Viel zu wenige Eltern kennen sich tatsächlich mit Online-Spielen aus und wissen wie die Spiele funktionieren und wo die Gefahren liegen. Sie müssen sich Medienkompetenz aneignen und den Umgang der Kinder und Jugendlichen mit den Spielen nicht nur überwachen, sondern auch steuern. Die beschriebenen »elterlichen Freigaben« bieten diesbezüglich einige Möglichkeiten, die zumindest exzessives Spielen verhindern können. Wichtiger wäre es jedoch, wenn Eltern aufklärend tätig wären und innerfamiliär das Thema Online-Spielsucht thematisieren würden, bevor dieses überhaupt zum Problem wird. Gelingt es den Kindern und Jugendlichen das Suchtpotenzial von Online-Spielen verständlich zu machen und ihr Bewusstsein für die damit verbundenen Risiken zu schärfen, so werden sie auf verhängte Restriktionen seitens der Eltern mit mehr Verständnis reagieren oder sogar von sich aus verantwortungsvoller mit den Spielen umgehen.

Literaturverzeichnis

Arnsperger, M. (2012): Das Heroin aus der Steckdose. http://www.stern.de/gesundheit/online-spielsucht-das-heroin-aus-der-steckdose-1875961.html, Zugriff am 7.11.2013.

Blizzard Entertainment (2014): Elterliche Freigabe. https://eu.battle.net/account/parental-controls/index.html, Zugriff am 15.1.2014.

BIU (2013): Nutzerzahlen. http://www.biu-online.de/de/fakten/marktzahlen/online-und-browser-games/nutzerzahlen.html, Zugriff am 7.11.2013.

Bruckman, A. (1992): Identity Workshop: Emergent Social and Psychological Phenomena in Text-Based Virtual Reality. ftp://ftp.cc.gatech.edu/pub/people/asb/papers/identity-workshop.rtf, Zugriff am 15.11.2013.

Buffed (2013): WoW: 7,6 Millionen Abonnenten - leichter Rückgang bei den Spielerzahlen. http://www.buffed.de/World-of-Warcraft-PC-16678/News/WoW-7-6-Millionen-Abonnenten-x-leichter-Rueckgang-bei-den-Spielerzahlen-1096196, Zugriff am 15.1.2014.

Chak, K.; Leung, L. (2004): Shyness and Locus of Control as Predictors of Internet Addiction and Internet Use. In: CYBERPSYCHOLOGY & BEHAVIOR, Vol. 7 (2004), Nr. 5.

Chappell, D.; Eatough, V.; Davies, M. N.; Griffiths, M. (2006): EverQuest - It's Just a Computer Game Right? An Interpretative Phenomenological Analysis of Online Gaming Addiction. In: International Journal of Mental Health Addiction, Vol. 4 (2006), 205-216.

Chiu, S.-I.; Lee, J.-Z.; Huang, D.-H. (2004): Video game addiction in children and teenagers in Taiwan. In: Cyberpsychology & Behavior, Vol. 7 (2004), 5, 571-581.

Cypra, O. (2005): Warum spielen Menschen in virtuellen Welten? Eine empirische Untersuchung zu Online-Rollenspielen und ihren Nutzern. Uni Mainz: http://www.staff.uni-mainz.de/cyprao/diplom-arbeit.pdf, Zugriff am 28.10.2013.

Drogenbeauftragte (2013): Drogen- und Suchtbericht Mai 2013. http://drogenbeauftragte.de/fileadmin/dateien-dba/Service/Publikationen/BMG_Drogen-_und_Suchtbericht_2013_WEB_Gesamt.pdf, Zugriff am 1.11.2013.

ea.com (2004): EA Games for PC. http://www.eagames.com/redesign/games/pccd/home.jsp, Zugriff am 11.11.2004.

Europäische Kommission (2011): Grünbuch Online-Gewinnspiele im Binnenmarkt. http://eur-lex.europa.eu/LexUriServ/LexUriServ.do?uri=COM:2011:0128:FIN:DE:PDF, Zugriff am 9.12.2013.

Gentile, D. (2009): Pathological Video-Game Use Among Youth Ages 8 to 18: A National Study. In: Psychological science, Vol. 20 (2009), 5, 594-603.

Griffiths, M. D. (2005): A "components" model of addiction within a biopsychosocial framework. In: Journal of Substance Use, Vol. 10, 191-197.

Griffith, M. D. (2010): The Role of Context in Online Gaming Excess and Addiction: Some Case Study Evidence. In: International Journal of Mental Health Addiction, Vol. 8 (2010), 119-125.

Grüsser-Sinopoli, S. M. (2013): Exzessive Computernutzung - Ergebnisse verschiedener Studien. http://www.uni-due.de/~hl0028/files/1240824000_Computerspielsucht.pdf, Zugriff am 11.11.2013.

Huizinga, J. (1966, 1938): Homo ludens. Vom Ursprung der Kultur im Spiel, Hamburg: Rowohlt.

Hussain, Z.; Griffiths, M. D. (2008): Gender swapping and socializing in cyberspace: An exploratory study. In: CyberPsychology and Behavior, Vol. 11 (2008), 47-53.

Hussain, Z.; Griffiths, M. D.; Baguley, T. (2012): Online gaming addiction: Classification, prediction and associated risk factors. In: Addiction Research and Theory, 2012, Vol. 20 (5), 359-371.

Jeong, E. J.; Kim, D. H. (2011): online.santarosa.edu. http://online.santarosa.edu/homepage/mflett/Psych4_Articles/Online_Gaming_Addiction_in_Adolescents.pdf, Zugriff am 20.07.2012.

Kim, M. E.; Namkoong, K.; Taeyun Ku, T.; Kim, S. J. (2008): The relationship between online game addiction and aggression, self-control and narcissistic personality traits. In: European Psychiatry, Vol. 23 (2008), 212-218.

Klöhn, A. (2013): Studie erwartet 28 Milliarden Euro Gewinne im Online-Glücksspiel-Markt. http://www.pokerolymp.com/articles/show/news/13216/studie-erwartet-28-milliarden-euro-gewinne-im-online-gl%C3%BCcksspiel-markt#.UnNzk8Uwcic, Zugriff am 1.11.2013.

Ko, C.-H.; Yen, J.-Y.; Chen, C.-C.; Chen, S.-H.; Yen, C.-F. (2005): Gender Differences and Related Factors Affecting Online Gaming Addiction Among Taiwanese Adolescents. In: The Journal of Nervous and Mental Disease, Vol. 193 (2005), Nr. 4, 273-277.

Kuhn, J. (2010): Farmville, Phänomen mit Macken. http://www.sueddeutsche.de/digital/facebook-spiel-farmville-phaenomen-mit-macken-1.136922, Zugriff am 7.11.2013.

Kurpati, S. (2004): Addiction to Massively Multi-player Online Games: An Ethical Analysis. http://snk.tuxfamily.org/txt/game_addiction.html, Zugriff am 1.11.2013.

Kuss, D.; Griffith, M. D. (2012): Online gaming addiction in children and adolescents: A review of empirical research. In: Journal of Behavioral Addictions Vol. 1 (2012), Nr. 1, 3-22.

Lemmens, J. S.; Valkenburg, P. M.; Peter, J. (2009): Development and Validation of a Game Addiction Scale for Adolescents. In: Media Psychology, Vol. 12 (2009), Nr. 1, 77-95.

Möller, C. (2012): Internet- und Computersucht: Ein Praxishandbuch für Therapeuten, Pädagogen und Eltern. Stuttgart, Kohlhammer.

Ng, B. D.; Wiemer-Hastings, P. (2005): Addiction to the Internet and Online Gaming. In: Cyberpsychology & Behavior, Vol. 8 (2005), Nr. 2, 110-113.

Paukner, P. (2012): Das Leben ist ein Bauernhof. http://www.sueddeutsche.de/digital/social-games-das-leben-ist-ein-bauernhof-1.1511105, Zugriff am 29.11.2013.

Rehbein, F.; Borchers, M. (2009): Süchtig nach virtuellen Welten? Exzessives Computerspielen und Computerspielabhängigkeit in der Jugend. In : Kinderärztliche Praxis, Vol. 80 (2009), Nr. 3, 42-49.

Rehbein, F.; Kleinmann, M.; Mössle, T. (2009): Computerspielabhängigkeit im Kindes- und Jugendalter: Empirische Befunde zu Ursachen, Diagnostik und Komorbiditäten unter besonderer Berücksichtigung spielimmanenter Abhängigkeitsmerkmale (KFN-Forschungsbericht; Nr. 108). Hannover: KFN.

Rehbein, F.; Psych, G.; Kleimann, M.; Mediasci, G.; Mößle, T. (2010): Prevalence and Risk Factors of Video Game Dependency in Adolescence: Results of a German Nationwide Survey. Cyberpsychology, Behavior, and Social Networking, Vol. 13 (3), 269-277.

Schmidt, J.; Dreyer, S.; Lampert, C. (2008): Spielen im Netz. Zur Systematisierung des Phänomens "Online-Games", Juni 2008, Arbeitspapiere des Hans-Bredow-Instituts Nr. 19. http://www.hans-bredow-institut.de/webfm_send/42, Zugriff am 9.12.2013.

Seah, M.; Cairns, P. (2008): From Immersion to Addiction in Video Games. http://www-users.cs.york.ac.uk/~pcairns/papers/Seah_Cairns_HCI2008.pdf, Zugriff am 12.11.2013.

Sepher, S.; Head, M. (2013): Online Video Game Addiction: A Review and an Information Systems Research Agenda. In: Proceedings of the Nineteenth Americas Conference on Information Systems, Chicago, Illinois, August 15-17, 2013, 1-11.

Selket (2013): Senet und Co. - Spiele für Erwachsene und Kinder. http://www.selket.de/leben-im-alten-aegypten/senet-spiele.html, Zugriff am 15.11.2013.

Shan, J. (2010): 14% of young netizens are 'hooked on Web'. http://www.chinadaily.com.cn/china/2010-06/19/content_9992063.htm, Zugriff am 30.10.2013.

Skoric, M. M.; Teo, L. L. C.; Neo, R. L. (2009): Children and video games: addiction, engagement, and scholastic achievement. In: Cyberpsychology & behavior, Vol. 12 (2009), 5, 567–572.

Taylor, J.; Taylor, J. (2009): A content analysis of interviews with players of massively multiplayer online role-play games (MMORPGs): Motivating factors and the impact on relationships. In Proceedings of the 3rd International Conference on Online Communities and Social Computing: Held as Part of HCI International 2009, 19-24 July 2009, San Diego, CA (Vol. 5621, 613-621). New York, NY: Springer.

van Rooij, A. J. (2011): Online Video Game Addiction - Exploring a new phenomenon. http://www.ivo.nl/UserFiles/File/Publicaties/2011-04%20Van%20Rooij%20Online%20Video%20Game%20Addiction%20Thesis.pdf.

van Rooij, A. J.; Schoenmakers, T. M.; Vermulst, A. A.; van den Eijnden, R. J.; van de Mheen, D. (2011): Online video game addiction: identification of addicted adolescent gamers. In: Addiction, Vol. 106 (2011), Nr. 1, 205-212.

WoW (2009): Gilde. http://wow.ingame.de/wiki/Gilde; Zugriff am 9.12.2013.

Yee, N. (2002): "Ariadne - Understanding MMORPG Addiction" http://www.nickyee.com/hub/addiction/home.html, Zugriff am 1.11.2013.

Yee, N. (2009): Motivations for Play in Online Games. In: Cyberpsychology & behavior. Vol. 9 (2006), Nr. 6, 772-776.

Game-Based Learning – Pädagogisch-psychologische Verankerung von digitalen Lernspielen sowie Darstellung von Qualitätsmerkmalen für den Lernerfolg

Carina Michel

«"If I lose my cell phone, I lose half my brain," says a kid. Technology extends students' minds – let's use it educationally, not ban it.«
Marc Prensky via Twitter (14. Juli 2013)

1   Im Zeichen des digitalen Zeitalters

In den 90er Jahren des 20. Jahrhunderts setzte die digitale Revolution ein, mit der ein Wandel in nahezu allen Lebensbereichen einherging. PRENSKY (2001, 1 f.) unterteilt die Bevölkerung im Hinblick auf den gesellschaftlichen Wandel in »Digital Natives« und »Digital Immigrants«. Als Digital Natives bezeichnet er diejenigen, die sozusagen ‚Muttersprachler' im Umgang mit digitalen Technologien wie unter anderem Computern, Videospielen und dem Internet sind, da sie mit ihnen aufwachsen und sich selbstständig und automatisiert in diesen bewegen. Unter den Begriff »Digital Immigrants« fallen all diejenigen, die nicht in die digitale Gesellschaft hineingeboren wurden, sondern als ‚Zuschauer' die digitale Technologisierung miterleben. Diese Differenzierung der Gesellschaft zeigt sich insbesondere im institutionalisierten Bildungskontext. Während die vorwiegend ältere Lehrgeneration zu den »Digital Immigrants« zählt, sind Schüler und Studierende den »Digital Natives« zuzuordnen (PRENSKY 2001, 1). Demzufolge ist das Bildungssystem in vielen Fällen (noch) nicht auf die Bedürfnisse und die Lebenswirklichkeit der »Digital Natives« ausgerichtet. Nach PRENSKY (2001, 4; 2005, 64) müssen sich Lehrer jedoch den digitalen Medien und ihrer Methodologie öffnen, um zielgruppenorientierte Lehre gewährleisten zu können, auch wenn ihnen ein Lernen via Internet oder Videospielen mitunter fragwürdig erscheint. WIEMKEN (2001, 127) merkt an, dass sich viele Lehrer »unsicher und inkompetent in Bezug auf die Bildschirmwelt« fühlen. Dennoch sind dies die Medien, mit denen die junge Generation aufwächst und die für sie analog dem Lernmedium ‚Buch' der älteren Generation sind. In diesem Beitrag wird ausschließlich auf die Anschlussfähigkeit von digitalen Lernspielen (Spiele mit genuin pädagogisch-didaktischem Charakter) im Hochschulkontext eingegangen. Der Nutzen von digitalen Spielen im informellen Kontext steht außer Frage, wohingegen ihre Einbindung in den formellen Bildungskontext in der Fachliteratur kontrovers diskutiert wird.

Die Anbindung von Lernen an analoge Spiele hat jedoch in der Pädagogik lange Tradition (MEDER/FROMME 2001, 11). Daher ist die Erweiterung der Lernmedien um digitale Spiele im Hinblick auf deren steigende Nutzerzahl längst überfällig, wie sich mittels der Studie ‚GameStat 2011' (QUANDT/RUTH/SCHARKOW 2011, 415), welche die Nutzer und deren Nutzungsverhalten in Bezug auf digitale Spiele betrachtet, darstellen lässt. Diese Untersuchung belegt die weitverbreitete Nutzung von digitalen Spielen innerhalb der Bundesrepublik Deutschland. Demnach beträgt der Anteil an Spielern (innerhalb der Grundgesamtheit) 25,2 Prozent, was umgerechnet 17,6 Millionen Menschen entspricht. Nicht mitgerechnet wurden hierbei Kinder und Jugendliche unter 14 Jahren. Generell lässt sich festhalten, dass in den jüngeren Altersegmenten die Nutzerzahlen deutlich größer ausfallen als im höheren Alter. Zwei Drittel der Befragten zwischen 14 und 17 Jahren geben an, digitale Spiele zu nutzen. Ähnlich verhält es sich in der Altersgruppe der 18- bis 29-Jährigen; hier können 50,2 Prozent der Befragten zur Gruppe der Konsolen- und Computerspielern gezählt werden. Die Nutzungsdauer dieser beiden Altersgruppen liegt bei den Jüngeren bei durchschnittlich 73,2 Minuten am Tag, wohingegen die Älteren 63,6 Minuten mit digitalen Spielen verbringen (QUANDT/RUTH/SCHARKOW 2011, 419). Diese Zahlen zeigen, dass digitale Spiele ein weitverbreitetes und attraktives Medium sind, in dem sich junge Menschen selbstverständlich bewegen. Demnach ist die Verbindung zwischen digitalen Spielen und Lernen eine mögliche Alternative um formales Lernen attraktiver zu machen (FRANZ 2001, 117) und aus didaktischer Sicht an aktuelle Vorstellungen anzupassen. Dies entspricht der Annahme von GROS (2007, 23), dass neue Unterrichtsmethoden geschaffen werden müssen, um der digitalen Gesellschaft und deren Ansprüchen gerecht zu werden. Game-Based Learning ist ihrer Meinung nach ein Ansatz, der den aktuellen Forderungen nach verstärkter Lernerzentrierung, kooperativen Lernformen und dem Kompetenzerwerb in den Bildungsinstitutionen Rechnung trägt:

> »The design of learning environment built on the educational properties of games can be an appropriate way to improve learning. Digital games are user-centered; they can promote challenges, co-operation, engagement, and development of problem-solving strategies."

Um der Diskussion um den Einsatz und Nutzen von Game-Based Learning im institutionalisierten Bildungskontext eine Grundlage zu verschaffen, beschäftigt sich der Beitrag zunächst mit der Verbindung von Spiel(en) und Lernen im historischen Verlauf, bevor auf anschlussfähige motivationspsychologische Ansätze eingegangen wird. Schlussendlich führen diese Überlegungen dazu, Kennzeichen ‚guter' Lernspiele aufzuzeigen. Vorangestellt wird eine eingehende Beschreibung dessen, was im Folgenden unter Lernspielen verstanden wird sowie eine knappe Erläuterung des konstruktivistischen Lernbegriffs, auf den sich alle weiteren Überlegungen stützen.

2 Zum Begriff Game-Based Learning und Erläuterung des konstruktivistischen Lernprozesses

(Digitale) Spiele, die im Bildungsbereich eingesetzt werden – allgemein als Lernspiele bezeichnet – sind Medien, die den Lernprozess unterstützen. Um Unstimmigkeiten über diese Gattung zu vermeiden, wird nachfolgend eine nähere Bestimmung vorgenommen:

> »Als Lernspiele können Aktivitäten bezeichnet werden, deren Inhalt, Struktur und Ablauf in pädagogischer Absicht und auf Grundlage didaktischer Prinzipien gestaltet sind, die zugleich aber zentrale Merkmale von Spielen enthalten« (MEIER/SEUFERT 2003, 3).

Der Begriff Game-Based Learning stammt ursprünglich aus dem angloamerikanischen Raum und bezieht sich auf Spiele mit »Ernstcharakter«. Die Erweiterung um den Begriff »Digital« hebt die zunehmende Gewichtigung von (online) Video- / Konsolenspielen hervor. Game-Based Learning bezieht sich auf Lernspiele, die im Lernprozess zur Informationstransportion eingesetzt werden, aber auch analytisches Denken in Verbindung mit Problemlösefähigkeiten fördern. MEIER und SEUFERT (2003, 6 f.) haben eine Klassifizierung von digitalen Lernspielen erstellt und unterscheiden nach der Sichtbarkeit von Lernzielen, den vermittelbaren Inhalten und Kompetenzen sowie in welcher Weise die Motivation der Spieler erfolgt. Basierend auf dieser Kategorisierung entstand nachstehende Einordnung der Lernspieltypen:

- Computer-based Training (CBT)/Web-based Training (WBT)
- Planspiel/Simulation
- CBT/WBT mit Spielelementen
- Quiz/Memory/Solitaire/etc.
- Virtuelle Lernwelt
- Abenteuer-Lernspiel
- Sonstige Spiele

Diese Variationen lassen sich auf unterschiedliche Weise in den institutionellen Bildungskontext integrieren, unter anderem in Abhängigkeit der Lehr-Lernvorstellung des Lehrers. Diese einzuordnen, widmet sich der nachfolgende Abschnitt.

In der traditionellen Lehrvorstellung wird davon ausgegangen, dass Wissen von einer Person auf eine andere übertragbar ist. Nach eben diesem Prinzip sind beispielsweise konventionelle Vorlesungen strukturiert; Studierende nehmen hier die Rolle des passiven Wissensrezipienten ein (VOLLMERS 1997, 75). Ein Blick auf außerschulische Lernorte zeigt jedoch, dass Lernen häufig in nichtinstruktionalen Umgebungen stattfindet und in soziale Kontexte eingebunden ist (RUBEN 1999, 499), was somit der traditionellen Wissensvermittlung entgegensteht. An dieser Stelle darf nicht unerwähnt bleiben, dass die Wissensvermittlung im institutionellen Bildungskontext oftmals auf Reproduktion ausgelegt ist, anstatt die praktische Anwendung und Transferleistung zu fokussieren (RUBEN 1999, 499). Angeregt durch den Bologna-Prozess zeichnet sich hier jedoch ein Wandel ab.

Game-Based Learning unterstützt die zunehmende Verbreitung der psychologisch-konstruktivistischen Sichtweise, mit der ein Paradigmenwechsel bei der Betrachtung von Lernprozessen einsetzt; hin zu einer Wahrnehmung von Lernen als Konstruktionsleistung.

»Der Lernende konstruiert in der Auseinandersetzung mit dem Lerngegenstand neues Wissen. Konstruktivistische Lerntheorien betonen die Aktivität des Lernenden, der den Lehrstoff bei der Aufnahme umgestaltet« (VOLLMERS 1997, 75).

Dies verdeutlicht SIEBERT (1998, 11) wie folgt:

»Wir alle hören nicht unbedingt das, was der andere sagt und meint, sondern das, was wir erwarten, was wir hören wollen, was in unser kognitives Schema hineinpaßt [sic]. Hören und Verstehen ist also keine »Abbildung« des Gesagten, sondern ein autopoietischer, selbstreferentieller Prozeß [sic]. Wir können nur das wahrnehmen, für das wir empfänglich sind, für das unser zentrales Nervensystem ausgestattet ist, das wir mit vorhandenem Wissen verknüpfen können.«

SIEBERT (1998, 28) legt dar, dass von einer Person konstruiertes Wissen nicht einfach an eine andere Person weitergegeben werden kann. Dennoch sind Studierende vielfach passive Rezipienten in Vorlesungssituationen. »Traditionelle Lehrformate [nutzen] zu wenig die Kompetenzen der Studierenden, wie etwa deren Vorkenntnisse, Erfahrungs- und phänomenologisches Wissen« (ROLLE/ WEYER 2012, 76); so auch deren kompetenten und selbstverständlichen Umgang mit digitalen Medien. Die konstruktivistische Sichtweise hingegen geht von der Person mit ihrer individuellen Biografie aus und sieht die Wissensaneignung als einen aktiven Prozess, der in Interaktion mit Lerngegenständen abläuft. Lernen erfolgt durch Assimilation neuer Informationen an bestehende Wissensstrukturen, wobei auch die Korrektur früherer Erkenntnisse als Lernen bezeichnet wird.

Mit dem Verzicht auf lehrerzentrierte Unterrichtsformen müssen innovative Lehrformen gefunden werden, die den Lerner in den Mittelpunkt stellen und an seinen Alltag anknüpfen. Game-Based Learning ist eine Alternative, die nach WIEBE (2001, 174 f.) durch Authentizität, Situiertheit und Kooperation gekennzeichnet ist und somit kongruent mit der Beschaffenheit konstruktivistischer Lernumgebungen ist. Zudem geht Game-Based Learning von der Person des Lernenden aus und knüpft an ihr Potenzial im Umgang mit diesem Medium an.

Im nächsten Abschnitt wird die Verbindung von Lernen und Spiel(en) in ihrem historischen Verlauf sowie anhand motivationspsychologischer Ansätze aufgezeigt und auf digitale Spiele bezogen.

3 Pädagogisch-psychologische Grundlegungen

3.1 Zur Pädagogik des Spiels

3.1.1 Spieltheorie des 18. und 19. Jahrhunderts

Eingangs muss erwähnt werden, dass sich die Spieltheorie zunächst hauptsächlich auf das Kinderspiel bezog und aufgrund der Abwesenheit von digitalen Medien diese nicht explizit einschloss. Dennoch lassen sich die Grundgedanken der pädagogischen Spieltheorie auf digitale Lernspiele übertragen, wie im Folgenden sichtbar wird.

In den Anfängen der Spieltheorie wurde vornehmlich versucht, die Frage nach der konstitutiven Bedeutung des Spiels für den Menschen zu beantworten. Dies zeigt sich unter anderem bei SCHILLER, der das Spiel in seinem berühmten Ausspruch aus dem Jahr 1795 als ein elementares Grundbedürfnis des Menschen beschreibt:

> »Der Mensch spielt nur, wo er in voller Bedeutung des Worts Mensch ist, und *er ist nur da ganz Mensch, wo er spielt* [Hervorh. i. Orig.]« (SCHILLER 1960, 41).

SCHILLER führt das Spiel als ein drittes Prinzip ein, welches den Menschen neben dem triebgebundenen Handeln einerseits und dem moralischen Handeln andererseits determiniert. Das Spiel tritt in eine Vermittlerrolle zwischen dem Sein (Triebe) und dem Sollen (Moral) (SCHILLER 1960, 37); es existiert nach SCHILLER in einer Welt des ästhetischen Scheins und gestattet dem Menschen ein ‚als-ob'-Handeln. Dieser Schonraum ermöglicht die Persönlichkeitsentwicklung des Menschen; er bietet eine Fluchtmöglichkeit losgelöst von der real existierenden Welt und schafft so eine Umgebung, in der die Möglichkeit besteht, die faktischen Verhältnisse zu überwinden. SCHILLER bezieht seine Ausführungen auf das Spiel der Gedanken, das fantastische Spiel, nicht auf ein Spiel mit materiellen Gegenständen. Dennoch stellen seine Ansichten wichtige Grundlagen für die Verknüpfung von Spielen und Lernen dar.

Während SCHILLER den Spieltrieb als eine dem Menschen innewohnende Kraft, als das eigentlich Menschliche ansieht, versuchen SPENCER, SCHALLER und GROOS die Herkunft anderweitig zu erklären. SPENCER beschreibt in «Principles of Psychology" aus dem Jahr 1890 seine Kraftüberschusstheorie, welcher der Gedanke zu Grunde liegt, dass bei höheren Lebewesen freigewordene Energien, die zuvor der Arterhaltung dienten, nun durch das Spiel abgebaut werden. SCHALLER

(1861, 55) hingegen betrachtet in seiner Erholungstheorie das Spiel als Gegenstück zur Arbeit und zum Ernst des Lebens, da es keinen objektiven Zweck verfolgt. Das Spiel ist eine Tätigkeit, bei der das Kind selbst produktiv wird; im Akt des Spiels emanzipiert es sich von seinem Lehrer, erkennt seine Individualität und bildet seine Persönlichkeit. Die persönlichkeitsbildende Funktion des Spiels lässt sich auch bei GROOS (1899, 523) wiederfinden. Er nähert sich der Kausalität des Spiels jedoch aus einer anderen Richtung; aus der soziologischen Sichtweise heraus ist für ihn das Kinderspiel eine Vorübung auf das Dasein als Erwachsener (GROOS 1899, 513). Es bereitet die Möglichkeit, verschiedene Rollen einzunehmen und später relevant werdende Fertigkeiten zu üben. Die Erholungstheorie sowie die Kraftüberschusstheorie sieht er als sinnvolle Ergänzung. Beide Theorien können jedoch nicht erklären, warum Spiele oft mehrfach wiederholt und bis zur Erschöpfung gespielt werden. Um hierauf eine Antwort zu geben, betrachtet er das Spiel aus der psychologischen Sichtweise heraus. Das Spiel befriedigt demnach das Bedürfnis nach Freude (GROOS 1899, 497 ff.). GROOS beschreibt einen rauschartigen Zustand, in den sich Menschen durch ihr Spiel versetzen können, und der sie dazu veranlasst, ein und dieselbe Spielhandlung stetig zu wiederholen (GROOS 1899, 473). Dieses Phänomen findet sich später ausführlich bei CSIKSZENTMIHALYI als ‚Flow' beschrieben (siehe Kapitel 3.2.3).

Eine Spielhandlung hat nach GROOS ihren Sinn immer in der Sphäre des Spiels, das heißt sie folgt keinem äußeren Zweck (GROOS 1899, 492). Dennoch verdeutlicht er in seiner pädagogischen Abhandlung der Spieltheorie (GROSS 1899, 519):

»Wie das Spiel sich der Arbeit annähert, sobald neben der Lust an der Thätigkeit [sic] als solcher auch der reale Zweck der Uebung [sic] eine motivierende Kraft gewinnt [...], so kann die Arbeit sich dem Spiele annähern, wenn ihre realen Zwecke durch die Freude am Arbeiten selbst aus ihrer vorherrschenden Stellung verdrängt werden; und es ist wohl kaum zweifelhaft, dass dieses die höchste und edelste Form der Arbeit ist.«

GROSS schafft also eine erste Verbindung von Spiel und Arbeit. Arbeit wird in diesem Zusammenhang von der Autorin mit Lernen gleichgesetzt, da Lernen in jeglicher Form mit Aufwand, sprich mit Arbeit, verbunden ist. Diese Sichtweise wird in den Theorien des 20. Jahrhunderts wieder aufgegriffen und weitergeführt, wie der nachfolgende Abschnitt zeigt.

3.1.2 Spieltheorie des 20. Jahrhunderts

GROOS Sichtweise des Spiels als Übung zur späteren Lebensbewältigung ist aus BUYTENDIJKS Standpunkt verkürzt. In seiner Schrift über »Wesen und Sinn des Spiels« kehrt das Spezifikum des Scheins wieder (BUYTENDIJK 1933, 161 ff.), wie es bereits SCHILLER in seiner Abhandlung über die ästhetische Erziehung des

Menschen deutlich gemacht hat. Das Spiel ist eine fiktive Handlung, in der man losgelöst von der realen Welt, ihren Bedingungen und Verhältnissen so tun kann als-ob. BUYTENDIJK weist darauf hin, dass bis ins Detail Bekanntes genauso wie vollständig Unbekanntes zum Spielen nicht geeignet ist. Diese Annahme findet sich wieder bei WYGOTSKI, der die Zone der proximalen Entwicklung zwischen der aktuellen Entwicklungsstufe und der nächst höheren ansiedelt (LEFRANÇOIS 2006, 223 ff.).

Aus der soziologischen Perspektive von MEAD (1934, 196) ist das Spiel die Begegnung mit dem »verallgemeinerten Anderen«, der Gesellschaft. Durch die Übernahme verschiedener Rollen in verschiedenen gesellschaftlichen Zusammenhängen lernt das Kind die Gesellschaft als Ganzes zu begreifen und entwickelt ein Bewusstsein von sich selbst als denkender Mensch (MEAD 1934, 197). Im Spiel lernen Kinder Wünsche zu artikulieren, divergierende Rollenvorstellungen zu integrieren, die Erwartungen von anderen mit den eigenen Interessen abzugleichen und Situationen gemeinsam mit ihren Mitmenschen zu definieren. Die Vorstellung MEADS (1934, 218) über die Bildung der Identität speist sich aus der Synthese zweier Stadien, dem »Me« (soziale Identität, die sich aus den Erwartungen der sozialen Umwelt an eine Person konstituiert) und dem »I« (unbewusste Erfahrungen; »das, womit wir uns identifizieren«). Das Spiel schafft die Voraussetzung für diese Synthese und hilft dem Kind bei einer ausgewogenen Identitätsbildung.

Der Spieltheoretiker SUTTON-SMITH beschreibt das Spiel wiederum als eine Widerspiegelung der Wirklichkeit, die im Spiel schöpferischer Neugestaltung unterworfen ist. Um zu spielen, ist ein Gefühl von Sicherheit notwendig; gespielt wird, weil es Vergnügen macht. Weiterhin beschreibt SUTTON-SMITH (1978, 44 ff.) die intrinsische Spielmotivation, welche vom explorativen Verhalten eines Menschen ausgeht und durch neuartige Stimuli angeregt wird. Im Spielen kommt es zur Verschmelzung von Handeln und Bewusstsein, was charakteristisch für das Flow-Erleben ist. Diese wird dadurch unterstützt, dass die Aufmerksamkeit auf ein begrenztes Stimulationsfeld gelegt wird, das den Spieler völlig in sich aufnimmt. Des Weiteren beschreibt SUTTON-SMITH die selbstwirksamkeitssteigernde Funktion des Spiels: Der Spieler ist Herr über seine Handlungen und kontrolliert zugleich sein Umfeld. Zudem erhält er im Spielverlauf zeitnah Rückmeldung über seine Handlungen. Im Spiel werden folglich Erfahrungen strukturiert und Alltagserfahrungen synthetisiert (SUTTON-SMITH 1978, 61); zugleich werden noch nicht vollständig beherrschte Verhaltensweisen eingeübt und modifiziert. Die soziale Kontrolle durch die reale Welt ist im Spiel umgekehrt; Rollenverhalten wird aufgebrochen (SUTTON-SMITH 1978, 54).

Eine weitere bekannte phänomenologisch-anthropologisch fundierte Spieltheorie stammt von HUIZINGA. Ihm zufolge trifft weder die Bezeichnung »homo sapiens« noch »homo faber« das Eigentliche des Menschseins, daher führt er den

Begriff des »homo ludens« ein. Demzufolge erlernt der Mensch alle für ihn wichtigen Fähigkeiten durch das Spiel. Dieses ist für ihn »eine freiwillige Handlung oder Beschäftigung, die innerhalb gewisser festgesetzter Grenzen von Zeit und Raum nach freiwillig angenommenen, aber nach unbedingt bindenden Regeln verrichtet wird, ihr Ziel in sich selber hat und begleitet wird von einem Gefühl der Spannung und Freude und einem Bewußtsein [sic] des "Andersseins" als das "gewöhnliche Leben"« (HUIZINGA 1956, 34).

Analog den bisher genannten Vertretern der pädagogischen Spieltheorie, ist das Spiel für HUIZINGA eine Handlung, die aus völliger Freiwilligkeit entsteht (HUIZINGA 1956, 15 f.). Ein Spiel unter Zwang ist laut HUIZINGA kein Spiel mehr. So ist auch die Verknüpfung mit materiellen Interessen eine Negierung des originären Spielcharakters. Die Bedeutung eines Regelwerks, welches sich unter anderem positiv auf die Gemeinschaftsbildung auswirkt, wird hervorgehoben sowie auf die notwendigerweise abgeschlossene räumliche und zeitliche Struktur verwiesen. Auch HUIZINGA (1956, 15) verortet das Spiel in der Welt des Scheins, in der ein Probehandeln möglich ist. Die Wiederholbarkeit des Spiels stellt ein weiteres substanzielles Merkmal dar. Zugleich verweist er auf das Spannungsmoment, das dem Spiel immanent ist und die »Fähigkeiten des Spielers auf die Probe [...] stellt« (HUIZINGA 1956, 18).

Die historische Betrachtung der pädagogischen Spieltheorie wird mit einem Blick auf DEWEY abgeschlossen. Wie bereits GROOS vor ihm, integriert DEWEY das Moment der Arbeit in die Theorie des Spiels und macht sie somit anschlussfähig für den Einsatz im Bildungskontext:

> »Spiel und Arbeit sind in ihrem Wesen keineswegs solche Gegensätze, wie man oft annimmt. [...] Das Kennzeichen des Spiels im psychologischen Sinne ist nicht Vergnügen oder Zweckfreiheit. [...] Das Spiel hat einen Zweck im Sinne eines leitenden Gedankens, der die Richtung [...] bestimmt, [...] Sinn gibt.« (DEWEY 1993, 268 f.)

Diesem Gedanken folgt auch SCHEUERL, der das Spiel auf seine pädagogischen Möglichkeiten und Grenzen hin untersucht. Für SCHEUERL (1977, III) ist das Spiel eine anthropologische Grundgegebenheit, die es bei allen Völkern zu allen Zeiten gegeben hat und die in allen Altersstufen vorkommt. In seiner Schrift ‚Das Spiel' geht er explizit auf das Lernspiel im Bildungskontext ein. Seit der Reformpädagogik sieht er deutliche Bestrebungen, das Spiel in den (institutionellen) Bildungskontext zu integrieren; wobei bereits PLATON Spiele im Bildungskontext eingesetzt hat. Beispiele der Reformpädagogik lassen sich in STEINERS Konzeption der Waldorfschule finden, bei MONTESSORI oder auch in der Arbeitsschulbewegung bei GAUDIG und KERSCHENSTEINER.

> »Das Arbeitsmittel ‚Lernspiel', [..], ist in den meisten Fällen ein pädagogisch durchdachtes Experimentiermaterial mit bestimmtem Aufforderungscharakter« (SCHEUERL 1977, 211).

Die Ziele von Lernspielen sieht SCHEUERL (1977, 213) im Erlernen von Ordnungsbeziehungen, in denen die Spieler Relationen von Objekten und Daten erkennen. Er bezieht in seine Überlegungen jedoch nur Lernspiele ein, bei denen es um das Sortieren von Karten mit Objektbegriffen geht oder etwa Schnelligkeitsspiele beim Lösen von Rechenaufgaben. Digitale Lernspiele, die weitaus komplexere Inhalte aufweisen können, gab es zu SCHEUERLs Wirkungszeit nicht.

> »Das Lernen beim Lernspiel ist kein bewusstloses Lernen, es ist auch nicht notwendig ein spielerisches Lernen, sondern es ist primär ein Lernen an ernsthaften Leistungen im Dienste des Spiels« (SCHEUERL 1977, 215).

Der Spieler lernt folglich, um das Spiel besser beherrschen zu können und investiert daher Zeit und Anstrengung. Die Leistung ist schlussendlich dieselbe, wobei das Motiv, mit der sie erbracht wird, ein anderes ist, wenn das Lernen im Rahmen eines Spiels stattfindet. SCHEUERL (1977, 217) weist darauf hin, dass das Spielniveau nicht ohne Anforderung sein darf, zugleich jedoch die Fähigkeiten des Spielers nicht übersteigen sollte. Ebenso spricht er die Gefahr der bloßen Etikettierung und der Verabsolutierung des Lernspiels als einzigen Bildungsweg an (SCHEUERL 1977, 218). Die Kombination mit weiteren Lehrmethoden ist für ihn von unbedingter Notwendigkeit, wenn es um den Einsatz von spielbasiertem Lernen im Bildungskontext geht.

Wie mit Blick auf die bereits dargestellte Literatur aufgezeigt werden konnte, ist die Verbindung von Lernen und Spielen keineswegs neu. Sowohl im informellen wie auch im institutionalisierten Bildungskontext hat die Verbindung lange Tradition. Game-Based Learning ist lediglich die digitalisierte Weiterführung. Um den Einsatz dieser Methode zu fundieren und zu festigen, werden nachfolgend aktuelle psychologische Grundannahmen vorgestellt.

3.2 Motivationspsychologische Theorien

3.2.1 Der Aktivierungszirkel nach HECKHAUSEN

Die Motivation, mit der ein Spieler an ein Spiel herangeht, wirkt sich direkt auf den Lernerfolg aus. Daher ist die eingehende Betrachtung motivationspsychologischer Ansätze an dieser Stelle unerlässlich; zumal sich hieraus wesentliche Gestaltunghinweise für digitale Lernspiele ergeben. Für HECKHAUSEN und HECKHAUSEN ist menschliches Handeln einerseits durch das »Streben nach Wirksamkeit« und andererseits durch die »Organisation von Zielengagement und Zieldistanzierung bestimmt« (HECKHAUSEN/HECKHAUSEN 2006, 1). Mit dem Streben nach Wirksamkeit ist der Wunsch nach Rückmeldung über das eigene Handeln in Bezug auf die Zielsetzung verknüpft. Ferner stellt HECKHAUSEN die Frage nach den Determinanten für menschliches Handeln, welches er als per se organisiertes Verhalten und Erleben auffasst. Motivation ergibt sich ihm zufolge durch die Interaktion von Person und Situation: eine Person hat Bedürfnisse,

Motive und Ziele, auf die hin ihr Verhalten ausgerichtet ist. Diese interagieren mit der Situation, die durch Gelegenheiten und mögliche Anreize bestimmt ist (HECKHAUSEN/HECKHAUSEN 2006, 3). Besitzt eine Situation einen Aufforderungscharakter, so bildet sich in der Person eine Intension, eine Handlungsabsicht. Der Anreiz kann entweder intrinsisch sein, das bedeutet er stammt aus der Tätigkeit selbst, oder extrinsisch – auf die Folgen und Ergebnisse einer Handlung bedacht. Zusätzlich ist der Anreiz zum Handeln durch die »Handlungs-Ergebnis-Erwartung« und »Ergebnis-Folgen-Erwartung« bestimmt (HECKHAUSEN/ HECKHAUSEN 2006, 5). Dies sind Einflussfaktoren, die sich auf den Antrieb einer Person, ein Spiel zu beginnen, auswirken beziehungsweise darauf, mit welchem Grad an Motivation sie es ausführt. Ein Spiel beinhaltet für HECKHAUSEN folgende fünf Merkmale: Zweckfreiheit, einen Aktivierungszirkel, eine handelnde Auseinandersetzung mit einem Stück realer Welt, eine undefinierte Zielstruktur, eine Zeitperspektive und eine quasi-reale Spielumgebung. Der von HECKHAUSEN (1964, 228 f.) als zackenförmig geschilderte Aktivierungszirkel beschreibt den ständigen Wechsel zwischen Spannung und Lösung (Spannungsabfall), welcher in einem mittleren Grad als äußerst angenehm erlebt wird. »Ausgangssituationen, durch welche sie ausgelöst werden, wirken anziehend und werden spontan aufgesucht« (HECKHAUSEN 1964, 229). Diese Situationen entstehen durch Diskrepanzen, wie etwa aus der nicht konvergenten Wahrnehmung einer früheren Situation mit der Wahrnehmung einer gegenwärtigen Situation, was Neugierde weckt. Ebenso verhält es sich, wenn sich eine Situation anders als erwartet entwickelt. Dies ist mit einem Überraschungseffekt für die Spieler verbunden. Ferner stellen die von einer Person wahrgenommenen Unterschiedlichkeiten innerhalb einer Situation, welche sich in verschiedenen Handlungstendenzen äußern, Ausgangssituationen für den Aktivierungszirkel dar. All dies weckt Interesse und verweist auf ein hohes Anregungspotenzial, welches bei Spielen angestrebt wird um zu motivieren und zu wiederholtem Spielen anzuregen. Der Aktivierungszirkel ist in besonderer Weise bedeutsam; zusammen mit einer kurzfristigen Zeitperspektive und unter Berücksichtigung der Entwicklungstheorie von PIAGET (siehe hierzu LEFRANÇOIS 2006, *207 ff.*) wird Lernen ermöglicht. Durch die Kreisreaktion, welche bestimmt ist durch die eigene Handlung und die Wahrnehmung der sich ergebenden Folgen, die wiederum handlungsauslösend sind, werden kognitive Schemata assimiliert. Die Handlungswirkung darf hierbei nicht zu fremdartig sein, gleichzeitig nicht völlig vertraut, der mittlere Bekanntheitsgrad macht sie zum Anreiz für weitere Handlungen (HECKHAUSEN 1964, 229). Ferner sollten Spielregeln nicht zu komplex sein, sonst ergeben sich negative Folgen für die Motivation. HECKHAUSEN betrachtet das Spiel als Becken für Erfahrungen in einer Welt, die dem Spieler noch nicht völlig vertraut ist.

3.2.2 Das Erleben intrinsischer und extrinsischer Motivation in Bezug zur Selbstbestimmungstheorie nach DECI und RYAN

DECI und RYAN haben sich wie HECKHAUSEN intensiv mit der intrinsischen und extrinsischen Motivation auseinandergesetzt. Sie stellen Unterschiedlichkeiten heraus und weisen auf Auswirkungen auf den Lernerfolg hin. Ihnen zufolge ist eine Handlung immer extrinsisch oder/und intrinsisch motiviert. Intrinsische Verhaltensweisen sind interessensgeleitet und bedürfen keinem äußeren Anreiz, sie sind genuin selbstbestimmtes Verhalten. Extrinsische Motivation wird von außen herbeigeführt etwa durch Belohnungs- oder Bestrafungssysteme. Sie tritt nicht spontan auf wie dies bei intrinsischer Motivation der Fall ist (DECI/RYAN 1993, 225). Nach DECI und RYAN (1993, 227 f.) kann extrinsisches Verhalten unter bestimmten Voraussetzungen durchaus als selbstbestimmt erlebt werden und zwar dann, wenn es das Stadium der »identifizierten Regulation« erreicht. Dieses ist erfüllt, »wenn eine Verhaltensweise vom Selbst als persönlich wichtig oder wertvoll anerkannt wird. Man tut etwas nicht einfach deshalb, weil man das Gefühl hat, es tun zu sollen, sondern weil man es für wichtig hält« (DECI/RYAN 1993, 228). Das Individuum hat folglich externale Ziele, Normen und Handlungsstrategien internalisiert und in sein Selbstkonzept integriert. Dies ist beispielsweise der Fall, wenn ein Studierender eine Unternehmenssimulation mit dem Wissen spielt, dass es ihn auf die spätere Berufspraxis vorbereitet und er diesen Aspekt für wichtig hält. Hieraus lässt sich schlussfolgern, dass effektives Lernen von der Person selbst ausgehen muss und entweder auf intrinsische Motivation oder integrierte Selbstregulation angewiesen ist. Die Verbindung von Motivation, Selbstbestimmung und Lernerfolg findet sich bei DECI und RYAN (1993, 236) wie folgt:

> »Umwelten, in denen wichtige Bezugspersonen Anteil nehmen, die Befriedigung psychologischer Bedürfnisse ermöglichen, Autonomiebestrebungen des Lerners unterstützen und die Erfahrungen individueller Kompetenz ermöglichen, fördern die Entwicklung einer auf Selbstbestimmung beruhenden Motivation. Die Erfahrung, eigene Handlungen frei wählen zu können, ist der Eckpfeiler dieser Entwicklung. Entscheidend ist auch die eigene Wertschätzung des Handlungsziels auf der Basis intrinsischer oder integrierter extrinsischer Motivation. Im Gegenzug bewirkt die engagierte Aktivität des Selbst eine höhere Lernqualität und fördert zugleich die Entwicklung des individuellen Selbst. Verantwortlich für alle diese Prozesse sind letztendlich die sozialen Bedingungen, die das Bestreben nach Autonomie, Kompetenz und sozialer Eingebundenheit unterstützen oder verhindern«.

Die Herstellung dieser günstigen Bedingungen für die Lernmotivation und dementsprechend für den Lernerfolg liegt im institutionalisierten Lehr-Lernkontext im Verantwortungsbereich der Einrichtung und ihrer Lehrpersonen. Das Ziel der Gestaltung von Lernprozessen sollte nach CSIKSZENTMIHALYI und SCHIEFELE (1993, 217) die Initiierung von Lernfreude sein, welche durch das Ansprechen von Interessen der Lernenden erreicht werden kann. Extrinsische Belohnungssysteme versprechen keine langfristigen Lernerfolge. Digitale Spiele sind für die Generation der »Digital Natives« ein Medium, das ihnen vertraut ist und hohen Aufforderungscharakter besitzt. Dementsprechend ist die Verwendung dieses Hilfsmittels im Zusammenhang mit der Wissensvermittlung eine naheliegende Folge.

Eine weitere Einflussgröße, die das Lernen mittels digitalen Spielen bestimmt, ist das Flow-Erleben nach CSIKSZENTMIHALYI, das maßgebliche Auswirkungen auf die Spielmotivation und das Durchhaltevermögen der Spieler aufweist.

3.2.3 Das Flow-Erleben nach CSIKSZENTMIHALYI

Sportler, Künstler, Wissenschaftler sowie viele andere Menschen kennen das Gefühl, etwas um der Aktivität willen auszuführen, weil es Spaß macht; sie neigen in der Folge dazu, diese Tätigkeit häufig zu wiederholen (CSIKSZENTMIHALYI/ CSIKSZENTMIHALYI 1988, 29). Dieser Zustand wurde weitverbreitet mit dem Wort »flow« beschrieben, was dazu führte, dass diese Bezeichnung durch CSIKSZENTMIHALYI Eingang in die Literatur gefunden hat. CSIKSZENTMIHALYI und SCHIEFELE (1993, 209) definieren den Flow als ein im »wesentlichen [...] holistisches, d.h. mehrere Komponenten umfassendes, Gefühl des völligen Aufgehens in einer Tätigkeit. Das Handeln wird als ein einheitliches »Fließen« von einem Augenblick zum nächsten erlebt«. Um einen Flow-Zustand zu erreichen, darf das Problem, mit dem sich eine Person konfrontiert sieht, keine unüberwindbare Herausforderung darstellen, sondern muss eine Aufgabe sein, die Möglichkeit zur Weiterentwicklung bietet (CSIKSZENTMIHALYI/ CSIKSZENTMIHALYI 1988, 30). Folgende Komponenten sind konstitutiv für das Flow-Erleben (CSIKSZENTMIHALYI/SCHIEFELE 1993, 210): Verschmelzung von Handlung und Bewusstsein, Zentrierung der Aufmerksamkeit auf einen beschränkten Umweltausschnitt, Selbstvergessenheit und Ausübung von Kontrolle über Handlung und Umwelt. Das Flow-Erleben findet unabhängig von der jeweiligen Tätigkeit statt und ist relativ gleichförmig; alles in der Person ist auf die Handlung an sich ausgerichtet. Störende Einflüsse bleiben unbeachtet, was zu einem gesteigerten Leistungsniveau führt. Neben der »Passung von Fähigkeit und Anforderung« ist die »Eindeutigkeit der Handlungsstruktur« eine weitere Bedingung für das Flow-Erleben (CSIKSZENTMIHALYI/SCHIEFELE 1993, 211). Demzufolge ist eine exakte Zielformulierung wichtig, welche sich durch Spielregeln erreichen lässt. Ebenso bedeutsam ist eine zeitnahe und klare Rückmeldestruktur, die dem Spieler Aufschluss über sein Handeln gibt. Das Erleben eines Flows motiviert nicht nur in der Situation selbst, sondern wirkt sich positiv auf die intrinsische Motivation für zukünftige, ähnlich strukturierte Aufgaben aus.

Es gilt vorangegangene Überlegungen präsent zu halten, wenn es im Folgenden um die Gestaltungsbedingungen für digitale pädagogische Spiele geht.

4 Pädagogische Implikationen für die Konzeption von digitalen Spielen im Lernkontext

FROMME, JÖRISSEN und UNGER (2008, 3) konstatieren, dass »obwohl es nicht möglich ist, Bildungsprozesse [...] unmittelbar zu forcieren, können pädagogische Handlungs- und Gestaltungsformen durchaus dazu beitragen, Bildungsprozesse zu ermöglichen, zu erleichtern und zu provozieren, etwa indem entsprechende Umgebungen und Erfahrungsräume anregend gestaltet werden«. Auf diese Bedingungen wird im weiteren Verlauf näher eingegangen.

Nach KIILI (2005, 19) sind folgende Faktoren bei der Konstruktion unbedingt zu beachten: Das Spiel muss eine verbindliche Handlungsgeschichte besitzen, eine passende audio-visuelle Gestaltung aufweisen und bezüglich dieser beiden Aspekte ausgewogen sein. Die Handlungsgeschichte sollte mit der Komplexität des Spiels wachsen, zumindest jedoch einen Rahmen eingrenzen, in dem sich der Spieler bewegt (KIILI 2005, 20). Eine Geschichte sollte zudem interessant gestaltet sein, um den Spieler zu motivieren und langfristig für das Spiel zu begeistern (WAGENHÄUSER 1996, 18; EBNER/HOLZINGER 2007, 875). Hierbei helfen »Anker« zu Ereignissen oder Objekten der realen Welt, aber auch die Darstellung verschiedener Perspektiven auf einen Themenbereich oder die Möglichkeit zu direkter Manipulation der dargestellten Objekte durch die Spieler. Bereits SUTTON-SMITH (vgl. Kapitel 3.1.2) beschreibt die Bedeutung von neuartigen Stimuli zur Weckung des menschlichen Explorationsverhaltens. HECKHAUSEN (vgl. Kapitel 3.2.1) spricht in diesem Zusammenhang von einem Aktivierungszirkel, der sich aus den Polen ‚Spannung' und ‚Lösung' zusammensetzt, wodurch der Spieler zum (Weiter-)Spielen animiert wird. Bei der Konzeption ist darauf zu achten, dass die Realität nicht in all ihren Facetten abgebildet wird, sondern sinnvolle und zielführende Reduktionen vorgenommen werden (WAGENHÄUSER 1996, 20). Die Spielregeln sollten ebenfalls reduziert auf das Wesentliche und nicht zu facettenreich gestaltet sein. Von konzeptioneller Bedeutung ist die Ausgewogenheit von Spaßelementen und Lerneinheiten. Spiele müssen so gestaltet sein, dass der Spieler motiviert ist, wiederholt zu spielen. Auf diese Weise vertiefen sich die Lernergebnisse (PIVEC/DZIABENKO/SCHINNERL 2003, 218). Ferner sollte der entscheidende Faktor für ein Vorankommen im Spiel durch das Erlangen von Wissen oder Fertigkeiten des Spielers determiniert sein; auch weniger erfolgreiche Spieler sollten in einer Weise belohnt werden, die sie dazu veranlasst, das Spiel weiterzuführen und zu beenden (KIILI 2005, 20). KIILI schlägt in diesem Zusammenhang vor, das Spiel mit verschiedenen Levels auszustatten, die in ihrer Schwierigkeit und Komplexität ansteigen. Die Spieler bekommen auf diese Weise die Möglichkeit, sich in ihrer Zone der proximalen Entwicklung bewegen zu können. An dieser Stelle ist ebenfalls zu erwähnen, dass der gesamte Anspruch des Spiels auf die Vorwissensstrukturen der Spieler abzustimmen ist; er darf weder zu komplex noch zu trivial sein (PIVEC/DZIABENKO/SCHINNERL 2003, 220). Diese Implikation ist bereits aus der pädagogisch-psychologischen Spieltheorie von BUYTENDIJK und HECKHAUSEN bekannt. Die Möglichkeit, unmittelbare individuelle Rückmeldung auf Handlungen zu bekommen, ist ein Vorteil, den Game-Based Learning gegenüber konventionellen Formen der Wissensvermittlung bereithält (PIVEC/DZIABENKO/SCHINNERL 2003, 220). Die Bedeutsamkeit einer solchen Struktur für den Lernprozess lässt sich bei SUTTON-SMITH (Kapitel 3.1.2) nachlesen. WAGENHÄUSER (1996, 19) sieht in der Vergabe von Punkten für bestandene Aufgaben ein effektives Belohnungssystem, welches durch die Einführung einer Highscore-Liste zusätzliches Gewicht bekommt und ihm zufolge zu langanhaltender Spielmotivation führt. Um die kognitive Auslastung beim Lernen zu optimieren, ist die Ansprache unterschiedlicher Verarbeitungskanäle sinnvoll (KIILI 2005, 21). Lernen erfolgt umso effektiver, je mehr Sinne angesprochen werden. Im Arbeitsgedächtnis können zeitgleich Informationen in der phonologischen Schleife und im räumlich-visuellen Notizblock verarbeitet werden, was dafür spricht, Informationen zugleich auditiv und visuell aufzubereiten. Um die Informationsaufnahme zu steigern, sollten in Lernspielen auf irrelevante multimediale Elemente zu Gunsten von Benutzerfreundlichkeit und der Wissenskonstruktion dienlichen Gestaltungen verzichtet werden (KIILI 2005, 21 f.). BERGMANN (2000, 43 f.) verweist in diesem Zusammenhang auf die Bedeutsamkeit von Bildern: »Bilder müssen als Bilder aussagekräftig werden. Die Bilder müssen sein, nicht nur illustrieren«. Damit spricht er das Potenzial der Interaktivität für den Lernprozess an. Anders als bei Schulbüchern handelt es sich bei digitalen Spielen um interaktive Medien, die mittels moderner Darstellungsformen aufbereitet werden können und so den Spieler motivieren und zur vertieften Auseinandersetzung mit einem Gegenstand bewegen.

PIVEC, DZIABENKO und SCHINNERL (2003, 220) weisen darauf hin, dass bei der Spielkonstruktion unter Berücksichtigung des konstruktivistischen Lernparadigmas weitere Aspekte in den Vordergrund treten: Zunächst muss sich der Spieldesigner bewusst machen, dass die Wissensaneignung beim Spieler eine intrapersonelle Konstruktionsleistung darstellt und nicht durch die bloße Darbietung von Informationen sichergestellt werden kann. Ferner ist für den Lernprozess unerlässlich, dass die Möglichkeit zur Betrachtung eines Themenbereichs aus verschiedenen Perspektiven gegeben ist. Die Lerninhalte selbst sollten in realistische und für die Spieler relevante Kontexte eingebunden werden. Für die Konstruktion ist weiter zu beachten, dass die Spielumgebung so gestaltet ist, dass sie den Spieler in seinem eigenen Lernprozess unterstützt. Hierzu zählt die stetige Ermunterung, sich seinen eigenen Lernprozess ins Bewusstsein zu rufen und zu überwachen. Diese kritisch-reflexive Funktion wird nach FROMME, JÖRISSEN und UNGER (2008, 10 ff.) durch folgende Elemente erreicht: den Einsatz von Lernhilfen, die Verwendung von Ironie, die erzeugte Spannung zwischen der Regelstruktur und dem fiktiven Handlungsgeschehen sowie durch die Irritation konventioneller Wahrnehmungs- und Aktionsweisen. Daneben ist die Einbettung des Lernens in soziale Kontexte wichtig; dies kann unter anderem durch Multiplayer-Funktionen gewährleistet werden. PIVEC, DZIABENKO und SCHINNERL verweisen ebenfalls auf die Bedeutsamkeit der Ansprache möglichst vieler verschiedener Kanäle zur Informationsaufnahme.

Was im vorangegangenen Teil aus der Literatur hergeleitet wurde, wird nun exemplarisch anhand der Studie von EBNER und HOLZINGER (2007, 876 ff.) gezeigt. Diese Studie hat das Onlinespiel »Internal Force Master« im Fokus, in welchem Studierende des Bauingenieurwesens die richtige Aufgabenlösung identifizieren müssen, um das Spiel zu gewinnen. Es zeigte sich, dass sowohl bei Spielern als auch bei Nicht-Spielern (Studierende die ausschließlich die Vorlesung besuchen) ein Wissensanstieg zu verzeichnen ist, wobei kein qualitativer Unterschied zwischen den Gruppen festgestellt werden konnte (EBNER/HOLZINGER 2007, 881 ff.). Deutlich wurde allerdings der hohe Unterhaltsamkeitsfaktor des Spiels. Die Benutzerfreundlichkeit sowie die an den Wissenstand der Studierenden angepassten Inhalte führten zu intuitiv erfolgreicher Handhabung des Programms. Des Weiteren zeigte die Untersuchung, dass eine Highscore-Liste für die Motivation der Spieler wichtig ist. Das Spiel wurde den Autoren zufolge wiederholt gespielt, mit der Intention einen besseren Listenplatz zu erreichen. Zusammengefasst lässt sich sagen, dass wesentliche Charakteristika von Spielen in deren Einfachheit, in der zeit- und ortsungebundenen Abrufbarkeit, der kurzen Spieldauer und dem Wettbewerbscharakter liegen (EBNER/HOLZINGER 2007, 888). Das Lernen findet in vielen Fällen nicht bewusst statt, sondern beiläufig. Das wiederholte Spielen übernimmt die Sicherungsfunktion des Wissens.

Zusammengefasst sind die zentralen Merkmale, die es bei der Konzeption von digitalen Spielen zu beachten gilt: die Handlungsgeschichte, die audiovisuelle Gestaltung und die didaktische Umsetzung. Werden diese Faktoren bei der Konzeption bedacht, können Lernspiele motivierend sein und dem Spieler neben einem impliziten Lerneffekt Spaß bereiten. Nach der eingehenden Betrachtung von grundlegenden pädagogischen und psychologischen Konzepten sowie Hinweisen für die sinnvolle Gestaltung von Lernspielen, geht es im Folgenden um den konkreten Einsatz in der Hochschullehre.

5 Game-Based Learning in der Hochschullehre

Die folgende Abbildung ist als Zusammenfassung der Einflussfaktoren auf den Lernprozess und den Lernerfolg bei Game-Based Learning zu verstehen. Sie kann als Grundlage für die didaktische Umsetzung in der Hochschullehre dienen.

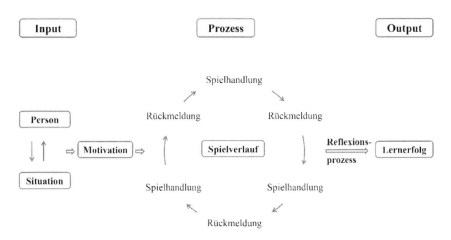

Abbildung 1: Einflussfaktoren auf den Lernerfolg bei Game-Based Learning

Eine Person mitsamt ihrer Biografie, ihrer momentanen emotionalen und körperlichen Befindlichkeit, ihrem Vorwissen, ihren Handlungsabsichten und Zielen trifft auf eine Situation, die nach bestimmten Regeln strukturiert ist, einen Aktivierungsgrad besitzt, auf Vorwissen aufgebaut ist und mit der gewisse Ziele verfolgt werden. Im Aufeinandertreffen wird die jeweilige Kompatibilität und Anschlussfähigkeit geprüft. Person und Situation treten miteinander in Interaktion und wirken sich in einem zweiten Schritt auf die Motivation aus, mit der eine Handlung, in diesem Fall das Lernspiel, begonnen wird. Der Lernprozess selbst wird durch eine im Spiel dargebotene Problemstellung initiiert. Lernen findet im Vorgang des Problemlösens statt, genauer gesagt durch die Spielhandlung, die unmittelbare Rückmeldung und die darauffolgende reflektierte Handlung. Dieser zirkulär angelegte Prozess bildet die Grundlage für den Lernerfolg. GRÖSCHNER äußert diesbezüglich (2010, 91):

> »Für die Erreichung von Lerneffekten ist es demnach sinnvoll, bestimmte Instruktionen im Spiel zu verankern und im Anschluss an das Spiel mit den Lernenden gemeinsam zu reflektieren«.

Diese Auffassung entspricht den Grundsätzen des handlungsorientierten Lernens, bei dem die Aktion mit einer sich anschließenden Reflexion die Grundlage für den Lernprozess bildet. Eben diese Fähigkeit des Nachdenkens über das eigene

Handeln wird in einer dynamischen Gesellschaft gegenüber dem konkreten Wissen immer wichtiger.

Die Voraussetzungen, die eine Person mitbringt, sind durch die Hochschule nur schwer beeinflussbar (allenfalls auf Lernerfahrungen mit ähnlichen Methoden kann Einfluss genommen werden). Die Situation hingegen ist durch die Rahmenbedingungen der Hochschule und durch die Lehrperson maßgeblich bestimmt. Das bedeutet, dass sich hier die Stellschraube befindet, um das Potenzial von Game-Based Learning im Anwendungskontext auszuschöpfen. Hinweise auf didaktische Erfolgsfaktoren lassen sich unter anderem bei GROS und PFANNENSTIEL/ SÄNGER/SCHMIDT finden. Als bedeutsam wird die Schaffung einer angstfreien Atmosphäre gesehen, sodass sich Studierende auf das Spiel einlassen können, was durch »die Angst vor Versagen oder negative Auswirkungen auf die reale Welt« verhindert werden würde (PFANNENSTIEL/SÄNGER/SCHMIDT 2009, 4). Ein weiterer Erfolgsfaktor ergibt sich aus den organisatorischen Bedingungen. Lernen via digitalen Spielen benötigt Zeit und eine entsprechende mediale Ausstattung, beides ist im Hochschulkontext nicht immer gegeben. Ein Lernspiel lebt von intensiver Beschäftigung und Wiederholung. Damit diese erfolgen kann, sollte der Zugang zum Spiel zeit- und ortsunabhängig sein, um auf diese Weise individuelles (Weiter-)spielen zu ermöglichen (GROS 2007, 34). Ebenso muss die entsprechende Hardware für Studierende zur Verfügung stehen, was bei großer Studierendenanzahl zur selben Zeit nahezu unmöglich ist. Demzufolge eignet sich Game-Based Learning eher als seminar- oder vorlesungsbegleitende, individuelle Tätigkeit oder für kleine Gruppen. Wie eingangs dargelegt wurde, ist für die ältere Lehrgeneration das digitale Spiel nicht zwingend als Lernmedium zu fassen. Dementsprechend schwierig kann sich die Auswahl geeigneter Lernspiele sowie die kompetente Betreuung der anschließenden Umsetzungsphase gestalten (GROS 2007, 35). Hochschuldidaktische Fortbildungsangebote zum Thema Game-Based Learning könnten diesem Problem jedoch entgegenwirken. Darüber hinaus ist der Einsatz von Tutoren in der Eingangsphase sinnvoll, gerade wenn es sich um komplexe Spielszenarien handelt. Durch den Tutor kann der Einstieg in das Spiel erleichtert werden und Motivationsprobleme, die in dieser frühen Phase schnell zur Spielverweigerung führen, können verhindert werden.

Der Einsatz von Game-Based Learning sollte folglich gut überdacht sein, damit das Lernen nicht an ungünstigen Rahmenbedingungen scheitert. Im Folgenden wird eine exemplarische Einsatzmöglichkeit einer digitalen Simulation im Rahmen des Wirtschaftsstudiums aufgezeigt.

Carina Michel

6 Anwendungsbeispiel im Bereich der Wirtschaftswissenschaften

Das Simulationsspiel *Everest* der Harvard Business School wird im Bereich des Führungskräfte- und Teamtrainings eingesetzt und beschäftigt sich thematisch mit den Bereichen Gruppendynamik und Führungsstile. Explizit geht es darum, wie Teams komplexe Entscheidungen unter herausfordernden Bedingungen treffen, verbunden mit der ungleichen Verteilung von Informationen und konkurrierenden Zielvorgaben der Spieler. Eingebettet in eine multimedial simulierte Expedition auf den Mount Everest, weist dieses Spiel einen hohen Aktivierungsgrad auf. Gesteigert wird dies zum Beispiel durch die Bereitstellung eines Videos, in dem ein renommierter Bergsteiger aus seiner Expeditionserfahrung zum Mount Everest berichtet und so einen ersten, motivierenden und informativen Zugang zur Thematik schafft. In einem zweiten Schritt können sich die Teilnehmer ein kurzes Einführungsvideo ansehen, in dem ihnen der einfach gehaltene Spielablauf erklärt wird und die zur Verfügung stehenden Steuerungsinstrumente erläutert werden. Hierdurch wird Motivationsverlusten aufgrund von zu großer Komplexität und Einarbeitungszeit vorgebeugt. Der dritte Schritt vor dem Spielstart ist die Auseinandersetzung mit dem eigenen Profil. Ein Expeditionsteam besteht aus folgenden Mitgliedern: einem Expeditionsleiter, einem Arzt, einem Marathonläufer, einem Fotografen und einem Umweltschützer. Diese Rollen sind mit unterschiedlichen, teilweise divergierenden Zielvorgaben und Handlungsmöglichkeiten ausgestattet. Der Verantwortungsbereich des Arztes erlaubt ihm Hilfsmittel zu vergeben, um den Gesundheitszustand der Expeditionsmitglieder aufrechtzuhalten. Eine ansonsten notwendige Bergrettung ist mit Punktverlust für das gerettete Teammitglied verbunden und zusätzlichen negativen Auswirkungen auf den Gruppenerfolg. Diese Interdependenz provoziert Kommunikationssituationen und Entscheidungsfindungsprozesse, welche im Nachgang analysiert und auf den Arbeitsalltag transferiert werden können. Informationen zum gewinnbringenden Einsatz dieser Hilfsmittel sind den Lageberichten zu entnehmen, die jeweils vor Beginn einer neuen Spielrunde freigeschaltet werden. Diese Berichte umfassen je nach Rolle unterschiedliche Informationen, die ausgetauscht werden müssen, um die Expedition erfolgreich abzuschließen. Hieraus werden die mit der Simulation verbundenen Lernziele sichtbar:

- Problemlösung in Teams sowie die effektive Gestaltung von Entscheidungsprozessen
- Führungsstile und ihre Auswirkungen auf das Gruppenhandeln

Um diese Themenbereiche in der anschließenden Reflexion des Spielgeschehens eingehend betrachten zu können, ist es dem Spielleiter möglich, zu zwei Zeitpunkten des Spielgeschehens Reflexionsfragebögen zu schalten, in denen das Erleben von Entscheidungsprozessen und die Führung durch den Teamleiter abgefragt werden.

Die Simulation *Everest* bietet sich als Einstieg in das Thema Personalmanagement und Leadership an. Studierende werden praktisch an ein neues Themengebiet herangeführt und können im weiteren Seminarverlauf auf diese Erfahrungen zurückgreifen und so neues Wissen anknüpfen. Nicht nur auf fachlicher Ebene profitieren Studierende von der Simulation, auch ihre Sozialkompetenz wird durch das bewusste Erleben und die Reflexion von Teamprozessen und Führungsverhalten nachhaltig beeinflusst. Diese Erfahrungen können sie einerseits in ihrem Studienalltag auf Gruppen- und Projektarbeiten übertragen, andererseits fördert dieses Wissen eine erfolgreiche Zusammenarbeit mit späteren Arbeits- und Teamkollegen. Durch den zeitlich geringen Aufwand – der »Hersteller« setzt für den gesamten Spielablauf eine Dauer von circa 90 Minuten an – und die ortsungebundene Zugänglichkeit wird der Einsatz der Simulation in Seminaren erleichtert; die Einfachheit der Spielregeln und der strukturierte Spielablauf senken zudem die Hemmschwelle von wenig erfahrenen Dozenten, das Spiel in ihr Seminar zu integrieren.

7 *Game-Based-Learning unter kritischer Betrachtung*

Obwohl der Markt für digitale Spiele in den letzten Jahren stetig wächst, sind Games als Lernmedien in der Hochschulbildung noch nicht etabliert. Der Einsatz von Spielen im Lernumfeld gibt immer wieder Anlass zu kritischen Äußerungen. So konstatiert schon HUIZINGA (vgl. Kapitel 3.1.2), dass ein befohlenes Spiel kein Spiel mehr sei, denn dessen Ziele liegen außerhalb von materiellen Interessen. Die Verknüpfung eines Spiels mit der Vermittlung von Lerninhalten würde für HUIZINGA das Spiel ad absurdum führen. Wohingegen SCHEUERL (Kapitel 3.1.2) zu bedenken gibt, dass mit dem Fokus auf den pädagogischen Wert eines Spiels der spielerische Aspekt zu kurz kommen kann und es so zu einer bloßen Etikettierung wird, um den eigentlichen Sinn zu verschleiern.

> »Viele Lernspiele besitzen eine durchsichtige pädagogische Prägung, langweilige repetitive Aufgaben mit stereotypem Feedback und ohne erkennbare Adaptivität. Die Spielhandlung ist linear und einseitig, die Aufgabe wenig komplex und die Grafik unprofessionell« (PETKO 2008, 15).

Gleiches findet sich auch bei FRANZ (2000, 122) wieder, der anmerkt, dass »viele Produkte […] den alten Nürnberger Trichter nur etwas bunter und lustiger gestalten. […] ein selbstständiges Lernen, das auch Experimentieren, Ausprobieren, Gestalten mit einschließt, [wird] selten ermöglicht«.

Abseits jener Hinweise auf Schwierigkeiten des spielbasierten Lernens lassen sich aus der Literatur, insbesondere aus der pädagogisch-psychologischen Spieltheorie, der Flow-Theorie und der Motivationstheorie, wie in Kapitel 3 dargestellt, durchaus mehr positive Wirkungsmechanismen finden. Obwohl all diese Theorien nicht auf digitale Spiele ausgerichtet sind, lassen sie sich dennoch adaptieren und auf den Einsatz im Bildungskontext übertragen. So kann anhand der aufgezeigten Verbindungsmöglichkeit von Arbeit und Spiel sowie durch die Motivationstheorie von DECI und RYAN (vgl. Kapitel 3.2.2) die von HUIZINGA hervorgebrachte Kritik, dass ein befohlenes Spiel kein Spiel sei, abgeschwächt werden. Sofern Studierende die Bedeutsamkeit des Spiels im Lehrkontext und für sich selbst erkennen, kann nach dem Ansatz der integrierten Selbstregulation auch ein oktroyiertes Spiel durchaus motiviert und gewinnbringend gespielt werden. HUIZINGA (vgl. Kapitel 3.1.2) spricht an anderer Stelle die gemeinschaftsbildende Funktion von Spielregeln an. In Multiplayer-Funktionen digitaler Lernspiele müssen Spieler miteinander in Kontakt treten und gemeinsam Aufgaben lösen. Die soziale Interaktion führt auch zu sozialer Kontrolle, die sich in Lob und Tadel äußert und so als Rückmeldung des eigenen Handelns dient. Der Aspekt der Persönlichkeitsentwicklung zeigt sich bei MEAD und SCHILLER. Wobei ursprünglich auf das Kinderspiel bezogen, lässt er sich ebenfalls auf die Entwicklung der professionellen Identität beziehen. In berufsbezogenen Simulationsspielen werden Studierende in ihre spätere professionsbezogene Rolle eingeführt. Dieses situierte Lernen fördert den Transfer des erworbenen Wissens in den beruflichen Kontext sowie eine stärkere Identifikation mit der späteren professionellen Rolle, was durch wiederholtes Spielen erfolgt (vgl. GROOS, Kapitel 3.1.1). Eigene Vorstellungen werden mit den Anforderungen der simulierten Realität abgeglichen und es bildet sich eine erste, als vorläufig zu nehmende professionelle Persönlichkeit aus. Die Simulation bietet Spielern einen geschützten Raum, in dem sie Erfahrungen machen können und – entscheidend für den Lernprozess – Fehler zulässig sind. Das Lernen aus Fehlern findet sich in der Spieltheorie von HUIZINGA wieder. Fehler begehen zu können setzt voraus, dass der Spieler selbst tätig ist (MÜLLER 2000, 44). Daraus folgt, dass Game-Based Learning ein auf den Lerner ausgerichteter Ansatz ist (vgl. SCHALLER, Kapitel 3.1.1), der den Studierenden »kreative[n] und eigenständige[n] Umgang« mit Themengebieten ermöglicht (WAGENHÄUSER 1996, 19); sie folglich zu aktiven Lernern macht. WAGENHÄUSER sieht dies als Voraussetzung für »die längere Beschäftigung mit bestimmten Problemen und die daraus resultierende Befriedigung über gefundene Lösungswege etc.[, welche] sehr wohl auch aus einer pädagogischen Sichtweise positiv aufgefaßt [sic!] werden [kann]«. An dieser Stelle ist der Verweis auf die in Kapitel 3.6 vorgestellte Flow-Theorie von CSIKSZENTMIHALY sinnvoll: das Flow-Erleben beim Spielen erklärt die gesteigerte intrinsische Motivation, welche den Spieler dazu veranlasst, ein Spiel ausdauernd und wiederholend zu spielen; es schafft eine Bindung an das Spiel (GRÖSCHNER 2010, 94). Zudem wirkt sie sich positiv auf den Lernerfolg aus, da sich der investierte Aufwand häufig in der resultierenden Leistung niederschlägt.

Ein weiteres Charakteristikum des Spiels ist das Aufbrechen der realen Machtverhältnisse und alltäglichen Beziehungsmuster, was bereits von SCHILLER (Kapitel 3.1.1) angesprochen wurde und später bei SCHALLER (Kapitel 3.1.1) und SUTTON-SMITH (Kapitel 3.1.2) Erwähnung findet. Der Macht-Aspekt wird ebenfalls von aktuellen Vertretern digitaler (Lern-) Spiele aufgezeigt. So schreibt BERGMANN (2000, 141), dass gerade Simulations- und Planspiele den Spieler in eine »Gott«-ähnliche Position versetzen. Im Spiel emanzipiert sich der Studierende von seiner Lehrperson, er wird selbst tätig, trifft Entscheidungen und muss mit den Folgen umgehen. Dieses »als-ob«-Handeln unterstützt bei der Vorbereitung auf das zukünftige Berufsleben. Das Spielen übernimmt in gewisser Weise eine erste Sozialisation in die Arbeitswelt. In Simulationsspielen erfolgt eine handelnde Auseinandersetzung mit der realen Welt (vgl. HECKHAUSEN, Kapitel 3.2.1), in diesem Fall der Berufswelt, die dem Spieler noch nicht vertraut ist, jedoch für ihn eine hohe Bedeutsamkeit besitzt. Game-Based Learning schafft somit Zugang zu Lernbereichen, die sonst nicht so einfach zugänglich wären und kann hierdurch zur Enkulturation in die Arbeitswelt beitragen (vgl. SUTTON-SMITH, Kapitel 3.2.1). Dementsprechend ist es möglich, mittels digitalen Spielen einerseits deklaratives Wissen zu erwerben, andererseits kann eben dieses Wissen zur Anwendung gebracht werden. Digitale Spiele sind, wie bereits beschrieben, einer Scheinwelt zuzuordnen; das heißt sie sind nicht der Teil der Welt an sich. Dementsprechend ist es möglich, über sie ein reflexives Verhältnis zu dieser ersten Welt zu erlangen. »Denn um produktiv mit Wissen und in Wissen umgehen zu können, bedarf es der Reflexion. Ansonsten bleibt man in Information stecken« (MEDER/FROMME 2001, 21).

> »Grundsätzlich halten virtuelle Umgebungen ein reichhaltiges Potenzial in Bezug auf Bildungsprozesse bereit. Ob dieses letztlich freigesetzt werden kann oder nicht, hängt von ihrem Design, den implementierten Strukturen und Interaktionsoptionen sowie auch von den Prädispositionen der Nutzer ab.« (FROMME/JÖRISSEN/UNGER 2008, 6)

Die empirische Forschung zu Game-Based Learning weist heterogene Ergebnisse bezüglich der Wirksamkeit von Lernspielen auf (GRÖSCHNER 2010, 7), wobei die Wirksamkeit häufig am Wissenszuwachs gemessen wird. Die Erfassung von hinzugewonnener Problemlöse- und sozialer Kompetenz fällt oft aus diesen Untersuchungen heraus. Dementsprechend seien an dieser Stelle noch einmal die Ergebnisse vorangegangener Betrachtungen festgehalten.

Eine Herausforderung Game-Based Learning betreffend ist die sinnvolle Einbindung in den Lehrkontext. Dies gestaltet sich schwierig, da nicht für jeden Bereich entsprechende Lernspiele vorhanden sind beziehungsweise das Wissen über Angebote und Anwendungen seitens der Lehrenden unzureichend ist. Um den Nutzen von Game-Based Learning voll auszuschöpfen, bedarf es einer anschließenden Reflexion und Einordnung des Spielgeschehens, gerade bei komplexen, problemorientierten Spielszenarien. Bleibt dieser Transfer aus, kann die Anwendbarkeit des Wissens verloren gehen. Neben diesen Grenzen birgt Game-Based Learning dennoch viel Potenzial. Der lernerzentrierte Ansatz schafft Aktivität und Selbststeuerung und lässt Studierende an Herausforderungen wachsen, indem sie sich als selbstwirksam erleben. Der situative Aspekt wirkt sich positiv auf die Motivation der Spieler aus und erleichtert die Auseinandersetzung mit komplexen Themen.

8   Zusammenfassung und Ausblick

Zusammengefasst kann festgehalten werden, dass Game-Based Learning eine moderne Methode der Hochuldidaktik ist, die der aktuellen Lehr-Lernvorstellung entspricht: Sie unterstützt das aktive und soziale Lernen der Studierenden, ist durch Situiertheit gekennzeichnet und entspricht der konstruktivistischen Lernvorstellung. Ihre Anfänge in der Pädagogik reichen weit zurück. So griff schon PLATON auf den Einsatz von Spielen in Lehre und Unterricht zurück. Im historischen Verlauf der institutionellen Bildung lassen sich vielzählige Beispiele für Pädagogen finden, die Spiele als Lernmedium in ihre Lehre integriert haben. Der Wandel im Einsatz von analogen hin zu digitalen Spielen ist unter dem Gesichtspunkt der digitalen Revolution unerlässlich. Gerade vor dem Hintergrund, dass die nachwachsende Lehrgeneration zu den »Digital Natives« zählt und das Interesse der Wissenschaft an diesem Bereich geweckt ist, wird der Einsatz von digitalen Spielen nicht nur im Hochschulkontext zunehmen. Um Hemmschwellen der »Digital Immigrants«, digitale Spiele in den eigenen Lehrkontext zu integrieren, abzubauen, ist die Erweiterung hochschuldidaktischer Fortbildungsprogramme um das Themengebiet Game-Based Learning dringend geboten.

Game-Based Learning ist nicht per se das Allheilmittel um aktuellen Problemlagen der Hochschullehre gerecht zu werden und Studierende mit den geforderten Handlungskompetenzen auszustatten. Dennoch ist es zusammen mit weiteren Lernmethoden eine zukunftsweisende Methodik, welche die Lernkultur nachhaltig verändern wird.

Literaturverzeichnis

BERGMANN, Wolfgang (2000): Computer machen Kinder schlau. Was Kinder beim Computerspielen sehen und fühlen, denken und lernen. Beust Verlag, München.

BLUNT, Richard D. (2006): A Causal-Comparative Exploration Of The Relationship Between Game-Based Learning And Academic Achievement: Teaching Management With Video Games. Verfügbar unter: www.rickblunt.com/phd/blunt_richard_dissertation_final.pdf. Zuletzt aufgerufen am 22.07.2013.

BUYTENDIJK, Frederik Jacobus Johannes (1933): Wesen und Sinn des Spiels. Das Spielen der Menschen und der Tiere als Erscheinungsform der Lebenstriebe. Kurt Wolf Verlag/Der neue Geist Verlag, Berlin.

CSIKSZENTMIHALYI, Mihaly/CSIKSZENTMIHALYI, Isabella Selega (Hrsg.) (1988): Optimal experience: Psychological studies of flow in consciousness. Cambridge University Press, New York.

CSIKSZENTMIHALYI, Mihaly/SCHIEFELE, Ulrich: Die Qualität des Erlebens und der Prozeß des Lernens. In: Zeitschrift für Pädagogik. 39:2. 207-221.

DECI, Edward L./RYAN, Richard M. (1993): Die Selbstbestimmungstheorie der Motivation und ihre Bedeutung für die Pädagogik. In: Zeitschrift für Pädagogik. 39:2. 223-238.

DEWEY, John (1993): Demokratie und Erziehung. Eine Einleitung in die philosophische Pädagogik. Beltz, Weinheim, Basel.

EBNER, Martin/HOLZINGER, Andreas (2007): Successful implementation of user-centered game based learning in higher education: An example from civil engineering. In: Computers & Education. 49. 873-890.

FRANZ, Hans-Peter (2001): Computerspiele im Unterricht – Spielerische Vermittlung von politischen Inhalten?. In: FROMME, Johannes/MEDER, Nobert (Hrsg.): Bildung und Computerspiele. Zum kreativen Umgang mit elektronischen Bildschirmspielen. Leske + Budrich, Opladen. 117-126.

FRITZ, Jürgen (1997): Edutainment – Neue Formen des Spielens und Lernens? In: FRITZ, Jürgen/FEHR, Wolfgang (Hrsg.): Handbuch Medien: Computerspiele. Bundeszentrale für politische Bildung, Bonn. 103-120.

FROMME, Johannes/JÖRISSEN, Benjamin/UNGER, Alexander (2008): Bildungspotentiale digitaler Spiele und Spielkulturen. In: Zeitschrift für Theorie und Praxis der Medienbildung. Verfügbar unter: www.medienpaed.com/Documents/medienpaed/15-16/fromme0812.pdf. Zuletzt aufgerufen am 08.08.2013.

GROS, Begoña (2007): Digital Games in Education: The Design of Games-Based Learning Environments. In: Journal of Research on Technology in Education. 40:1. 23-38. Verfügbar unter: http://www.eric.ed.gov/PDFS/EJ826060.pdf. Zuletzt aufgerufen am 22.07.2013.

GRÖSCHNER, Alexander (2010): Suchtkultur versus Lernkultur? Pragmatische Überlegungen zu den Risiken und Chancen von Computerspielen im Kindes- und Jugendalter. In: BOHRER, Clemens/SCHWARZ-BOENNEKE, Bernadette (Hrsg.): Identität und virtuelle Beziehungen im Computerspiel. kopaed, München.

HECKHAUSEN, Jutta/HECKHAUSEN, Heinz (2006): Motivation und Handeln: Einführung und Überblick. Springer Medizin Verlag, Heidelberg.

HECKHAUSEN, Heinz (1964): Entwurf einer Psychologie des Spielens. Antrittsvorlesung, gehalten am 23.02.1963. In: Psychologische Forschung. 27. 225-243.

HUIZINGA, Johan (1956): Homo Ludens. Vom Ursprung der Kultur im Spiel. Rowohlt Taschenbuch Verlag GmbH, Reinbeck bei Hamburg.

KIILI, Kristian (2005): Digital game-based learning: Towards an experimental gaming model. In: Internet and Higher Education. 8. 13-24.

LEFRANÇOIS, Guy R. (2006): Psychologie des Lernens. Springer Medizin Verlag, Heidelberg.

MEAD, George Herbert (1934): Geist, Identität und Gesellschaft. Aus der Sicht des Sozialbehavioristen. Suhrkamp Taschenbuch Verlag, Frankfurt am Main.

MEDER, Norbert/FROMME, Johannes (2001): Computerspiele und Bildung. Zur theoretischen Einführung. In: FROMME, Johannes/MEDER, Nobert (Hrsg.): Bildung und Computerspiele. Zum kreativen Umgang mit elektronischen Bildschirmspielen. Leske + Budrich, Opladen. 11-28.

MEIER, Christoph/SEUFERT, Sabine (2003): Game-based Learning: Erfahrungen mit und Perspektiven für digitale Lernspiele in der betrieblichen Bildung. Verfügbar unter: https://www.alexandria.unisg.ch/Publications/34404. Zuletzt aufgerufen am 05.08.2013.

MÜLLER, Kai (2000): Computerspiele reflektieren – Einsatzmöglichkeiten von «Search&Play». In: FROMME, Johannes/MEDER, Nobert (Hrsg.): Bildung und Computerspiele. Zum kreativen Umgang mit elektronischen Bildschirmspielen. Leske + Budrich, Opladen. 43-54.

PETKO, Dominik (2008): Unterrichten mit Computerspielen. Didaktische Potenziale und Ansätze für den gezielten Einsatz in Schule und Ausbildung. In: Zeitschrift für Theorie und Praxis der Medienbildung. 15/16. Verfügbar unter: http://www.medienpaed.com/Documents/medienpaed/15-16/petko0811.pdf. Zuletzt aufgerufen am 08.08.2013.

PFANNENSTIEL, Jochen/SÄNGER, Volker/SCHMIDT, Claudia (2009): Game-based Learning im Bildungskontext einer Hochschule – ein Praxisbericht. In: Zeitschrift für Theorie und Praxis der Medienbildung. Verfügbar unter: www.medienpaed.com/ Documents/medienpaed/15-16/pfannstiel0904.pdf. Zuletzt aufgerufen am 08.08.2013.

PIVEC, Maja/DZIABENKO, Olga/SCHINNERL, Irmgard (2003): Aspects of Game-Based Learning. In: Proceedings of I-KNOW. 216-225.

PRENSKY, Marc (2005): Engage Me or Enrage Me - What Today's Learners Demand. In: Educause Review Magazine. 40:05. 60-64. Verfügbar unter: http://net.educause.edu/ir/library/pdf/erm0553.pdf. Zuletzt aufgerufen am 09.08.2013.

PRENSKY, Marc (2001): Digital Natives, Digital Immigrants. In: On the Horizon (MCB University Press). 9:5. Verfügbar unter: http://www.marcprensky.com/writing/Prensky%20-%20Digital%20Natives,%20Digital%20Immigrants%20-%20Part1pdf. Zuletzt aufgerufen am 22.07.2013.

QUANDT, Thorsten/FESTL, Ruth/SCHARKOW, Michael (2011): Digitales Spielen – Medienunterhaltung im Mainstream. In: Media Perspektiven. 2011:9. Verfügbar unter: http://www.media-perspektiven.de/uploads/tx_mppublications/09-11_Quandt_Festl_Scharkow.pdf. Zuletzt aufgerufen am 11.09.2013.

ROLLE, Dagmar/WEYER, Birgit (2012): Didaktische Lehr- und Lernform im dualen Studium – problemorientiertes Lernen. In: MAIR, Michael/BREZOWAR, Gabriele/OLSOWSKI, Gunther/ZUMBACH, Jörg (Hrsg.) (2012): Problem-Based Learning im Dialog. Anwendungsbeispiele und Forschungsergebnisse aus dem deutschsprachigen Raum. Facultas Verlags- und Buchhandels AG, Wien. 74-84.

RUBEN, Brent D. (1999): Simulations, Games, and Experience-Based Learning: The Quest for a New Paradigm für Teaching and Learning. In: Simulation & Gaming. 30:4. 498-505.

SCHALLER, Julius (1861): Das Spiel und die Spiele. Ein Beitrag zur Psychologie und Pädagogik wie zum Verständnis des geselligen Lebens. Hermann Göhlau, Weimar.

SCHILLER, Friedrich (1960): Briefe über die ästhetische Erziehung des Menschen. Hrsg. REBLE, Albert. Verlag Julius Klinkhardt, Bad Heilbrunn.

SIEBERT, Horst (1998): Konstruktivismus - Konsequenzen für Bildungsmanagement und Seminargestaltung. Verfügbar unter: http://www.die-bonn.de/esprid/dokumente/doc-1998/siebert98_01.pdf. Zuletzt aufgerufen am 04.06.2013.

SPENCER, Herbert (1890): Principles of Psychology. Williams and Norgate, London.

VOLLMERS, Burkhard (1997): Learning by Doing – Piagets konstruktivistische Lerntheorie und ihre Konsequenzen für die pädagogische Praxis. In: International Review of Education – Internationale Zeitschrift für Erziehungswissenschaft – Revue Internationale de l'Education, 43:1, 73-85.

WAGENHÄUSER, Rainer (1996): Kind und Computer – Zur Faszination von PC-Spielen. In: MAAß, Jürgen (Hrsg.): Computerspiele: Markt und Pädagogik. Profil Verlag GmbH, München, Wien. 18-25.

WIEBE, Gerrit (2001): "Hang out and make funky things" - Spielerisches Lernen in Multi-User-Dungeons. In: FROMME, Johannes/MEDER, Nobert (Hrsg.): Bildung und Computerspiele. Zum kreativen Umgang mit elektronischen Bildschirmspielen. Leske + Budrich, Opladen. 169-178.

WIEMKEN, Jens (2001): Computerspiele – spielerische und kreative Anwendungen für Kinder und Jugendliche. Ergebnisse des Modellversuchs der Landesbildstelle Bremen. In: FROMME, Johannes/MEDER, Nobert (Hrsg.): Bildung und Computerspiele. Zum kreativen Umgang mit elektronischen Bildschirmspielen. Leske + Budrich, Opladen. 127-146.

Gamification – Neue Lösung für alte Probleme?

Friedemann Rapp

1   Einleitung

Gamification – Neue Lösung für alte Probleme? Eine Leitfrage, die mehrere Aspekte beinhaltet. Zunächst ist Gamification oder Spielifizierung (beides wird im Folgenden synonym verwendet) in den vergangenen Jahren zu einem »Buzzword« der Medienbranche avanciert. Entsprechend gewichtig ist der Nachklang, wenn dieser Term Verwendung findet. Weiter ist von einer »neuen Lösung für alte Probleme« die Rede. Hier gilt es in einem ersten Schritt die »Lösung«, also den Terminus Gamification, zu definieren. Das »alte Problem« als abstrakter Begriff verlangt eine solche Definition nicht. Viel mehr wohnt ihm die Frage inne, innerhalb welcher Grenzen Gamification eine Lösung für spezifische Problemstellungen sein kann. So wird in der medialen Berichterstattung proklamiert, dass Motivatoren wie beispielsweise Anerkennung und Teamgeist, die heutzutage im (Berufs-)Alltag häufig vermisst und stattdessen in Spielwelten aufgefunden werden, durch Gamification in die reale Welt übertragen werden können.

Die folgenden Ausführungen widmen sich zunächst einer Auseinandersetzung mit und Definition von »Gamification«. Neben einer kulturhistorisch-anthropologischen Betrachtung des »Spiels« wird der Begriff aus der Perspektive von Entwicklern moderner Computerspiele in einer digitalisierten Umwelt betrachtet. Diese hat den Term Gamification geprägt, um die angewandte Methodik in spezifischen Anwendungen zu beschreiben, die sich an Elementen aus dem Kontext moderner Computerspiele bedienen. Anschließend werden die Besonderheiten von Gamification dargestellt und erläutert, wie eine gamifizierte Anwendung gegenüber herkömmlichen Anwendungen und Spielen abgegrenzt werden kann.

Anhand der Anwendungen *Foursquare* und *Duolingo* wird die Funktionsweise von Spielelementen und -mechanismen in einem spielfremden Kontext erläutert. Besonderes Augenmerk liegt darauf, wie diese Elemente und Mechanismen in Wirkungszusammenhang mit der Wertschöpfung durch diese Anwendungen stehen. Beantwortet wird damit die Frage, welchen geldwerten Nutzen und welchen Beitrag zur Monetarisierung Gamification im Kontext von *Foursquare* und *Duolingo* stiftet. Diese Wirkungsanalyse ist Ausgangspunkt für eine abschließende und kritische Betrachtung mit Rückbezug auf die eingangs aufgeworfene Frage, ob Gamification die »neue Lösung für alte Probleme« darstellt.

Friedemann Rapp

2 Einführende Betrachtungen – von Spiel und Spielifizierung

2.1 Das Spiel

Um tiefer in das Thema *Gamification* einsteigen zu können, müssen zunächst relevante Begrifflichkeiten definiert werden. »Spiele« – oder die Mechanismen von Spielifizierung im digitalen Kontext – sind zwar Forschungsgegenstand verschiedener wissenschaftlicher Disziplinen (vgl. Stampfl 2012: 1f.), dennoch muss eine klare Abgrenzung wesentlicher Begrifflichkeiten vorgenommen werden, um nicht zwischen mathematischer Spieltheorie, Verhaltenspsychologie und anthropologisch-kulturhistorischer Betrachtung auf den Irrweg zu geraten. Im Folgenden wird daher geklärt, welche Vorstellung von »Spiel« der Begrifflichkeit Gamification als Referenz zugrunde liegt sowie welche Spielemechanismen und -eigenschaften in einem spielfremden Kontext Anwendung finden.

2.1.1 Das Spiel – Kulturanthropologische Definition nach Huizinga

Besonders im Hinblick auf die Wirkungs- und Funktionsweise von Spielelementen, derer man sich in spielifizierten Anwendungen bemächtigt, ist es unabdingbar zu definieren, was das Spielen als Tätigkeitsform von anderen unterscheidet. Spiele gibt es in jeder Epoche der Menschheitsgeschichte und nach Auffassung des niederländischen Kulturhistorikers Johan Huizinga sind sie sogar ein wesentlicher und eigenständiger Faktor in der Entstehung kultureller Errungenschaften wie Recht, Philosophie, Kunst oder Wissenschaft (vgl. Huizinga 1956). In seinem Werk *Homo ludens* (Spielender Mensch) definiert Huizinga das Spielen als einen dem »Menschsein« eigenen Wesenszug. Darüber hinaus grenzt er die Begrifflichkeit des »Spiels« auf Basis seiner kulturhistorisch-anthropologischen Überlegungen wie folgt ab:

> »Spiel ist eine freiwillige Handlung oder Beschäftigung, die innerhalb gewisser festgesetzter Grenzen von Zeit und Raum nach freiwillig angenommenen, aber unbedingt bindenden Regeln verrichtet wird, ihr Ziel in sich selber hat und begleitet wird von einem Gefühl der Spannung und Freude und einem Bewusstsein des ‚Andersseins' als das gewöhnliche Leben'« (Huizinga 1956: 36).

Mehrere wesentliche Thesen lassen sich daraus ableiten: Abgesehen von der Freiwilligkeit des Spiels bilden feste Größen wie Raum und Zeit sowie bindende Regeln einen fixen Rahmen. Spielen ist außerdem Selbstzweck, unterhaltend oder kompetitiv und klar abzugrenzen vom »gewöhnlichen Leben«. Jene Thesen dienen an dieser Stelle einer ersten Einordnung des ambivalenten Spiel-Begriffs. Außerdem bieten sie eine geeignete Basis, um Rückschlüsse auf das Wesen von Spielen zuzulassen.

Ergänzt wird diese Betrachtung um die Definition von Jane McGonigal, Direktorin für *Game Research & Development* am *Institute for the Future* im kalifornischen Palo Alto, die sich in ihrem 2011 erschienenen Werk »Reality Is Broken« intensiv mit dem Thema *Gamification* befasst (vgl. McGonigal 2014). McGonigals Einordnung des Spiel-Begriffs findet an dieser Stelle Eingang, weil es sich bei »Reality is Broken« um ein derzeit vielzitiertes und weltweit beachtetes Werk im Kontext der Spielifizierung handelt (vgl. Deterding 2013) und der von der Spiele-Industrie geprägte Blick der renommierten Spiele-Entwicklerin (vgl. McGonigal 2014) einen angenehm reduzierten Eindruck vom Wesen des Spiels vermittelt. Nach McGonigal lassen sich vier Definitionskriterien ausmachen:

1. Ein *Ziel* ist der Sinn und Zweck des Spiels. Es fesselt die Aufmerksamkeit und das Engagement des Spielers.
2. *Bindende Regeln* sind ein wesentliches Merkmal von Spielen. Sie schränken die möglichen Wege zum Ziel ein und fördern so kreative und strategische Überlegungen seitens des Spielers.
3. Ein *Feedback- beziehungsweise Belohnungssystem* umfasst in der einfachsten Form das Wissen des Spielers über das Spielziel: »Das Spiel endet, wenn Bedingung X erfüllt ist«. Darüber hinaus versichert Echtzeit-Feedback dem Spieler über kleine Etappenziele immer wieder die mögliche Erreichbarkeit eines übergeordneten Ziels.
4. Die *freiwillige Teilnahme* am Spiel bedeutet in diesem Zusammenhang die Regeln, Ziele und Umstände eines Spiels willentlich und wissentlich anzuerkennen. Der Umstand, dass freiwillig an einem Spiel teilgenommen wird und ebenso die Beendigung der Teilnahme an einem Spiel nach freiem Willen geschieht, verheißt Sicherheit und lässt den Spieler auch mühsame und anstrengende Aufgaben als angenehme Erfahrung wahrnehmen (vgl. McGonigal 2011: 21f.).

Hervorzuheben ist an dieser Stelle die Freiwilligkeit des Spielens. Durch sie wird das Spiel vom alltäglichen und von Zwang bestimmten Leben gelöst. Ferner sind die bindenden Regeln zu nennen. Diese geben vor wie das Spielziel zu erreichen ist, machen einen wesentlichen Reiz des Spielens aus und erlauben es, sich im Spiel mit anderen zu messen.

Mit der Betonung von Spielziel(en) und einem Belohnungssystem stehen McGonigals Ausführungen unter dem Einfluss moderner digitaler Spiele, was ihrer Betrachtung im Kontext der Gamifizierung von Anwendungen Gewicht verleiht.

2.1.2 Gaming – das Spiel in einer digitalen und vernetzten Welt

Im vorliegenden Abschnitt wird der Spiel-Begriff aus einer zeitgenössischen Sicht – aus Perspektive des Informationszeitalters – betrachtet. Huizingas Definition ist zwar in der ersten Hälfte des 20. Jahrhunderts entstanden, weist jedoch axiomatischen Charakter auf. Sie behält ihre Gültigkeit auch wenn man das »Spiel« und die »Spiel-Kultur« aus der Perspektive der heutigen Zeit betrachtet. Gegenstand der folgenden Ausführungen ist daher die Entstehung neuer Erscheinungsformen von Spielen unter dem Einfluss zunehmender Digitalisierung und der veränderten Kommunikation durch das Internet. Untersucht man das Phänomen Gamification im Kontext spielifizierter Anwendungen, so verdeutlicht schon der Begriff »Anwendung«, dass sich der Betrachtungsgegenstand in einem digitalen Umfeld befindet. Folglich muss auch die digitale Erscheinungsform des Spiels – das Computerspiel – Referenzgröße der weiteren Untersuchung sein.

Zuvorderst gilt es, die Merkmale und Eigenheiten zu untersuchen, die Computerspiele auszeichnen und von anderen Spielarten differenzieren. Untersuchungsgegenstand sind die Eigenarten jener Spiele, die in einer digitalen und vernetzten Welt beheimatet sind.

Die Schlüsseleigenschaft digitaler Technologie ist die Möglichkeit, auch bei komplexen Spielmodi dem Spieler interaktiv und unmittelbar Rückmeldung über die erbrachte (Spiel-)Leistung zu geben (vgl. Stampfl 2012: 7ff.). Belohnt wird der Spieler für sein Handeln beispielsweise mit (Erfahrungs-)Punkten (*Scores*), dem Freischalten von neuen Spielinhalten (*Levels*) oder Auszeichnungen (*Badges*) (vgl. Behr et al. 2008). Diese Belohnungssysteme als Form des unmittelbaren Feedbacks auf die Leistung des Spielers sind als eindeutiges Charakteristikum moderner, digitaler Spiele zu betrachten (ebd.).

Eine weitere Besonderheit stellen (Online-)Mehrspieler-Spiele dar. Das Internet ermöglicht es, dass mehrere Spieler gemeinsam in derselben Spielwelt agieren. Unabhängig vom Inhalt des Spiels und von der Anzahl der Nutzer, die parallel in derselben virtuellen Welt agieren, tritt hier unmittelbar eine kompetitive Komponente hinzu: Spieler, die in der realen Welt räumlich nicht aneinander gebunden sind, treten bspw. bei Autorennen gegeneinander an oder kämpfen auf virtuellen Schlachtfeldern um Sieg und Niederlage. Zur direkten Rückmeldung der Software auf das eigene Handeln im Spiel kommt im Kontext von (Online-)Mehrspieler-Spielen also die Vergleichbarkeit der eigenen Leistung mit der von anderen Spielern hinzu.

Bei sogenannten MMORPGs (Massively Multi-Player Online Role-Playing Games: Spiele, in deren virtuellen Spielwelten tausende – in Fällen wie beispielsweise bei *World of Warcraft* sogar Millionen – Spieler in Echtzeit miteinander vernetzt sind (vgl. Activition Blizzard 2013: 2) ist darüber hinaus die Anzahl der Spieler in einer Spielwelt von Bedeutung. In MMORPGs entstehen virtuelle Gemeinschaften (vgl. Fritz 2008) und die Spielwelten zeichnen sich durch Konstanz aus: Sie »bestehen über Wochen, Monate, Jahre« (ebd.). Außerdem wird Kommunikation unter den Spielern zu einem signifikanten Spielbestandteil (vgl. Stampfl 2013: 8f.). Der lange Zeitraum, in dem eine einzelne Spielwelt besteht, und die mannigfachen Möglichkeiten, mit Mitspielern zu kommunizieren und zu interagieren, lassen komplexe soziale Bindungen und Geflechte entstehen, die charakteristisch für MMORPGs sind (vgl. Fritz 2008). Auch das Gefühl »Teil eines Ganzen« (Stampfl 2013: 26) zu sein macht einen entscheidenden Reiz dieses Spielgenres aus. Das Geschehen und die »Geschichte« dieser persistenten virtuellen Welten werden maßgeblich von den Spielern selbst gestaltet. Welche Ausmaße von Spielern initiierte Großereignisse in MMORPGs erreichen können, zeigt in jüngster Vergangenheit eine virtuelle Schlacht zwischen verfeindeten Spieler-Gruppen in der Weltraumsimulation *Eve Online*: durch das Ausmaß und die Beteiligung tausender Spieler fand diese Eingang in die Berichterstattung des Online-Dienstes von *Die Zeit* (vgl. Plass-Flessenkämper 2014). Als Einzelner Teil eines größeren Ganzen zu sein und gemeinsam einem hehren Zweck zu dienen, ist neben der komplexen Sozialstruktur als weitere Eigenheit von MMORPGs zu nennen (vgl. Fritz 2008 und Stampfl 2013). Es lassen sich insgesamt folgende vier Kerneigenschaften ausmachen, die in dieser Form und Ausprägung in Computerspielen zu finden sind:

1. Ein *Belohnungssystem*, mit dem unmittelbar auf das Handeln des Spielers reagiert werden kann. Die Belohnung findet hierbei mittels einheitlicher Mechanismen wie (Erfahrungs-)Punkte, Level oder Auszeichnungen statt.
2. In Mehrspieler-Spielen tritt der Wettstreit als kompetitives Element hinzu. Die eigene (Spiel-)Leistung wird durch den Vergleich mit anderen Spielern messbar. Dabei verlagert sich die räumliche Bindung des Spiels von einem realen Ort (beispielsweise bei einem Wettlauf) in eine virtuelle Welt.
3. MMORPGs vernetzen tausende von Spielern. In diesen Online-Parallelwelten entstehen durch zahlreiche Möglichkeiten zur Interaktion und Kommunikation mit den Mitspielern komplexe soziale Strukturen unter den Spielenden.
4. Die Spieler gestalten Geschehen und Geschichte »ihrer« persistenten Welten zu einem gewissen Teil selbst. Einen großen Reiz macht hierbei das Gefühl, »Teil eines Ganzen« zu sein und gemeinsam nach Größerem zu streben, aus.

Huizingas Eingrenzung und Festlegung des Spiel-Begriffs nach kulturhistorisch-anthropologischen Gesichtspunkten, ergänzt durch den Überblick über die Computerspiele-eigene Spielmechanik, ist Grundlage und Gegenstand des Spiel-Begriffs in den weiteren Ausführungen. Der Überblick über die Funktionsweise von digitalen, insbesondere Online-Spielen, ist unabdingbar, da Gamification in diesen Computerspielen einen geeigneten Vergleichsgegenstand aus der Welt der Spiele findet.

2.2 Die spielifizierte Anwendung

An dieser Stelle folgt eine differenzierte Einordnung und Definition des Begriffs *Gamification*. Vor allem in Hinblick auf verwandte, nicht allgemeingültig definierte und teilweise in ähnlichem Kontext verwendete Begrifflichkeiten, wie beispielsweise *Serious Games,* ist eine Untersuchung dessen, was eine spielifizierte Anwendung ausmacht und von bisher Genanntem unterscheidet, erforderlich. Darauffolgend wird analysiert, worin Mehrwert und Intention in der Nutzung von Gamification besteht. Außerdem folgt ein Überblick über gängige Mechanismen, die Spielen entlehnt und in anderem Zusammenhang eingesetzt werden. Die Ausführungen über den »Werkzeugkasten« der Spielifizierung schließen eine Beschreibung von Art, Herkunft und Wirkungsweise der einzelnen Mechaniken ein.

2.2.1 Gamification - Begriffsdefinition und Abgrenzung

Die Begrifflichkeit Gamification oder *Spielifizierung* wird für die Beschreibung eines jungen Phänomens gebraucht: die Adaption von Mechanismen aus der Welt der Computerspiele-Entwicklung in Anwendungen mit ernsthaftem Inhalt. Erst der bahnbrechende Erfolg von Diensten wie *Foursquare* oder Games wie *FarmVille*, die über Soziale Netzwerke innerhalb sehr kurzer Zeit hunderttausende Nutzer akquirierten, rückte das Thema in den Fokus einer akademischen Öffentlichkeit (vgl. Deterding 2012). Von der »verspielten Gesellschaft« ist hier die Rede; »Spiele, sind überall« (vgl. Stampfl 2012: 32ff.) und »besser, als die Realität« (vgl. McGonigal 2011). Gamification spielt also in der allgemeinen Wahrnehmung erst seit vergleichsweise kurzer Zeit eine Rolle. Entsprechend vage ist die Abgrenzung der in diesem Zusammenhang in der Forschung gebrauchten Begrifflichkeiten.

Entsprechend der Definition von Deterding et al. ist Gamification »der Einsatz von Spielelementen in spielfremdem Kontext« (Deterding, Khaled, Nacke & Dixon, 2011). Häufig wird ergänzt, dass der Einsatz von Gamification-Methoden mit dem Ziel erfolgt, das Verhalten der Nutzer einer Anwendung in bestimmter Weise zu beeinflussen (vgl. Stampfl 2013: 23f.; Breuer 2011). Zusammengefasst gilt: Gamification ist der Einsatz von Spielelementen und -mechanismen in Anwendungen mit ernsthaftem, spielfremdem Inhalt. Immer mit dem Ziel, durch die angewandte Methodik das Verhalten der Nutzer in bestimmter Weise zu beeinflussen.

Aufgrund der häufig irrtümlichen synonymen Verwendung von *Serious Games* und *Gamification*, werden diese Begrifflichkeiten im Folgenden voneinander abgegrenzt. Serious Games sind Spiele, die der Vermittlung von Fähigkeiten oder Wissen dienen. Der Unterhaltungszweck spielt also nur eine sekundäre und dennoch tragende Rolle (vgl. Lampert et al. 2009 und Marr 2010). Denn »Serious« (engl.: ernst, ernsthaft) bezieht sich nicht auf den Inhalt, der sich von dem herkömmlicher Computerspiele nicht unterscheidet, sondern auf die Intention der Spielemacher (vgl. Sawyer 2007). Im Gegensatz zum Spielen als Selbstzweck und zur bloßen Unterhaltung steht hier der Gedanke im Vordergrund, dem Nutzer spielerisch neue Fähigkeiten oder Wissen zu vermitteln.

Bei Anwendungen aus dem Bereich Gamification hingegen handelt es sich *nicht* um Spiele im herkömmlichen Sinne. Die Intention der Entwickler ist zwar ebenfalls eine »ernsthafte« – sie verfolgt also primär auch andere Ziele, als die der bloßen Unterhaltung – bedient sich jedoch lediglich Mechanismen aus dem Repertoire der Computerspiele. Hervorzuheben ist, dass Serious Games reale Fähigkeiten oder tatsächliches Wissen in einer virtuellen Spiel-Umgebung vermitteln. Gamification hingegen schafft keine virtuellen Welten, sondern adaptiert Mechanismen und Elemente aus dem Bereich der Spiele-Entwicklung und implementiert diese in Anwendungen mit spielfremdem Inhalt (vgl. Deterding et al. 2011). Es bleibt festzuhalten, dass es sich bei Serious Games um Computerspiele im herkömmlichen Sinne handelt, die mit »ernsthaftem« Inhalt angereichert sind, wohingegen der Begriff der Spielifizierung solche Anwendungen beschreibt, die ernsthaften Inhalt um spieletypische Elemente erweitern. Gamification dient ausschließlich dem Zweck, das Verhalten der Nutzer einer Anwendung positiv zu beeinflussen. Diese These behält unabhängig vom Inhalt und Zweck der Anwendung Gültigkeit.

Selbstverständlich kann die Methodik der Spielifizierung auch in Bildungssoftware angewandt werden, die dem Nutzer – wie Serious Games – Wissen vermittelt. Trotzdem lässt die Verwendung von Spielelementen in einer Anwendung keine Rückschlüsse auf den Inhalt und Zweck der Anwendung zu, weil diese selbst nichts vermitteln, sondern lediglich Einfluss auf das Verhalten des Nutzers in Interaktion mit der entsprechenden Applikation nehmen.

Aufgrund dessen, dass Gamification »mit dem Ziel, durch die angewandte Methodik das Verhalten der Nutzer in bestimmter Weise zu beeinflussen« eingesetzt wird, wird im Folgenden erläutert, wie und auf welche Weise dies erreicht werden kann.

> »Games are the only force in the universe that can get people to take actions that are against their self-interest, but in a predictable way« (Zichermann 2011).

Gabe Zichermann, Entrepreneur und eine der Persönlichkeiten, die den Begriff *Gamification* nach heutigem Verständnis geprägt haben (vgl. Price 2013), gibt mit dieser überspitzt formulierten Aussage einen Denkanstoß in die richtige Richtung: Gamification verfolgt den Zweck, die Nutzer einer Anwendung zu manipulieren; ihre Motivation in Bezug zum Nutzungsverhalten in positiver Weise zu beeinflussen (vgl. Stampfl 2013: 23f.). Das heißt, die Anwendung soll verstärkt im Sinne der Entwickler genutzt werden. Eine Analyse der genauen Wirkungsweise dieser Methodik schließt im nächsten Kapitel an, einleitend an die Betrachtung der in gamifizierten Anwendungen verwendeten Spielelemente und -mechanismen.

Zusammenfassend erweitert Spielifizierung Anwendungen und Applikationen mit »ernsthaftem«, nicht ausschließlich oder primär der Unterhaltung dienlichem Inhalt, um bestimmte Elemente und Mechanismen aus der Welt der Computerspiele. Es ist zu beachten, dass eine solche Anwendung trotzdem deutlich abzugrenzen ist von digitalen Spielen im herkömmlichen Sinne, denn lediglich einzelne Elemente sind Computerspielen entlehnt. Diese Elemente sollen den Nutzer dahingehend beeinflussen, dass eine Steigerung der Nutzungsmotivation eintritt; mit dem Ziel, Nutzungshäufigkeit, Datenqualität und Nutzerbindung zu verbessern.

2.2.2 Wirkungsweise von Spielmechanismen

An dieser Stelle folgt eine Erläuterung, wie genau Spiele wirken und welche Spielmechanismen und -elemente die Faszination von Spielen ausmachen – also der Grund dafür, weshalb das »Buzzword Gamification« (vgl. Deterding 2013) in der digitalen Welt seit einiger Zeit so große Resonanz erfährt (vgl. Deterding 2013 und Stampfl 2013). Es gilt, die Definitionskriterien von Spielen erneut aufzugreifen, um die motivierenden Mechanismen in Spielen auszumachen und isoliert zu betrachten.

Zwei entscheidende Gestaltungsräume lassen anhand der Definitionskriterien von Spielen ausmachen:

- Zunächst ist die Wirkkraft von Zielen und Regeln, die Herausforderung, zu nennen. Freiwillig auferlegte Hindernisse und Einschränkungen sorgen für die »Andersartigkeit« gegenüber dem »wirklichen Leben« (vgl. Huizinga 1956: 36). Wenngleich es auch im realen Leben Einschränkungen – bspw. durch Naturgesetze – gibt, haben diese im Gegensatz zu Spielregeln axiomatischen Charakter. Die Teilnahme am echten Leben nach den Regeln und Gesetzen der Physik erfolgt eben nicht freiwillig. Diese nach freiem Willen angenommenen Herausforderungen sind es, die den Spieler antreiben, selbige zu

meistern. Denn die Freiwilligkeit beim Annehmen einer Herausforderung setzt immer den Willen voraus, sich dieser mit einer gewissen Ernsthaftigkeit anzunehmen (vgl. McGonigal 2011: 25f.).
- Die Rückmeldung an den Spieler ist entscheidend dafür, wie lange sich dieser mit einer Herausforderung beziehungsweise einem Spiel beschäftigt. Offensichtliche oder mit an Sicherheit grenzender Wahrscheinlichkeit unüberwindbare Hindernisse verlieren schnell an Reiz. Feedback über (Teil-)Erfolge, verbessertes Können und/oder Spielfortschritt ist ein wichtiges Element, mit dem Spielern eine längerfristige Beschäftigung mit einer Herausforderung abgerungen werden können. Sichtbarer Fortschritt und/oder Erfolg sind damit als zweiter Faktor ausgemacht, der Spieler motiviert (ebd.).

McGonigal führt an dieser Stelle drei Beispiele an, die geeignet sind, diese beiden motivierenden Elemente zu erläutern: Golf, Scrabble und Tetris (vgl. McGonigal 2011: 22ff.).

Betrachtet man das Golfspiel, so existiert ein simples Ziel: Ein Ball muss in ein Loch befördert werden. Im »gewöhnlichen Leben« ist dies kein Hexenwerk: Man nimmt den Ball, trägt ihn zum Loch und legt ihn hinein. Im Golfspiel dagegen wird dieses Ziel zur Herausforderung, weil der Ball mit einem Schläger ins Loch befördert werden muss und ein präzises und umfangreiches Regelwerk besagt, auf welche Weise das Ziel zu erreichen ist. Freiwillig auferlegte Einschränkungen in der Handlungsfreiheit, die dem Spieler Geschick und Können abverlangen, machen den Reiz des Spieles aus und begründen die Motivation des Golfspielers.

Auch Scrabble liegt zunächst ein banaler Inhalt zugrunde: Spieler legen aus mit Buchstaben bedruckten Spielsteinen Wörter auf ein Spielbrett. Auch hier liegt die Faszination in der Einschränkung. Jeder Spieler hat nur eine beschränkte Anzahl an Spielsteinen zur Verfügung und niemand hat die Wahl, welche Steine das sind, oder Einfluss darauf, welche Wörter ein Mitspieler auf das Spielbrett legt. Wer alle seine Steine zuerst abgelegt hat, gewinnt.

Betrachtet man nur diese beiden Beispiele, kann der Eindruck entstehen, dass die Aussicht auf das Erringen eines Sieges das ist, was den Spieler antreibt. Dass dies nicht den Tatsachen entspricht (vgl. McGonigal 2011: 27), wird durch die Erläuterung des dritten Spiels deutlich: Tetris, ist ein Spiel, das stets mit einer Niederlage endet; der Spieler kann nicht »gewinnen«. Tetris ist ein 1984 veröffentlichtes puzzleartiges Computerspiel (vgl. Paul 2009). Mit über 125 Millionen verkauften Kopien (ebd.) und einer riesigen Fangemeinde (vgl. Hengstenberg 2009) ist es eines der beliebtesten Spiele überhaupt und längst fester Bestandteil der Populärkultur (ebd.). Bei Tetris fallen vom oberen Rand des Spielfelds geometrische Formen nach unten. Der Spieler muss durch geschicktes Verschieben und Drehen der Formen in 90°-Schritten am unteren Spielfeldrand möglichst lückenlose Reihen in horizontaler Richtung bilden. Ist eine Reihe komplett, löst sie sich auf und der Spieler erhält Punkte. Komplettiert der Spieler mit einer einzigen Figur mehrere Reihen auf einmal, wird er für dieses Vorgehen mit zusätzlichen Punkten belohnt. Das Spiel endet, sobald sich die Reihen mit Lücken, also jene, die nicht aufgelöst werden konnten, bis zum oberen Spielfeldrand türmen. Einen Sieg zu erringen ist nicht möglich – jedoch erhält der Spieler Punkte und verfügt über eine Übersicht, wie viele Reihen er bereits auflösen konnte. An dieser Stelle wird deutlich, dass Spieler nicht durch die Aussicht auf einen »Sieg«, sondern durch den sichtbaren Erfolg motiviert werden.

Zweifelsohne sind daher die *unter freiem Willen angenommene Herausforderung*, die neben der Freiwilligkeit auch die Wichtigkeit von Zielen und insbesondere die eines Regelwerks betont, sowie das *Feedback* - der sicht- und erlebbare Erfolg für den Spieler - Aspekte, welche eine entscheidende Rolle bei der Untersuchung von Spielen im Kontext von Faktoren der Nutzermotivation spielen.

2.2.3 Spieletypische Mechanismen

Im Folgenden erfolgt eine Auflistung von konkreten Mechanismen und Elementen aus der Spiele-Entwicklung, die in gamifizierten Applikationen Anwendung finden. In Bezug auf die Wirkungsweise wird eine Gliederung nach den Punkten *a) Feedback* und *b) Herausforderungen* vorgenommen, wobei das Feedback eine übergeordnete Rolle einnimmt. Ergänzt wird dies um den Aspekt *c) Community*. Diese Elemente sind in aller Regel Online-Mehrspieler-Spielen entlehnt und setzen die Vernetzung der Nutzer voraus, was ihre Anwendbarkeit auf solche Applikationen einschränkt. Das Vorhandensein einer Community und die Vernetzung der Spieler trifft jedoch auf viele gamifizierte Anwendungen zu. Zwar handelt es sich dabei nicht um ein Definitionsmerkmal, dennoch um eine sehr häufige Erscheinungsform. Aus diesem Grund finden in diesem Zusammenhang gebrauchte Spielelemente ebenfalls Eingang in die folgende Auflistung spieletypischer Mechanismen.

a) Feedback
In diesem Zusammenhang sind die Begriffe Punkte (*Score*), das Freischalten neuer Spielinhalte (*Level*) und Auszeichnungen (*Badge*) von Relevanz. Es lassen sich weitere, folgende Elemente ausmachen, die sich in nahezu jeder gamifizierten Anwendung finden (vgl. Deterding 2013):

- (Erfahrungs-)Punkte: Für jede Aktivität erhält der Nutzer Punkte beziehungsweise Erfahrungspunkte (häufig mit XP für engl. Experience Points abge-

kürzt). In der Regel erfolgt die Vergabe selbiger entsprechend der Komplexität und dem Schwierigkeitsgrad einer Aufgabe (vgl. bspw. Tetris).
- Ranglisten verleihen Anwendungen ein kompetitives Element. Sie ermöglichen entweder den Vergleich eigener Leistungen beim wiederholten Erledigen derselben Aufgabe (z. B. in Form von Bestzeiten) oder machen die Leistungen verschiedener Spieler in vernetzten Anwendungen über einen einheitlichen Wert (z. B. in Form von (Erfahrungs-)Punkten) vergleichbar.
- Auszeichnungen können Spielern in Form von (Rang-)Abzeichen oder sogenannten »Badges« für das Erledigen von bestimmten Aufgaben(-bündeln) verliehen werden (vgl. »Quests«). (Rang-)Abzeichen oder Badges sind für alle Nutzer sichtbar und repräsentieren den erreichten (Spiel-)Fortschritt oder das Erreichen und Erfüllen verschiedener Level und Aufgaben nach außen. Dieses Element hat ebenfalls kompetitiven Charakter und ermöglicht den Vergleich mit anderen Spielern.
- Eine dynamische Fortschrittsanzeige visualisiert den Fortschritt beim Erledigen einer bestimmten Aufgabe oder beim Erreichen des nächsthöheren Ranges. In Form von Balken oder Prozentanzeigen wird für den Nutzer damit der bereits geleistete und noch zu erledigende Teil der Arbeit visualisiert.

b) Herausforderungen

Gamification erklärt das, was die Entwickler einer Anwendung vom Nutzer erwarten oder wünschen zur »Herausforderung« im Sinne eines Spiels, indem Punkte für die Nutzung der Applikation vergeben werden (vgl. »Feedback«).

- Epic Meaning I (das übergeordnete Ziel): Ein sinnstiftendes Ziel, das mit konkreten »Herausforderungen« nur indirekt zu tun hat und das Endereignis der Anwendung markiert oder die Sinnhaftigkeit einer Applikation auf einer Meta-Ebene repräsentiert. In einem Computerspiel kann solch ein übergeordnetes Ziel bspw. »Rette die Prinzessin« (vgl. Deterding 2013) sein. Analog dazu kann ein solches Ziel in spielfremdem Kontext lauten »Erlerne eine neue Sprache« (vgl. Stampfl 2013: 95f.).
- Ein Level steht für durch (Spiel-)Fortschritt freischaltbare neue Inhalte. Dieser Begriff wird synonym für den Rang eines Nutzers bzw. Avatars gebraucht; findet im Kontext dieser semantischen Aufladung aber Eingang unter dem Begriff (Rang-)Abzeichen in »Auszeichnungen«.
- Bei komplexen Anwendungen mit einem übergeordneten Ziel (vgl. »Epic Meaning I«) werden Level (definiert, als »nach und nach freischaltbare Spielinhalte«) verwendet, um den Nutzer nur mit den für den aktuellen Leistungsstand nötigen Informationen zu versorgen (vgl. Koch et al. 2012, Kadle 2010). In der englischen Sprache nennt sich dieses Prinzip »Cascading Information« nach dem Bild eines Wasserfalls (engl. cascade), der Informationen in gleich-

mäßigem Fluss preisgibt (vgl. Kadle 2010). Beispiel für die Anwendung des Prinzips kann eine Lernanwendung sein, die komplexes Wissen vermittelt und zum besseren Verständnis Schritt für Schritt in die Thematik einführt.

- Quests (oder auch Challenges) sind kleine Herausforderungen, die im Rahmen des regulären Spiel- beziehungsweise Funktionsumfang in der Regel nicht oder nur teilweise erfüllt werden müssen. Der Nutzer hat bei der Erledigung der Herausforderung eine gewisse Entscheidungsfreiheit (vgl. Koch et al. 2012). Häufig handelt es sich um Rätsel oder Fleißaufgaben, die in besonderer Weise honoriert werden (vgl. »Auszeichnungen«). Quests bauen in ihrem Inhalt entweder aufeinander auf, folgen also dem Prinzip der »Cascading Information«, oder dienen bei Applikationen mit persistentem Charakter als Element der Nutzerbindung, indem immer wieder neue Inhalte oder Herausforderungen implementiert werden.

c) Community

Unter dem Punkt »Community« finden spieletypische Mechanismen Eingang, sofern es sich um spielifizierte Applikationen handelt, die ein Netzwerk unter den Nutzern spinnen - also soziale Interaktion ermöglichen. Soziale Interaktion und Kontakte haben eine hohe bindende Kraft auf den Nutzer einer Anwendung, weshalb viele Anwendungen gerade unter dem Einfluss des riesigen Erfolgs Sozialer Medien auf diese Komponente großen Wert legen.

- Epic Meaning II (»Teil von etwas Großen sein«) nimmt an dieser Stelle Bezug zum übergeordneten Ziel, ergänzt diese Überlegungen aber um den Faktor der Gemeinschaft. Es wird als zufriedenstellend empfunden, Teil einer großen Gruppe von Individuen zu sein, die gemeinsam einem höheren Ziel entgegen strebt, das ein Einzelner nicht zu erreichen vermag. Ein geeignetes Beispiel für ein solches Ziel findet sich in der Anwendung *eteRNA*. Der Auftrag an die Nutzer lautet: »Entschlüsselt die menschlichen RNA«.
- Community Collaboration: Diese Methodik bezieht sich auf konkrete Herausforderungen, die nur durch Zusammenarbeit einer ganzen Gruppe von Nutzern gelöst werden können. So werden Kommunikation und das Knüpfen von Kontakten innerhalb der Community gefördert (vgl. Koch et al. 2012). Soziale Interaktion und Kontakte wiederum stärken die Nutzerbindung.

2.2.4 Gamification – ein neuer Lösungsansatz?

Unter der Leitfrage »Gamification – ein neuer Lösungsansatz?« wird an dieser Stelle der Frage nachgegangen, wo Konzepte und spieletypische Mechanismen, derer sich die Spielifizierung bedient, früher schon Eingang und Anwendung gefunden haben. Außerdem steht die Überlegung im Vordergrund, warum diese Konzepte gerade jetzt große Beachtung in der Welt der Werbe-, Marketingexperten und Spieleentwickler erfahren.

In der Wirtschaft findet das Konzept des Punktevergebens im Rahmen von Treueprogrammen zur Kundenbindung Anwendung. Sie belohnen den Kunden mit Rabatten und Geschenken für seine Loyalität. Ein frühes und erfolgreiches Beispiel eines Feedback-Systems im Sinne der Gamification, also basierend auf Herausforderungen, Zielen und der Vergleichbarkeit der Resultate, liefert *Weight Watchers* (vgl. Stampfl: 23f.): Für den Verzehr von Lebensmitteln sowie für sportliche Betätigung werden Punkte vergeben. Zwar arbeitet jeder einen individuellen Punkteplan auf dem Weg zum Wunschgewicht ab, dennoch bieten sogenannte *Weight Watchers Treffen* Gelegenheit, sich über Erfahrungen auszutauschen und die eigene Leistung mit der von anderen Nutzern des Programms zu vergleichen. Diesen Treffen und der »Gemeinschaft«, viel mehr des »gemeinsamen Abnehmens«, kommt ein ungleich hoher Stellenwert zu (vgl. Weight Watchers 2014). Das 1963 ins Leben gerufene Programm bietet, was Gamification ausmacht: Die freiwillig angenommene Herausforderung – in diesem Fall mit dem Ziel abzunehmen – ein punktebasiertes Feedbacksystem und darüber hinaus eine Community, die neben dem bindenden Gemeinschaftsgefühl auch eine kompetitive Ebene erschließt. Weight Watchers kann somit als eines der ältesten Anwendungsbeispiele für spieletypische Mechanismen in spielfremdem Kontext betrachtet werden.

Es bleibt die Frage, warum dieses Konzept als Instrument der Nutzer- und Kundenbindung so wenige analoge Nachahmer gefunden hat. Eine mögliche Antwort ist der schwierige kosten- und zeitintensive Aufbau von analogen Communities, die immer die geo-physische Präsenz der Mitglieder erfordern. Viel entscheidender ist aber die Antwort auf die Frage: Warum findet dieses Konzept heute so viele Anhänger und Nachahmer? Die Begründer(innen) von *Weight Watchers* konnten im Jahre 1963 noch keine Computerspiele im Sinn gehabt haben, als sie ihre Idee von der Abnehm-Community in die Tat umsetzten. Heute aber leben wir in einer Gesellschaft der Computerspieler - Stampfl spricht gar von der »Generation Gaming« (vgl. Stampfl 2013: 50). »26 Millionen Deutsche nutzen digitale Spiele regelmäßig« (vgl. BIU/GfK 2013). Hinzu kommen gut 5 Millionen Gelegenheitsspieler (ebd.). Gemessen an der Gesamtbevölkerung sind das rund 40 Prozent der Deutschen. Dabei muss bedacht werden, dass es sich bei Computerspielen längst nicht mehr um Kinderspiele handelt: Gaming ist kein Phänomen, welches ausschließlich Jugendliche oder untere Bildungsschichten betrifft; der durchschnittliche Spieler ist 32 Jahre alt, verdient eher überdurchschnittlich und führt ein bodenständiges Leben (ebd.). Darüber hinaus sind rund 40 Prozent aller Spieler weiblich (ebd.). Gaming ist also längst ein – von demographischen Merkmalen weitgehend unbeeinflusstes – Massenphänomen.

Im Kontext Gamification legt der enthaltene Term »Game« nahe, worin der Trend seinen Ursprung hat: In der Nutzung von Computerspielen als Massenphänomen. Die Wirkungsweise von Mechanismen in diesem Zusammenhang sowie der Aufbau von Feedback- und Wertungssystemen in digitalen Spielen sind bekannt. MMORPGs mit riesigen Spieler-Communities unterstreichen die Anziehungskraft dieser virtuellen Gemeinschaften mit aller Deutlichkeit. Durch die fortschreitende technologische Entwicklung – gerade im Hinblick auf unser Kommunikations- und Nutzungsverhalten von Technologien wie dem Internet – existiert ein digitaler Raum, der viele Menschen so »selbstverständlich umgibt«, dass er als »Teil der natürlichen Umwelt« wahrgenommen wird (vgl. Stampfl 2013: 51). Die massenhafte Verbreitung von Technologie, insbesondere dem Internet und Computerspielen, bildet also den Nährboden für die rasante Verbreitung von Gamification-Konzepten. Die Mechanismen und Methoden sind keine Erfindung der letzten Jahre, erfahren aber in Symbiose mit zunehmender Digitalisierung und der Etablierung dessen, was gemeinhin mit dem Term »Social Web« beschrieben wird, zunehmende Bedeutung für Entwickler von (Web-)Applikationen.

Hieraus resultiert ein weiterer Grund dafür, warum das Konzept »Weight Watchers« als Instrument der Nutzer- und Kundenbindung so wenig analoge Nachahmer gefunden hat: Es gab derzeit zu wenig Geschäftsmodelle, für die sich diese Instrumente, zur Nutzer- und Kundenbindung eignen. Erst das Web 2.0, insbesondere das Social Web, schafft die Grundlage für Geschäftsmodelle dieser Art. Das Internet verändert nicht nur das Informationswesen grundlegend; unser (Kommunikations-)Verhalten richtet sich zunehmend nach diesem inzwischen nahezu überall verfügbaren digitalen Raum aus. Diese Veränderungen der vergangenen zwanzig Jahre sind es, die grundlegend sind für eine Vielzahl von Geschäftsmodellen, die ohne diese technologischen Voraussetzungen undenkbar wären. Hinzu kommt eine massenhafte Verbreitung von Computerspielen in westlichen Industriegesellschaften - quer durch alle Bildungs- und Einkommensschichten. Der sichere Umgang mit Mechanismen und Eigenschaften von digitalen Spielen beschränkt sich also keineswegs auf Randgruppen der Bevölkerung. Dieses tiefe Verständnis für diese Form der Technik und Unterhaltung existiert in der Mitte unserer Gesellschaft. Dies sind Faktoren, die katalysierend wirken, betrachtet man den rasanten Aufstieg der Begrifflichkeit Gamification. Erfolgreiche Dienste wie *Foursquare*, die sich den digitalen Raum zu Eigen machen, werden aufgrund der veränderten Rahmenbedingungen weit mehr Nachahmer finden, als Weight Watchers vor gut 50 Jahren.

3 Fallstudien – Gamification in praktischer Ausformung

Im vorliegenden Abschnitt dieser Arbeit wird Gamification in praktischer Ausformung anhand zweier Fallstudien untersucht. Exemplarisch werden die kommerziellen Anwendungen *Foursquare* und *Duolingo* betrachtet. Ziel ist es, die im vorigen Teil ausgearbeiteten theoretischen Grundlagen zu Eigenarten und Vorteilen von Gamification-Konzepten anhand der Beurteilung kommerziell erfolgreicher praktischer Anwendungsbeispiele zu illustrieren.

3.1 Foursquare

3.1.1 Est. 2009 – die Erfolgsgeschichte Foursquare

Foursquare ist ein Dienst, der den Sozialen Netzwerken zugeordnet werden kann und primär für mobile Endgeräte konzipiert wurde. Die Standortdienste mobiler Geräte werden verwendet, um den Aufenthaltsort der Nutzer festzustellen. Hierdurch können Nutzer an ihrem aktuellen Standort *einchecken* (vgl. »Einchecken bitte – Funktionsweise von Foursquare«), den Ort bewerten und Aufenthaltsorte mit Freunden teilen.

Gegründet im Jahre 2009 von Dennis Crowley und Naveen Selvadurai beschäftigt das Unternehmen mit Stammsitz in New York City heute rund 170 Mitarbeiter an drei Standorten: New York City, San Francisco, und London (vgl. Foursquare, 2014a). Nach eigenen Angaben verfügt das Netzwerk (Stand Januar 2014) über eine Community von über 45 Millionen Nutzern weltweit (ebd.). Insgesamt sind seit Unternehmensgründung im Jahr 2009 rund 5 Milliarden *Check-Ins* verzeichnet worden (ebd.). Das Unternehmen spricht darüber hinaus von inzwischen »mehreren Millionen Check-Ins« pro Tag. (ebd.) Wie andere Social Media Plattformen bietet Foursquare Unternehmen die Möglichkeit, ihren Foursquare-Eintrag selbst zu verwalten. 1,6 Millionen Unternehmen nutzen diesen Service laut den Betreibern der Plattform (ebd.). Gegen ein Entgelt haben Unternehmen zudem die Möglichkeit sogenannte »Gesponserte Meldungen«, also in den Dienst integrierte Werbeanzeigen, zu schalten (vgl. Foursquare 2014b).

3.1.2 Die Idee hinter Foursquare

Im Kern steht die Idee, besuchte Orte zu speichern und mit Freunden den eigenen Standort zu teilen. Außerdem bietet Foursquare die Möglichkeit, nach Orten wie beispielsweise Restaurants, Ladengeschäften oder Sehenswürdigkeiten in der näheren Umgebung eines bestimmten Ortes zu suchen. Die Suche erfolgt standort-

und kategorieabhängig. Dabei werden Suchergebnisse sowie vorgeschlagene Orte entsprechend der jeweiligen Präferenzen und Geodaten des Nutzers personalisiert. Außerdem bewertet Foursquare seit Herbst 2013 Orte mit einen Score-Wert von 1-10 (vgl. Budde 2013). Foursquare bewirbt den Dienst auf der eigenen Internetpräsenz wie folgt:

> »Foursquare ist der perfekte Begleiter, um einen Abend mit Freunden zu organisieren, um Empfehlungen für das beste Gericht im Restaurant um die Ecke zu bekommen oder um beim Weltenbummeln mit Freunden in Kontakt zu bleiben« (Foursquare, 2014a).

Dabei klingt die Intention an, Menschen nicht nur zu vernetzen, sondern einen geodatenbasierten Dienst zu bieten, der über das bloße »ich befinde mich gerade hier« hinausgeht; ein Dienst, der Bewertungen und Empfehlungen von Nutzern sammelt und diese in einem zweiten Schritt dem jeweiligen Nutzer in personalisierter Form verfügbar macht.

3.1.3 Einchecken bitte – Funktionsweise von Foursquare

Foursquare ist zwar über stationäre Computer aufrufbar, aufgrund der Standortbezogenheit ist der Dienst aber nur mittels mobiler Endgeräte im Sinne der Entwickler in vollem Funktionsumfang nutzbar. Foursquare nutzt die Geodaten, die (mobile) Endgeräte GPS- und netzwerkbasiert zur Verfügung stellen, um den Aufenthaltsort des Nutzers festzustellen.

Kernelement der Anwendung ist der sogenannte *Check-in;* also das *Einchecken* am aktuellen Stand- bzw. Aufenthaltsort. Der Nutzer teilt damit seinen »Freunden« – im Kontext Social Media steht der Term für miteinander vernetzte Personen – mit: »Ich bin gerade hier«. Gleichzeitig kann ein eingecheckter Nutzer sehen, wer sich außer ihm noch am selben Ort befindet. Darüber hinaus besteht die Option, Bewertungen, Kommentare oder Fotos zu einem Ort hinzuzufügen. Zusätzlich zu Nutzer-Bewertungen versieht Foursquare Orte seit einiger Zeit mit einer Bewertung. Errechnet wird diese über einen Algorithmus, der neben den Nutzer-Bewertungen auch die Häufigkeit von Check-ins, die Verweildauer und die Loyalität (wie oft Foursquare-Nutzer ein zweites und weiteres Mal einchecken) berücksichtigt (vgl. Budde 2013).

Auf Foursquare existieren drei Arten von Seiten beziehungsweise Profilen: *Nutzer-Profile*, *Unternehmens-Profile* und *Orte*. Ein Nutzer-Profil repräsentiert eine reale Person. Hierbei hängt der Informationsumfang dessen, was Dritte sehen wenn sie das Nutzerprofil aufrufen, davon ab, ob sie mit dem entsprechenden Nutzer verbunden sind. Nutzern ist es möglich, sich mit anderen Nutzern zu verbinden, was den gegenseitigen Austausch von automatisch generierten Statusmeldungen bedeutet. Solche Statusmeldungen sind zum Beispiel Meldungen über

Check-ins und andere persönliche Aktivitäten von Freunden. Kommunikation findet also bidirektional statt.

Dem gegenüber stehen Unternehmensseiten, denen Nutzer lediglich »folgen« können. Folgen bedeutet, dass Aktivitäten, z. B. die Neueröffnung eines Standorts beziehungsweise einer Filiale, beim Nutzer eine Statusmeldung generieren. Die Kommunikation verläuft bei Unternehmensseiten unidirektional vom Unternehmen zum Nutzer.

Die dritte Kategorie bilden Orts-Seiten. Nutzer können Orte bewerten, kommentieren, Tipps geben und Fotos hinzufügen. Darüber hinaus ist es Nutzern möglich, Orte mit »gefällt mir« zu markieren. Sofern das Unternehmen oder Ladengeschäft die Seite nicht selbst verwaltet, sind alle Informationen nutzergenerierter Art. Unternehmen haben die Möglichkeit, allgemeine Informationen selbst zu verwalten. Bewertungen, Tipps und Kommentare hingegen stellen ausschließlich nutzergenerierten Inhalt dar.

Foursquare vereint also zwei wesentliche Charaktermerkmale: die eines sozialen Netzwerks und die einer Bewertungsplattform. Wie in Sozialen Netzwerken üblich, ist es möglich, sich mit anderen Nutzern zu verbinden. Sogenannte Freunde können über Listen verwaltet werden. Inhalte, die ausschließlich mit diesen Freunden geteilt werden, sind beispielsweise Benachrichtigungen über Check-ins – also den aktuellen Aufenthaltsort eines Nutzers. Kommentare, Bewertungen und zu Orten hinzugefügte Fotos sind hingegen der gesamten Foursquare-Community zugänglich. Diese Informationen bilden die Grundlage für Foursquare als Bewertungsplattform. Nutzergenerierte Daten und Traffic erlauben dem Dienst zum einen, Suchergebnisse und Vorschläge für Orte zu personalisieren, zum anderen hat Foursquare so die Möglichkeit, die Beliebtheit einzelner Orte über einen Score-Wert auszudrücken.

3.1.4 Nutzeraktivität monetarisieren – das Geschäftsmodell Foursquare

Neben realen Personen sind Unternehmen ebenso »Nutzer«; viel mehr aber Kunden von Foursquare (vgl. Foursquare, 2014b). Unternehmen haben wie erwähnt die Möglichkeit, ihren Foursquare-Eintrag selbst zu verwalten und um weiterführende Informationen wie Website, Öffnungszeiten oder beispielsweise eine Speisekarte zu ergänzen. Außerdem – und hier entfaltet sich das gesamte Monetarisierung-Potenzial von Foursquare – gibt es die Möglichkeit, mittels *Foursquare Ads* dafür zu bezahlen, Nutzern in der Nähe des eigenen Ladengeschäfts bevorzugt das eigene Unternehmen als interessanten Ort in der Umgebung vorzuschlagen oder prominent in den Suchergebnissen nach Orten in der entsprechenden Kategorie zu platzieren (vgl. Foursquare, 2014c).

»Über 45 Millionen Leute benutzen Foursquare, um unterwegs zu entscheiden, wo es hingehen soll. Wir zeigen Ihre Anzeige potenziellen Kunden in Ihrer Umgebung, die kauffreudig sind. Sie bezahlen nicht dafür, dass Ihre Anzeige angezeigt wird. Sondern nur, wenn auf Ihre Anzeige reagiert wird« (ebd.).

Wie andere Soziale Netzwerke monetarisiert also auch Foursquare die gesammelten Nutzerdaten durch personalisierte Werbung. Foursquare setzt den Schwerpunkt auf »Lokale Unternehmen« (ebd.) und garantiert den werbenden Unternehmen, dass nur bezahlt werden muss, wenn eine Interaktion mit der Anzeige stattfindet. Eine Interaktion ist in diesem Kontext nicht als Einkauf im Ladengeschäft zu verstehen, sondern findet »entweder durch Antippen der Unternehmensinformationen, oder indem [der Nutzer] eincheckt« statt (Foursquare 2014d). Dies bringt den Vorteil mit sich, dass sich die Adressaten der Werbeanzeigen bereits in der Nähe des Ladengeschäfts befinden und entweder unmittelbar zuvor nach einem ähnlichen Ort gesucht haben, oder solche in der Vergangenheit aufgesucht haben.

Zusammenfassend ist festzuhalten, dass zwei relevante Nutzergruppen identifiziert werden können: Zum einen die Mitglieder der Community; reale Personen, die den Dienst im Sinne der Entwickler nutzen. Außerdem Unternehmen, die ihren Foursquare-Eintrag verwalten können und zusätzlich die Möglichkeit haben, kostenpflichtig Werbeanzeigen zu kaufen.

3.1.5 Badges und Punkte – Spieletypische Elemente und Mechanismen

Vergleicht man Foursquare mit Substituten wie *Facebook Places* (vgl. Facebook 2014a; Facebook 2014b) oder der Check-in Funktion von *Google+* (vgl. Google 2013), ist ein entscheidender Unterschied zu erkennen: Im Gegensatz zu *Facebook Places* oder *Google+* verwendet Foursquare ein ganzes Bündel von Mechanismen, die Computerspielen entlehnt sind. Das Alleinstellungsmerkmal von Foursquare sind Spielelemente wie das punktebasierte Feedback- oder das Badge-System. Im Folgenden werden die einzelnen Spielelemente im Wirkungszusammenhang betrachtet und näher erläutert.

Punktebasiertes Feedback-System: Wie eingangs erwähnt, findet ein punktebasiertes Feedback-System auch in Foursquare Anwendung. Teilt der Nutzer seinen Standort mit Freunden, erhält er Punkte für diesen Check-in. Als kompetitiver Part tritt eine Rangliste hinzu, welche die in der laufenden Woche gesammelten Punkte mit den Ergebnissen von Freunden vergleichbar macht. Dem Nutzer wird mittels des Punkte-Feedbacks Erfolg signalisiert. Der Wettbewerb unter Freunden ist eine geeignete Alternative zum globalen Ranking, weil der Vergleichswert gleichzeitig eine emotionale Aufladung erfährt. Die Rangliste wird außerdem wesentlich dynamischer durch die Sieben-Tage-Wertung, weil sich so

Unterschiede im Nutzungsverhalten im Gegensatz zu persistenten Wertungen nur befristet auswirken und entsprechend leicht ausgeglichen werden können.

Quests/Challenges und Badges: Foursquare erweitert das Feedback-System um besondere Auszeichnungen, sogenannte Badges. Der Erhalt dieser Auszeichnungen ist mit dem Erfüllen sogenannter Quests verbunden. Badges werden im Nutzerprofil dargestellt und sind von jedem Community-Mitglied einsehbar. Die Aufgaben, die für den Erhalt eines Badges erfüllt werden müssen, variieren (vgl. Badgeunlock 2014a). An beispielhaften Quests wird im Folgenden die Wirkungsweise unter Betrachtung der Ziele näher erläutert.

- »Shutterbug«: Aufgabe ist es, im Zuge dreier Check-ins bei öffentlich-zugänglichen Orten dem jeweiligen Ort ein Foto hinzuzufügen (vgl. Badgeunlock 2014b). Das Ziel ist hierbei eine bessere Bebilderung öffentlich-zugänglicher Orte und damit eine Steigerung der Nutzungsrate im Hinblick auf Foto-Uploads und eine Verbesserung der Datenqualität, sodass mehr Informationen – in diesem Fall Fotos – von einzelnen Orten zur Verfügung stehen.
- »Swarm«: Haben über einen Zeitraum von drei Stunden mindestens 50 Personen an einem Ort eingecheckt, erhalten alle Nutzer dieses Badge (vgl. Badgeunlock 2014c). Bei Erhalt dieser Auszeichnung wird dem Nutzer die Nachricht »50+ people are also checked-in here – it's a Foursquare flashmob« angezeigt (ebd.). Dies bringt das Element der »Community Collaboration« zum Ausdruck: Nutzer werden angeregt, sich in großer Zahl an bestimmten Orten zu verabreden. Hierbei gilt die Zusammenarbeit in der Gemeinschaft als motivatonsstiftendes Element.
- »Louis Vuitton Insider«: Um dieses Badge freizuschalten, muss ein Nutzer der Louis Vuitton Unternehmensseite auf Foursquare folgen und anschließend in drei verschiedenen Louis Vuitton Geschäften einchecken. Hier zeigt sich, wie Unternehmen als Kunden von Foursquare von Gamification profitieren. Der Dienst ermöglicht Unternehmenskunden und -partnern die Partizipation an seinem Spielifizierungs-Konzept.
- »Mayorship« (Bürgermeistertum): Eine Eigenheit stellt der *Mayor*-Status dar. Der Nutzer, der am häufigsten an einem bestimmten Ort eingecheckt hat, erhält den Status *Mayor* (Bürgermeister) für diesen Ort. Für alle Nutzer, die an einem Ort einchecken, ist einsehbar, wer die »Mayorship« innehat. Darüber hinaus werden mehr Punkte beim Check-in vergeben, wenn man Mayor des entsprechenden Ortes ist. Hierbei kommt das Element »Sichtbarer Status« zum Tragen: Der Mechanismus »Mayorship« animiert den Nutzer, sich auch an Orten, die er häufig besucht, regelmäßig einzuchecken. Außerdem kann dem Mayor-Status beziehungsweise dem Verteidigen der einmal

erreichten Mayorship eine bindende Kraft zugeschrieben werden, die für die Loyalität des Nutzers gegenüber dem Ort, bei dem dieser die Mayorship innehat, förderlich sein kann.

3.1.6 Beitrag spieltypischer Elemente zur Monetarisierung

Die vorausgehenden Erläuterungen haben gezeigt, dass Foursquare spieletypische Elemente und Mechanismen verwendet, um die Nutzermotivation zu steigern. Darüber hinaus ermöglicht Foursquare Unternehmenskunden die Nutzung dieser Elemente und Mechanismen auf mannigfache Weise. Diese Partizipationsmöglichkeiten macht Foursquare für lokale Unternehmen zu einem interessanten Teil im Social Media Marketing Mix. Im Folgenden werden einige Beispiele erläutert, wie Partizipation in diesem Kontext aussehen kann. Und zwar dergestalt, dass lokale Unternehmen, in Foursquare implementierte Spielelemente zur Steigerung der eigenen Kundenbindung und Loyalität nutzen.

Neben dem bereits geschilderten »Louis Vuitton Insider«-Badge liefert die amerikanische Kaffeehaus-Kette *Starbucks* ein Beispiel für das Prinzip der Partizipation. Wer der Unternehmensseite von Starbucks auf Foursquare folgt und anschließend in fünf verschiedenen Starbucks-Filialen eincheckt, erhält ein Badge (vgl. Badgeunlock 2014e) für seine Treue zum Unternehmen. Darüber hinaus bietet Starbucks ein »Mayor-Special« an (vgl. Thompson 2010): Seit 2010 erhält der Nutzer, der den Mayor-Status in einer Filiale innehat, einen Rabatt beim Einkauf (vgl. van Grove 2010).

Partizipation ist damit *das* Schlagwort, wenn vom Spielifizierungs-Konzept des Dienstes Foursquare die Rede ist. Darüber hinaus illustrieren diese Beispiele wie Foursquare Schlüsseltechnologien des Social Web zu einem erfolgreichen Produkt im E-Commerce verknüpft. Foursquare ist eine Plattform, die zwar als Soziales Netzwerk bezeichnet werden kann, aber dennoch genügend Alleinstellungsmerkmale und Charakteristika aufweist, um nicht Gefahr zu laufen, als weiteres Facebook-Substitut abgetan zu werden. Anzuführen sind hier die ausschließlich standort- beziehungsweise ortsbasierten Kernfunktionen, die im Zusammenspiel mit der Komponente »Bewertungs-Plattform« ein scharfes Profil des Dienstes ergeben. Facebook und Google+, die gleichwohl ortsbasierte Funktionen in ähnlichem Umfang beinhalten, können aufgrund des differenzierteren Funktionsumfangs einer solchen Komponente nicht entsprechendes Gewicht einräumen. Der überschaubare und zweckmäßige Funktionsumfang von Foursquare ermöglicht in der Folge auch einen ausgewogenen und zielgerichteten Einsatz von Spielelementen und -mechanismen, der exakt auf das Anforderungsprofil zugeschnitten ist.

Darüber hinaus setzte der Dienst bei der Monetarisierung seiner Plattform auf Partizipation. Unternehmenskunden und -partner können die implementierten Spielelemente und -mechanismen auch für eigene Kampagnen im Wirkungsraum der Plattform nutzen. Erst mit Blick auf die Bedingung der Teilhabe am System entfaltet sich das gesamte Potenzial, das Gamification vor allem im Kontext der Monetarisierung bietet.

3.2 Duolingo

3.2.1 Geschichte und Fakten

Duolingo ist ein Dienst, der kostenlose Sprachkurse anbietet. Die Lernplattform vereint Elemente Sozialer Netzwerke sowie Gedanken des Crowdsourcing und weist darüber hinaus eine Vielzahl spieletypischer Elemente und Mechanismen auf.

Duolingo wurde im November 2011 als Beta-Version gestartet (vgl. von Ahn 2012) und ist seit Juni 2012 für jedermann verfügbar (vgl. Duolingo 2012a). Inzwischen hat Duolingo rund 20 Millionen registrierte und 8,5 Millionen aktive Nutzer (vgl. Root 2014). Gründer und Geschäftsführer ist der Crowdsourcing-Pionier Luis von Ahn, der als Gründerfigur in Zusammenhang mit den von Google gekauften Projekten *CAPTCHA* und *reCAPTCHA* assoziiert wird (vgl. von Ahn & Cathcart 2009). Duolingo hat seinen Geschäftssitz in Pittsburgh, Pennsylvania und beschäftigt circa 27 Mitarbeiter (vgl. Duolingo 2014a). Eine iOS-Applikation ist seit November 2012 verfügbar (vgl. Duolingo 2012b); das Android-Pendant kann seit Mai 2013 (vgl. Spencer 2013) über den *Google Play Store* bezogen werden. Für das Jahr 2013 wurde die Duolingo-App für iOS von Apple als erste Lern-Applikation mit dem Preis »App of the Year« ausgezeichnet (vgl. Hockenson 2013).

Stand Februar 2014 bietet Duolingo 14 verschiedene Sprachkurse an, darunter Spanisch, Portugiesisch, Französisch, Italienisch und Deutsch mit Ausgangssprache Englisch. Darüber hinaus werden Englischkurse in elf Sprachen sowie Spanischkurse in zwei Sprachen offieriert.

3.2.2 Das Konzept von Duolingo

Die Kernidee von Duolingo ist entsprechend des Slogans »Free language education for the world«, kostenfreie Sprachkurse für eine möglichst große Anzahl an Sprachen anzubieten. Während zum Start des Dienstes nur fünf Kurse in englischer Sprache angeboten wurden, hat sich die Zahl inzwischen fast verdreifacht. Eine tragende Rolle kommt dabei dem *Language Incubator* (»Sprach-Brutkasten«) zu. Der *Incubator* ist ein Crowdsourcing-Tool, das der Duolingo-Community seit Oktober 2013 zur Verfügung steht (vgl. Olson 2013) und es ermöglicht, basierend auf jeder beliebigen Sprache Sprachkurse für andere beliebige Sprachen zu erstellen (vgl. Duolingo 2014b). Rund 60 Tage nach dem Start des Inkubators geht mit einem Englischkurs in russischer Sprache der erste von der Community entwickelte Sprachkurs in die Beta-Phase (vgl. von Ahn 2013a). Von Ahn betont, dass die Entwicklung des Kurses durch die Incubator-Crowdsourcing-Plattform in kürzerer Zeit erfolgt, als es dem Mitarbeiterstab möglich wäre, einen neuen Kurs zu entwickeln (ebd.). Im Februar 2014 – nur vier Monate nach dem Launch – befinden sich bereits sieben weitere Kurse in der Beta-Phase (vgl. Duolingo 2014b). Damit ist die Hälfte der verfügbaren Sprachkurse mittels Crowdsourcing entstanden.

3.2.3 Funktionsweise von Duolingo

Duolingo fragmentiert die zu erlernende Sprache in einzelne Module (»Skills«), deren Schwierigkeitsgrad und Komplexität im fortschreitenden Verlauf entsprechend der »Cascading Information Theory« stetig ansteigt. Grafisch dargestellt werden die Module mithilfe eines sogenannten »Skilltrees« (»Fertigkeitsbaum«) - eine Darstellungsform von Fertigkeiten und Können, die häufig in Computer-Rollenspielen Anwendung findet. Das tatsächliche Sprachtraining findet in Form verschiedener Modi beziehungsweise Aufgabentypen statt. Im Folgenden werden verschiedene Aufgabentypen aufgelistet, um einen Eindruck vom Aufbau der Lernanwendung zu vermitteln:

- »Translate this text«: Hierbei muss eine Phrase muss übersetzt werden; der zu übersetzende Text kann gelesen und gehört werden.
- »Mark all correct translations«: Dem Nutzer werden verschiedene Übersetzungsvorschläge angezeigt, aus denen er die korrekte Übersetzung mittels Multiple-Choice wählen muss.
- »Type what you hear«: Ziel dieser Aufgabe ist es, das Hörverständnis zu verbessern. Der Nutzer tippt einen gesprochenen Satz in der zu erlernenden Sprache. Der Satz kann wiederholt angehört werden.
- »Select the missing word«: Um einen grammatikalisch korrekten Satz zu bilden, muss der Nutzer via Multiple-Choice aus einer Liste von Wörtern (in der Regel vom selben Wortstamm) wählen.
- »Select translation of [...]«: Hierbei muss die richtige Übersetzung eines Wortes aus einer Reihe von bebilderten Vokabeln gewählt.

Gamification

3.2.4 Mit Crowdsourcing Nutzerpotenziale monetarisieren

An dieser Stelle erfolgt eine Betrachtung der Monetarisierungs-Strategie von Duolingo. Grundlage dieser ist die Überlegung, wie die Sprachkompetenz einer Community von 8,5 Millionen Mitgliedern geldwertes Potenzial entfalten kann. Bei Duolingo können Texte und Dokumente hochgeladen werden, die anschließend im Rahmen der Lernanwendung und des Lernprozesses von Nutzern übersetzt werden (vgl. Duolingo 2014c). Naturgemäß ist das Angebot an Übersetzungen in verschiedene Sprachen auf das Angebot an Sprachkursen beschränkt. Duolingo unterscheidet bei dieser Dienstleistung zwischen frei verfügbarem Inhalt, der unter einer »Creative Common« Lizenz veröffentlicht ist, und kommerziellen beziehungsweise urheberrechtlich geschützten Inhalten (vgl. Duolingo 2014d). Frei verfügbare CC-Inhalte werden kostenfrei übersetzt. Leistungsnehmer hingegen, die urheberrechtlich geschützte Inhalte übersetzen lassen, müssen für die Dienstleistung bezahlen (ebd.).

Exemplarisch kann hier die seit Oktober 2013 bestehende Partnerschaft von Duolingo mit dem US-amerikanischen Fernsehsender *Cable News Network* (CNN) und dem Unterhaltungs- und Nachrichtenportal *BuzzFeed* angeführt werden (vgl. von Ahn 2013b). Von Ahn unterstreicht die Gewichtigkeit dieser Partnerschaft mit den Worten »translating their content [...] is a significant milestone in keeping Duolingo free forever«.

3.2.5 Spielelemente in Duolingo

Eine wesentliche Rolle im Lernkonzept von Duolingo kommt Spielelementen und Mechanismen zu. Im Folgenden werden diese aufgelistet und näher untersucht. Darüber hinaus erfolgt eine Bewertung ihrer Wirkungsweise im Gesamtzusammenhang der Anwendung.

- *Erfahrungspunkte als Basis für sichtbaren Status:* Für jede erfolgreich absolvierte Lektion (Aufgabenbündel bestehend aus mehreren Einzelaufgaben) innerhalb eines Moduls vergibt Duolingo Erfahrungspunkte, sogenannte »XP« (für Experience Points) an den Nutzer. Ist eine bestimmte Anzahl an Erfahrungspunkten erreicht, erlangt der Nutzer eine nächste Stufe. Für den Nutzer wird über einen Fortschrittsbalken angezeigt, mit welchem Erfolg er sich der nächsten Stufe nähert. Darüber hinaus ist der aktuelle Status in Form der bereist erreichten Stufe im Profil des Nutzers für die gesamte Community einsehbar. Das Feedback wird mit einer kompetitiven Komponente versehen, indem der Status für die Community sichtbar gemacht wird.

- *Feedback im kleinsten Maßstab – der einzelnen Lektion:* Auch bei Lektionen wird mit Hilfe eines Balkens der Fortschritt beim Meistern der jeweiligen Herausforderung visualisiert. Außerdem darf der Nutzer auch einige falsche Antworten geben, ohne die gesamte Lektion sofort wiederholen zu müssen. Dies wird - dem Computerspiele-Vorbild entsprechend - durch rote Herzen, sogenannte »Leben«, visualisiert, von denen mit jeder falschen Antwort eines verloren geht.
- *Levels – Freischaltbare Inhalte:* Gemäß der Cascading Information Theory bauen die einzelnen Aufgaben beziehungsweise Lektionen aufeinander auf und dem Nutzer ist immer nur der geringste zum Gesamtverständnis nötige Inhalt zugänglich. Durch den Skilltree wird der levelartige Aufbau visualisiert. Dieser Aufbau folgt logischen Strukturen und dient dazu, den Nutzer nicht mit zu schwierigen und komplexen Inhalten zu überfordern.
- *MMORPG-Elemente:* In Duolingo existiert mit dem »Lingot« eine eigene virtuelle Währung, wie man sie in vielen persistenten MMORPG-Welten findet. Durch eine hochfrequente Nutzung von Duolingo, durch Spielfortschritt und durch das Werben neuer Nutzer können Lingots verdient werden. Mit den in der Anwendung »verdienten« Lingots können im Duolingo-Store sogenannte »Items« erworben werden, die entweder das Meistern einer Lektion erleichtern, oder Bonus-Inhalte freischalten.
- *Community Collaboration:* Hierunter sind die real existierenden Dokumente zu verstehen, die mithilfe der Duolingo-Community übersetzt. Im Kontext der Anwendung ist diese Funktion als »Immersion« (Eintauchen) betitelt. Nutzer vertiefen ihr Sprachverständnis und Können im Übersetzen von Texten und erfüllen damit im Namen von Duolingo gleichzeitig eine Dienstleistung. Die Zusammenarbeit spielt deshalb eine große Rolle, weil fertige Übersetzungen von einzelnen Dokumenten von vielen verschiedenen Nutzern in zwei Stufen erstellt werden: Übersetzen und Überprüfen. Neben der partnerschaftlichen Zusammenarbeit der Community kommt zudem der Gedanke der »Epic Meaning« zum tragen – beispielsweise bei der Übersetzung sämtlicher CNN-Topnews. Auch im Modus »Immersion« können Erfahrungspunkte gesammelt werden. Das Feedbacksystem wird außerdem um das Element »Votes« ergänzt. Andere Community-Mitglieder können die vorgeschlagene Übersetzung eines anderen Nutzers je nach Qualität und Richtigkeit positiv oder negativ bewerten. Der »Sichtbare Status« wird infolgedessen um den »Translation Tier« (Übersetzer-Rang) ergänzt, der über die Zahl der positiven Bewertungen ermittelt wird. Mit steigendem »Translation Tier« erhält der Nutzer für seine Übersetzungen mehr Erfahrungspunkte.

Duolingo verwendet im Rahmen der Lernanwendung eine Vielzahl von spieletypischen Elementen und Mechanismen mit dem Ziel, das Lernerlebnis so motivierend wie möglich zu gestalten. Um die Nutzermotivation über stetige und binnen kurzer Zeiträume erreichbare Teilerfolge konstant hoch zu halten, sind die Lerninhalte der Cascading Information Theory folgend in thematisch abgegrenzte Module, sogenannte »Skills«, und diese wiederum in einzelne Lektionen unterteilt. Beim Übersetzen von Dokumenten tritt eine entscheidende Verknüpfung von Gamification und Crowdsourcing zutage: Die Betonung der Gemeinschaftsleistung (im Sinne der Community Collaboration) findet Niederschlag im ergänzten Feedbacksystem. Durch »Up- und Downvotes« übernimmt nicht die Anwendung die direkte Beurteilung der Leistung des Nutzers, sondern die Community.

3.2.6 Wie Spielelemente zur Monetarisierung beitragen

Kernelement der Monetarisierungs-Strategie ist der Gedanke des Crowdsourcing. Allerdings findet dieser Eingang in eine gamifizierte Lernanwendung. Der Wert von Crowdsourcing ermittelt sich immer aus der Anzahl und der Motivation der Nutzer einer Anwendung. Eine große und motivierte Community ist also die Ausgangsbasis dafür, dass ohne monetären Anreiz für die Community eine geldwerte Dienstleistung angeboten werden kann. Im Gegenzug kann der Duolingo-Nutzer eine Lern-Applikation kostenfrei nutzen. Diese Argumentation verkennt aber, dass das Übersetzen von Dokumenten für den Nutzer nicht unter Zwang erfolgt – es handelt sich um eine freiwillige Leistung, die dem Nutzer außer Feedback über die eigene Sprachkompetenz und deren Verbesserung keine Vorteile außerhalb des Duolingo-Universums verschafft. Entscheidend ist also, dass der Nutzer die Herausforderung der Übersetzung freiwillig annimmt. Und dazu animiert den Nutzer die Anwendungs-Architektur, welche Spielelemente und -mechanismen in großer Zahl beinhaltet.

Abschließend kann festgestellt werden, dass Crowdsourcing und Gamification im Fallbeispiel Duolingo eine wirkungsvolle Symbiose eingehen. Wenn die im Rahmen von Crowdsourcing erbrachte Leistung unentgeltlich erfolgt, ist immer die intrinsische Motivation der Nutzer Voraussetzung für eine erfolgreiche Umsetzung. In einem digitalen Umfeld, das als Brutstätte und Wirkungsfeld des Crowdsourcing-Gedanken betrachtet werden kann, sind Methoden der Gamification eine naheliegende und praktikable Lösung zur Steigerung der Nutzermotivation. Eine gesteigerte Nutzermotivation beinhaltet in kommerziellem Zusammenhang zeitgleich einen geldwerten Vorteil. Anhand der Anwendung Duolingo wird deutlich, dass das symbiotische Zusammenspiel von Crowdsourcing und

Gamification als zukunftsweisendes Konzept zur Monetarisierung betrachtet werden kann.

4 Potenziale und Grenzen von Gamification

Im Folgenden gilt es eine Antwort auf die eingangs gestellte Frage nach dem Lösungspotenzial von Gamification zu geben. Lösungspotenzial ist in diesem Zusammenhang als Betrachtung des Potenzials und damit einhergehend der Grenzen dessen zu verstehen, was mit Gamification erreicht werden kann.

Die Grenzen zeigen sich hierbei bereits in der Definition des Begriffs »Gamification«: Mehr als eine Beeinflussung des Verhaltens der Nutzer im Sinne einer Verbesserung der Motivation vermag Gamification nicht zu leisten. Der Nutzer leistet zwar nichts anderes als das, was die Anwendung von ihm verlangt – er leistet es jedoch gern(er). Was zunächst nüchtern klingen mag, entfaltet sein gesamtes Potenzial im Wirkungszusammenhang mit den einzelnen, aufeinander abgestimmten Komponenten einer Anwendung.

Dieser Sachverhalt wird deutlich, betrachtet man die beiden Fallbeispiele *Foursquare* und *Duolingo*. Foursquare nutzt sein Alleinstellungsmerkmal geschickt: Es dient nicht ausschließlich einer Steigerung der Nutzermotivation und -bindung; es macht Foursquare darüber hinaus auch für Werbekunden und Partnerunternehmen interessant. Grund dafür ist die Möglichkeit, an integrierten Spielemechanismen partizipieren und davon profitieren zu können, was in der Folge einen nicht zu verachtenden Mehrwert für den Unternehmenspartner schafft. Darüber hinaus ist Foursquare als Instrument zur Steigerung der Loyalität und Kundenbindung durch Gamification wesentlich effektiver.

Duolingo kann exemplarisch dafür betrachtet werden, welches Potenzial Gamification im Kontext Crowdsourcing entfalten kann. Duolingo ist eine Anwendung, die eine motivierte, 8,5 Millionen Nutzer starke aktive Community etabliert. Eine Community, die im Rahmen des Lernprozesses wiederum unentgeltlich Dokumente wie CNN-Nachrichtenmeldungen übersetzt, um damit eine kostenfreie Anwendung zu einem profitablen Dienst zu machen. Was an das Perpetuum Mobile erinnert, zeigt welche Potenziale Gamification im richtigen Kontext entfalten kann. Als eine Komponente einer wegweisenden Anwendung, welche die Macht von Crowdsourcing ebenso eindrucksvoll demonstriert. Während andere Crowdsourcing-Dienste, z. B. der *Amazon Mechanical Turk,* einen monetären Anreiz schaffen, um Nutzer zu motivieren Kleinstaufgaben wie das Übersetzen von Textfragmenten zu übernehmen, bezahlt Duolingo mit dem Erlernen einer Sprache. Duolingo motiviert mit Feedback und kleinen Erfolgserlebnissen; mit Erfahrungspunkten und »Votes«. Methoden der Gamification tragen also erheblich zur Motivationssteigerung bei, die Grundvo-raussetzung dafür ist, dass die Dokumente von den Nutzern unentgeltlich übersetzt werden.

Abschließend bleibt festzustellen, dass Gamification kein Universalmittel darstellt, um wie auch immer geartete Probleme zu lösen. Gamification ist jedoch ein probates Mittel zur Steigerung der Nutzermotivation und -bindung an eine Anwendung. Wie viel Potenzial die im Zusammenhang mit Spielifizierung verwendeten Spielelemente und -mechanismen entfalten, hängt vom spezifischen Konzept und der Architektur einer Anwendung ab. Beide Fallbeispiele illustrieren, inwieweit dieses Potenzial im Wirkungszusammenhang mit anderen Komponenten ausgeschöpft werden kann. Abgestimmt auf das Konzept und die Komponenten einer Anwendung ist Gamification in der Lage, einen großen zusätzlichen und auch geldwerten Nutzen zu stiften. Mit Recht wird darum auf das enorme Potenzial hingewiesen, das Gamification zweifelsohne bietet. Inwiefern sich dieses Potenzial aber entfaltet, hängt von vielen komplexen Faktoren, z. B. der Architektur einer Anwendung, ab. Eine einfache und pauschale Antwort auf die Frage nach dem Lösungspotenzial von Methoden der Gamification existiert also nicht. Es bleibt aber die Möglichkeit, Spielelemente und Methoden im Gesamtzusammenhang spezifischer Problemstellungen zu betrachten und Potenziale anhand konkreter Fallbeispiele zu bewerten.

Literaturverzeichnis

Activision Blizzard (2013): Activision Blizzard Announces Second Quarter 2013 Final Results, Santa Monica, CA, USA.

Badgeunlock (2014a): Foursquare Badge List, http://www.badgeunlock.com/foursquare-badge-list, abgerufen am 14.02.2014.

Badgeunlock (2014b): The Shutterbug foursquare badge is now available for unlock, http://www.badgeunlock.com/2012/09/the-shutterbug-foursquare-badge-is-now-available-for-unlock, abgerufen am 14.02.2014.

Badgeunlock (2014c): Foursquare Badge – Swarm, http://www.badgeunlock.com/2010/08/foursquare-badge-swarm, abgerufen am 14.02.2014.

Badgeunlock (2014d): Foursquare Badge – Louis Vuitton Insider, http://www.badgeunlock.com/2011/02/foursquare-badge-louis-vuitton-insider, abgerufen am 14.02.2014.

Badgeunlock (2014e): Foursquare Badge – Barista, http://www.badgeunlock.com/2010/08/foursquare-badge-barista-starbucks-badge, abgerufen am 15.02.2014.

Behr, Katharina et al. (2008): Leistungshandeln und Unterhaltungserleben im Computerspiel, in: Quandt, Thorsten [Hrsg.]: Die Computerspieler: Studien zur Nutzung von Computergames, Wiesbaden: VS Verlag für Sozialwissenschaften, S. 225-241.

BIU/GfK (2013): Gamer Statistiken, Berlin/Nürnberg, http://www.biu-online.de/de/fakten/gamer-statistiken/gamer-in-deutschland.html, abgerufen am 02.02.2014.

Breuer, Markus (2011): Was ist Gamification?, für Intelligent Gamification, http://intelligent-gamification.de/2011/05/11/was-ist-gamification, abgerufen am 18.01.2014.

Budde, Lars (2013): Foursquare macht mit neuer Bewertungs-Funktion Qype Konkurrenz, für T3N Magazin, http://t3n.de/news/foursquare-macht-neuer-424753, abgerufen am 29.12.2013.

Deterding, Sebastian et. al. (2011): Gamification: Toward a Definition, Vancouver, BC, Canada.

Deterding, Sebastian (2012): Gamification: Wie Webapps mit Spaßfaktor Nutzer binden, für T3N Magazin, http://t3n.de/magazin/leben-spiel-227541, abgerufen am 12.01.2014.

Duolingo (2012a): 100% Free Language Education, Open to the World, für Duoblog, http://blog.duolingo.com/post/25434314784/100-free-language-education-open-to-the-world, abgerufen am 15.02.2014.

Duolingo (2012b): Duolingo on the go. Out iPhone App is here!, für Duoblog, http://blog.duolingo.com/post/35638702323/duolingo-on-the-go-our-iphone-app-is-here, abgerufen am 17.02.2014.

Duolingo (2014a): Who is building Duolingo?, https://www.duolingo.com/info, abgerufen am 17.02.2014.

Duolingo (2014b): Der Inkubator, http://incubator.duolingo.com, abgerufen am 17.02.2014.

Duolingo (2014c): How can Duolingo be free?, https://www.duolingo.com/info, abgerufen am 18.02.2014.

Duolingo (2014d): Upload for translation, https://www.duolingo.com/translations/upload, abgerufen am 18.02.2014.

Facebook (2014a): Finde Orte in der Nähe und gehe hin, https://www.facebook.com/help/461075590584469, abgerufen am 13.02.2014.

Facebook (2014b): Gib an, wo du dich befindest, https://de-de.facebook.com/about/location, abgerufen am 13.02.2014.

Foursquare (2014a): Was ist Foursquare?, https://de.foursquare.com/about, abgerufen am 19.01.2014.

Foursquare (2014b): Nehmen Sie Ihr Unternehmen bei Foursquare in Besitz, http://de.business.foursquare.com/listing, abgerufen am 19.01.2014.

Foursquare (2014c): Wir stellen vor: Foursquare Ads, http://de.business.foursquare.com/ads, abgerufen am 19.01.2014.

Foursquare (2014d): Foursquare Ads: Wie's funktioniert, http://de.business.foursquare.com/howadswork, abgerufen am 19.01.2014.

Fritz, Jürgen (2008): Spielen in virtuellen Gemeinschaften, in: Quandt, Thorsten [Hrsg.]: Die Computerspieler: Studien zur Nutzung von Computergames, Wiesbaden: VS Verlag für Sozialwissenschaften, S. 135-149.

Google (2013): Latitude wurde eingestellt, support.google.com/gmm/answer/3001634?hl=de, abgerufen am 14.01.2014.

Hengstenberg, Michail (2009): Spieleklassiker Tetris – Russlands bester Blockbuster, für Spiegel Online,
http://einestages.spiegel.de/static/topicalbumbackground/3961/russlands_bester_blockbuster.html, abgerufen am 12.02.2014.

Hockenson, Lauren (2013) Duolingo snags iPhone App of the Year, für Gigaom, http://gigaom.com/2013/12/17/duolingo-snags-iphone-app-of-the-year, abgerufen am 17.02.2014.

Huizinga, Johan (1956): Homo ludens: Vom Ursprung der Kultur im Spiel, Bibliogr. erg. Neuausg., Reinbek bei Hamburg: Rowohlt, 1987.

Kadle, Abhijit (2010): 3 Game Mechanics To Include In Learning Games, für Upside Learning, http://www.upsidelearning.com/blog/index.php/2010/12/15/3-game-mechanics-to-include-in-learning-games/, abgerufen am 08.02.2014.

Koch, Ott et al. (2012): Gamification – Steigerung der Nutzungsmotivation durch Spielkonzepte, für Soziotechnische Integration: Ein Projekt mit der Forschungsgruppe Kooperationssysteme an der Universität der Bundeswehr München, für Soziotechnischer Integration, http://www.soziotech.org/gamification-steigerung-der-nutzungsmotivation-durch-spielkonzepte, abgerufen am 13.01.2014.

Lampert, Claudia et al. (2009): Der gespielte Ernst des Lebens: Bestandsaufnahme und Potenziale von Serious Games (for Health). In: Themenheft Nr. 15/16 MedienPädagogik – Zeitschrift für Theorie und Praxis der Medienbildung: Computerspiele und Videogames in formellen und informellen Bildungskontexten, S. 43-48.

Marr, Ann C. (2010): Serious Games für die Informations- und Wissensvermittlung – Bibliotheken auf neuen Wegen, in: B.I.T.online – Innovativ, Band 28, Wiesbaden: Dinges & Frick GmbH.

McGonigal, Jane (2011): Reality Is Broken, 1. Aufl., London: Random House.

McGonical, Jane (2014): Bio, für Jane McGonigal – You Found Me, http://janemcgonigal.com/meet-me, abgerufen am 17.01.2014.

Olson, Parmy (2013): Duolingo Takes Online Teaching To The Next Level, By Crowd Sourcing New Languages, für Forbes, http://www.forbes.com/sites/parmyolson/2013/09/25/duolingo-takes-online-teaching-to-next-level-by-crowd-sourcing-new-languages, abgerufen am 18.02.2014.

Paul, Franklin (2009): At 25, Tetris still eyeing growth, für Reuters (U.S.), http://www.reuters.com/article/2009/06/02/us-videogames-tetris-idUSTRE5510V020090602, abgerufen am 07.01.2014.

Plass-Flessenkämper, Benedikt (2014): Eve Online - Gamer liefern sich rekordverdächtige Weltraumschlacht, für Zeit Online, http://www.zeit.de/digital/games/2014-01/eve-online-schlacht-um-b-r5rb, abgerufen am 08.01.2014.

Price, Kevin (2013): 2 The Man Who Coined "Gamification" Takes Loyalty to a New Level, für Huffington Post (U.S.), http://www.huffingtonpost.com/kevin-price/the-man-who-coined-gamifi_b_3773928.html, abgerufen am 13.01.2014.

Root, Anton (2014): Luis von Ahn on Duolingo's Plans for 2014, für Crowdsourcing.org, http://www.crowdsourcing.org/editorial/luis-von-ahn-on-duolingos-plans-for-2014/30191, abgerufen am 17.02.2014.

Sawyer, Ben (2007): The 'Serious Games' Landscape, Instructional an Research Technology Symposion for the Arts, Humanities and Social Scieneces, Camden, NJ, USA, http://internet2.rutgers.edu/pres/speaker6-sawyer-final.ppt, abgerufen am 21.01.2013.

Spencer, Malia (2013): Duolingo launching on Android; plans move to bigger office, für Pittsburgh Business Times, http://www.bizjournals.com/pittsburgh/blog/innovation/2013/05/duolingo-launching-on-android-signing.html?page=all, abgerufen am 17.02.2014.

Stampfl, Nora S. (2013): Die verspielte Gesellschaft, 1. Aufl., Hannover: Heise Zeitschriften Verlag GmbH & Co KG.

Thompson, Chris (2010): Starbucks to Launch Nationwide Foursquare Mayor Special, für About Foursquare, http://aboutfoursquare.com/starbucks-to-launch-nationwide-foursquare-mayor-special, Abgerufen am 15.02.2014.

van Grove, Jennifer (2010): Mayor of Starbucks Now Get Discounts Nationwide with Foursquare, für Mashable, http://mashable.com/2010/05/17/starbucks-foursquare-mayor-specials, abgerufen am 15.02.2014.

von Ahn, Luis (2012): We have a blog, für Duoblog, http://blog.duolingo.com/post/20142464554/we-have-a-blog, abgerufen am 16.02.2014.

von Ahn, Luis (2013a): The First Language Course has been Incubated. English from Russian is now available in beta, https://www.duolingo.com/comment/1305305, abgerufen am 17.02.2014.

von Ahn, Luis (2013b): Duolingo now translating BuzzFeed and CNN, für Duoblog, http://blog.duolingo.com/post/64024962586/duolingo-now-translating-buzzfeed-and-cnn, abgerufen am 18.02.2014.

von Ahn, Luis, Cathcart, Will (2009): Google Acquires reCAPTCHA, für Google: Official Blog, http://googleblog.blogspot.de/2009/09/teaching-computers-to-read-google.html, abgerufen am 16.02.2014.

Weight Watchers (2014): Geschichte & Philosophie, http://www.weightwatchers.de/about/his/history.aspx, abgerufen am 12.02.2014.

Zichermann, Gabe, Peterson, Laurie (2011): Q&A: Gabe Zichermann on gamification, fun and metrics, für Econsultancy, http://econsultancy.com/blog/7283-q-a-with-gabe-zichermann-on-gamification-fun-and-metrics, abgerufen am 10.02.2014.

Marketing a Social Game with a Limited Budget – A Case Study

Olaf Horstmann, Stephan Wilczek, Tamara Ebner

1 Introduction

«Tens of Thousands of applications, millions of users actively using applications every day and an ever growing number of financially well backed companies developing and publishing applications for Facebook.»

That's how one could describe the current situation of the ecosystem of Facebook applications.[1]

Currently there are only free applications on Facebook – paid applications will be made available in the future through the Facebook App Center[2]. This means that the only source of revenue for developers and publishers is through advertising and in-application purchases. For this, a large number of active users is required. The leaders in the field of companies that feature the most users for Facebook applications and social games are, according to appdata.com,[3] King, Zynga, Microsoft, Wooga and Social Point. The number of Monthly Active Users (MAU)[4] of these companies ranges from around 43m (Social Point) to 150m (King)[5]. Although more and more companies are trying to break into the market of social games, the above-mentioned companies dominate the market at the moment.

All these companies have at least 170 employees and, except for Wooga and Social Point, are all listed companies, which is an indication of being financially well backed. Therefore they are able to spend millions of Euros or Dollars on marketing. Zynga, for example, invested $104.403 in 2013 on marketing their social games.[6]

---

1 Although there are no official numbers available on the number of Facebook applications, AppData lists more than 75,000 applications in its directory not all of which are social games, AppData, 2013a.
2 Facebook, Inc., 2012a
3 AppData, 2013a
4 Monthly Active User – A user who has used the application within the last 28 days.
5 AppData, 2013b
6 Zynga, Inc., 2014

Zynga's well-known application 'Farm Ville', which is one of the bigger titles on Facebook, was created by ten Zynga employees.[7] This represents the usual size of developer teams of social games, which ranges from six to ten people. With teams of this size there is often not a big difference between applications developed by large companies and applications developed by individuals. This brings up the question of how it is possible for some applications to shine and how this is achieved by the big players.

The objective of this case study was to evaluate to what degree it is possible to acquire users for a Facebook application without having an advertising budget like financially strongly backed companies. This was achieved by firstly creating a Facebook application containing some of the social features that are typical among Facebook applications and social games and secondly utilizing instruments and methods that do not require a large budget. The following research questions were used to guide the process:

- What methods and instruments of marketing that require no or a low budget are suitable to promote a Facebook game?
- How can those methods and instruments be evaluated and categorized?
- To what degree is it possible to acquire users without an advertising budget?

The first question deals with finding methods to conduct the case study. The aim was to carry out research to come up with ways to promote the Facebook application and subsequently to apply them to the research subject. The second question covers the evaluation of the results as well as finding a possible categorization for the methods used in this case study. The third question is about evaluating the results and comparing them to numbers from other advertising campaigns as well as other applications on Facebook.

2 Object of Study: The Social Game ZeroPilot

To serve as the subject of this case study, a flash game called ZeroPilot was created. ZeroPilot is a side-scrolling game where the player has to navigate a spaceship through space. The goal of the game is to evade incoming asteroids for as long as possible in order to score better than friends on Facebook. Figure 1 shows screenshots of the application.

---

7   Wyman, 2010, 102

Marketing a Social Game with a Limited Budget

Figure 1: Screenshots ZeroPilot

In the following, the technical foundation of ZeroPilot as well as different socially engaging features are presented.

2.1 Technical Foundation

When creating an application for Facebook there are four different ways for an application to be integrated or connected with the Facebook-platform: a canvas application, a web-application with Facebook-Login, a native or mobile application with Facebook-Login and a Facebook Page Tab application.

Because canvas applications have the deepest integration on the Facebook-platform, ZeroPilot is designed to have this type of application. A canvas application[8] is visually embedded into Facebook inside an HTML-iframe element but runs within its own environment, residing on its own server. At no point during the use of the application does the user visually leave Facebook. A canvas application needs to be 'installed' by the user, meaning that the user has to explicitly grant or withhold permission for the application to access certain information about the user, for example the user's interests or his or her email address or any other personal data requested by the application. This application type is able to publish activities undertaken by the user within the application on Facebook if the user gives permission to do so.

The basic flow of events in a canvas application is the following: the Facebook platform initiates the process by having the user's browser send a *signed request* that was generated by a Facebook server to the application server. The *signed request* is a BASE64-encoded string which contains the user's basic data together with an *access-token* that is needed to access some of Facebook's social features and data APIs. To prevent people from forging a *signed request* with false data,

---

8   Facebook, Inc., 2012b

the request contains a signature generated with the HMAC-SHA256 algorithm and the application's secret key which is only known to Facebook and the application owner. The application server can then verify the validity of the request by generating its own signature and matching it to the one received within the request. For further exchanges of information between the application and the user during that session, the application could, for example, either issue a session cookie to that user or utilize the Facebook-issued access-token as a form of authentication for requests.

Besides the canvas application there is also a mobile version of ZeroPilot available for Android- und iOS-devices. The mobile version of the application has no visible connections to the Facebook platform. However, it is possible for a user to log in from within the application using his or her Facebook credentials, and then be able to use most of the application's social features that are available in the canvas application.

2.2 Social Features

One prominent way of acquiring new users without spending money on advertising is through viral marketing in which existing users inform their friends about the application. Viral marketing can only be planned or steered to a certain degree and mostly relies on the reactions of the crowd. Facebook provides tools and ways for developers to integrate social features[9] into applications. In the following, the most commonly used social features are presented.

2.2.1 Like-Button

The Like-button is a button that a user can click to indicate that he or she likes something. Whenever a person clicks such a button, the user's Facebook friends will see a message (story) on Facebook stating that this person likes something, e.g. an application. This can make some of the user's friends curious about the recently liked object, leading them to view and possibly try out the application as well. Implementing the Like-button is not limited to applications inside Facebook and it can be used practically anywhere. Its implementation consists of two steps: having Facebook generate the implementation code and then pasting the generated code into the application.

---

9   Facebook, Inc., 2012c

2.2.2 Application Requests

There are two types of application requests: user-issued requests and application-issued requests. The first type, user-issued requests, is a form of notification sent to a user indicating that a friend using the application wants to interact with that user inside the application. A user-issued application request cannot be sent by the application itself but may only be sent by the user from within the context of the Facebook-platform. Typically the user is prompted by an HTML modal window, initiated by the application, which is displayed on top of the application and cannot be accessed by the application. A typical example for an application-request could be: *User A* needs more game resources to achieve a certain goal, therefore *User A* sends a request to *User B* asking for resources. *User B* sees the request the next time he or she logs onto Facebook or immediately if he or she is currently logged in. By accepting or clicking on the request, *User B* will be redirected to the application, thus automatically being engaged within the application. Since users might become irritated by receiving too many notifications, it is important to keep the number of notifications to a reasonable level. It is possible for a user to block application requests if he or she does not have the application currently installed; this however would be counterproductive since this is one of easiest ways of notifying new users about the application.

The second type of application requests are so called notifications[10] sent by the application's server. A typical example for this could be the result of a time based event: on completion of an event, the application sends out a notification to the user informing him or her about the completion of the event and reminding the user to continue engaging in the application. Those requests can only be sent to users who have the application currently installed and cannot be blocked by the user. For this reason, it is not possible to acquire new users with the help of application issued notifications but rather they can be utilized to keep users engaged within the application.

2.2.3 Publishing Stories

A 'Story' or 'Published Story' (PUS) refers to any kind of information, text, image, video or event that is published on a user's timeline on Facebook. It does not matter for a PUS who the creator is, however there are certain restrictions involved on who can publish a story and where. There are two ways of publishing stories on the user's timeline. The first method is to ask the user every time he or she achieved something within the application if he or she would like to share this

---

10   Facebook, Inc., 2012d

achievement with friends by posting it on their timeline. The user is then prompted by an HTML modal window containing a message and image – which is predefined by the application – to post on his or her timeline. With this method the application can only prompt the user to post an achievement – the actual posting can only be completed by the user.

The second approach is to ask the user for permission to publish a story on his or her behalf. With this, the application is able to post anything on the user's timeline until the user revokes this permission. Since granting this permission requires a high level of trust in the application, it is obvious that most users would not do this. Furthermore it is crucial to use the permission in a responsible manner – not to post too many achievements and not to post anything that might upset people, since even a low number of spams on behalf of the application could result in Facebook removing the application from the platform.

2.2.4 Publishing Activities and Achievements

The types of information published by the social feature 'Published Action' (PUA) are usually based on activities conducted by the user within the application. They can range from «I'm currently playing this game» to «I just unlocked a new level». The main difference between *publishing* and *posting* activities is that published activities will not appear in the user's timeline but only in his or her activity log, which has a lot less visibility than a user's timeline. Activities can only be published by the application server and not by the user himself. Any activity or object for the application has to be approved by a member of the Facebook team before it can be posted. In order to be able to publish activities, the user has to grant permission to the application to do so. This can be done while installing the application or at any other point in time after the installation. The user is always able to specify who will be able to see his or her activities for an application. It is possible for the user to choose the option that no one else can see his or her activities published by the application.

2.2.5 Score API

The score API is a special type of publishing activity and is only available to applications categorized as a 'game'. For an application to publish a high score, the same permission is required as for publishing activities. The difference to customised, published activities is that score entries not only appear in the activity log but also in the timeline of a user. Another feature of the score API is that Facebook automatically evaluates all score activities for an application and publishes posts on aggregated score events that are potentially relevant to a group of users as well as their friends, for example: «*User A* passed *User B's* and *User C's* score and is now leading the scoreboard».

2.2.6 Social Features used within ZeroPilot

Because every social feature requires the user's permission and any permission that is prompted to the user may cause the user to cancel the installation, the only permission requested by the application is to publish the user's highest score and other activities. Whenever a user scores a new high score, it is sent to Facebook and eventually published by Facebook's score API.

While using the application, the application will ask the user to post a message on his or her timeline whenever an achievement was earned, for example winning the weekly tournament. The application also features the function to send out requests to friends. One way of sending a request to a friend is by sending out a gift. This gift will add 50 coins of the application's ingame currency to the receiver's account and notify that user with an application request. The other way to send a request to a friend is by challenging someone: users can challenge other users in the game. To let one user know that he was challenged, a request is sent out to that user.

3   *Methodology and Instruments*

This chapter covers the list of methods and instruments used to promote the application and acquire new users. Chapter 3.1 describes the aim of conducting marketing methods that require a budget in order to receive comparative values and confirm the industry's average values that were collected from external sources. As the focus of this case study lies on marketing methods without a budget, only the two most prominent ways of doing paid advertising, Facebook Ads and Google AdWords, will be evaluated.

The following sections then describe all the methods and instruments that were used to conduct the case study.

3.1 Advertising Campaigns

3.1.1 Facebook Ad Campaign

In order to be able to evaluate the results from this case study, some comparative values were collected by conducting a traditional advertising campaign on Facebook on a small scale. These values were then compared to freely available numbers from advertising agencies and companies doing business within the field of Facebook applications. The campaign had a budget of €20 and was online for three days. The campaign type is based on a Cost Per Click (CPC[11]) rate, meaning that the cost of the campaign was only related to the amount of clicks on an ad in the campaign, regardless of the amount of impressions. The target group of the campaign included any person under the age of 50, living in the United States of America. Another sub-campaign included a similar target group but required the users to be interested in games, online games or social games.

3.1.2 Google AdWords Campaign

Besides a Facebook advertising campaign, another campaign was conducted using Google's advertising network AdWords[12]. Two ads were created to serve as displays for the campaign. Both ads were animated flash-clips with the dimensions 250x250px and 120x600px. The following keywords were used for the campaign: game, arcade, space, skill, shooter, space ship, space game, space shooter. The target group of the campaign included any person between 12 and 55, living in the United States of America and using a computer with English as the default language. The campaign's previous demographic settings were set to «Age 12 – 55», however as only a few impressions were logged using these settings, it can be assumed that this is because Google does not have sufficient demographic data on the majority of their advertisement recipients. As target sites for the campaign, both the application's fanpage and the applications App Center page were used. A €40 budget was used for a campaign to target the application's fanpage[13] on Facebook; the campaign was later changed to target the application directly (see chapter 4.1.2).

---

11 Cost per Click – The average cost for one click on an advertisement, usually measured throughout an entire campaign.
12 Google, Inc., 2012a
13 ZeroPilot, 2012

3.2 Buying Fanpage Likes

Another approach to market the application is to 'buy fans' for the application's fanpage. There are a lot of offers on Ebay[14] as well as on other sites claiming to be able to increase the amount of Likes on a fanpage by 500 to up to 10.000 with prices ranging from €10.00 to €200.00. This is quite low compared to the marketing budgets of big companies. Tests conducted by allfacebook.com[15] have shown that these Likes are most often made by fake profiles. This means that these 'fans' are not only not going to engage with the fanpage or the product, but also implies that this method of acquiring fans is probably on the verge of being forbidden or infringing Facebook's terms of use. This approach can be considered if a page owner wants to raise the number of fans, but if someone is looking for real people engaging in a site or an application, this is clearly not the right way to do so. This approach was not utilized within this case study as it is a form of marketing on Facebook but obviously misses the target of this case study's goal. After the case study was finished, the suspicion that Facebook would take action against false 'Likes' was confirmed by a note that was released by Facebook stating that Facebook was going to increase its efforts to remove false 'Likes' from pages[16].

3.3 Utilizing a Weblog

Weblogs, or blogs, are a popular and easy way to not only share content but also to get readers and therefore page impressions and receive feedback. According to wordpress.com, one of the biggest free hosting providers for blogs, there are around 800 million page impressions on blogs hosted by wordpress.com every week, which is about 3 billion page impressions every month[17]. Another free hosting provider for blogs, tumblr.com, claims numbers of almost 17 billion blog impressions per month[18]. Google's blogging service blogger.com (formerly known as blogspot.com) has no official numbers available, however, according to the web traffic reporting company alexa.com, blogger.com is ranked #49[19] among all websites based on the website's traffic, and tumblr.com is ranked #27[20]. According to these statistics, blogs are a widely accepted type of website among

---

14 Ebay, 2012
15 Thor, 2011
16 Facebook Security, 2012
17 Automattic, 2012
18 Tumblr, 2012
19 Alexa Internet, Inc., 2014a
20 Alexa Internet, Inc., 2014b

internet users. The idea behind creating a blog is to try to drive traffic from the blog towards the Facebook application. Therefore this approach can be considered a more indirect way of promoting the application, as the application is likely to receive only a small part of the blog's traffic.

To create the blog for this case study, the domain http://indiegamr.com was registered. The blog uses Wordpress as its content management system. Wordpress was chosen because it is a highly reliable software. Additionally, it has a wide range of themes and plugins available to download freely from the Wordpress community. Wordpress automatically sets up and manages all important SEO features.

Generating and Redirecting Traffic on the Blog
As an instrument for redirecting traffic towards the Facebook application, a subpage containing information, a gameplay video and screenshots of the application ZeroPilot were created[21]. The subpage was accessible from the main navigation menu. Additionally, another link was implemented on the sidebar of the blog referring to the application's App Center page on Facebook[22].

As the main content of the blog, 12 articles were published over the course of two months. The subjects of the posts covered mainly technical topics like JavaScript, HTML5, data serialization, JSON and databases, but also posts on economic topics in the field of gaming.

To generate initial traffic for the blog, each article was published on hackernews[23] – a news portal to which anyone can send in news and articles. There are no exact numbers of page impressions available for hackernews, but the website is currently globally ranked #3498 based on its traffic[24]. According to statistics, about 115 articles are submitted and about 4000 comments made on these articles every day[25].

Additionally, the blog's posts were submitted to the social news directory reddit[26]. Reddit is currently ranked the world's #72[27] website based on its traffic and has about 40 million monthly unique visitors generating about 3.2 billion page views every month[28]. However, because the number of submissions on reddit is generally much higher compared to hackernews, the chances of achieving good

---

21 Horstmann, 2012a
22 Facebook, Inc., 2012e
23 Y Combinator, 2012
24 Alexa Internet, Inc., 2014c
25 labs.im, 2012
26 reddit, Inc., 2005
27 Alexa Internet, Inc., 2014d
28 reddit, Inc., 2012

visibility for posts on reddit compared to the visibility of posts on hackernews are poorer.

3.4 Mobile Versions of the Game

The idea behind utilizing mobile versions of the game is to get users to sign up for the Facebook application while playing a mobile version of the application. This is based on the fact that both the iTunes App Store as well as the Google Play Portal are channels to promote the application, as there are categories where the application is listed and can be found by users of the platform. Facebook stands in contrast to both mobile platforms: With the Facebook App Center[29] such a categorized listing of applications has been introduced into the social network[30], however, it includes some limitations, especially for smaller applications. For this case study both an Android version and an iOS version were created and submitted to the Google Play Store and the iTunes App Store.

The mobile version is basically identical to the Facebook application. The codebase of the original Facebook application was used and modified to fit the needs of a mobile display. Then it was exported to iOS and Android using the Adobe FlashBuilder Packager for iOS and Android[31]. One difference is that the mobile application can be used without a Facebook account. If a user wants to save his or her progress within the application or compete against friends, that person has to log in using his or her Facebook credentials. The standard mobile version is virtually a light version of the Facebook application where all features can be unlocked for free by signing in with a Facebook account.

3.5 Posting the Application to Forums and Portals

As the internet is a place for sharing information, this approach is about posting a description and/or screenshots combined with a link to the application on forums and community discussion boards. The intention is to get users reading those posts interested in the application and encourage them to install the application. This is one of the most direct forms of marketing that can be done – just telling people about the application.

---

29 Facebook, Inc., 2012f
30 Brady, 2012
31 Stallons, 2011

3.6 Promotion through YouTube

As YouTube is another free channel for providing promotional material in the form of a video for any kind of item, service or application, YouTube was used to upload different gameplay videos[32] of the application. Additionally, a link targeting the Facebook application was provided within the video's description. To optimize the chances for the video to be listed in search results or to be suggested to users as a similar video, the videos were tagged with the following keywords: *ZeroPilot, gameplay, Facebook, game, gaming, space, space game, arcade, video game* and *space shooter*. Although it is possible to promote videos on YouTube, this approach was not considered as an instrument for this case study because it would require an additional budget.

4   Results and Evaluation

This chapter covers the evaluation of the results of each method tested within the case study.

The evaluation of all methods tested was based on the amount of work required for each method divided by the amount of users acquired through this method to receive a hypothetical CPI[33], which was compared to the CPI of the Facebook Campaign. The value of one hour of work for this case study was set at €25.00. The general period for recording data lasted for two months.[34] Most methods were not tracked throughout the entire time period, either because they did not last that long, for example, the Facebook Campaign, or because they were conducted at a point in time after the launch of the application, somewhere within the period[35].

4.1 Evaluation of Advertising Campaigns

To be able to compare the results of this case study to methods used by companies with a big marketing budget, the results of the paid Facebook Campaign as well as the Google AdWords Campaign are evaluated first.

---

32   Horstmann, 2012b
33   Cost per Install – Indicates the amount of money that has to be put up for one user to 'install' an application. Installing an application in the context of Facebook is a synonym for adding an application to one's account and starting to use it.
34   The recording of the data took place from the launch of the application (May 31, 2012) until July 31, 2012.
35   The mobile versions of the application are an exception because they were recorded outside this period, the iOS version only being approved for the first time on July 31, 2012.

4.1.1 Facebook Ad Campaign

The data presented in Table 1 were provided by Facebook at the end of the campaign.

Table 1: Facebook Campaign Results

Target	Impressions	Clicks	Installs	CTR	Cost	CPM	CPC	CPI
Application	97,387	69	38 (55.07%)	0.07%	€21.15	€0.22	€0.31	€0.56

The ads were viewed a total of 97,387 times which leads to a combined number of 69 clicks resulting in a Click Through Rate (CTR[36]) of 0.07%. The CTR indicator is important when the price of a campaign is based on the number of ad impressions, measured in Cost per Thousand Impressions (CPM[37]). For this campaign the cost was calculated based on the number of clicks on a dynamic cost per click (CPC) basis with an average CPC of €0.31. The decision to have a campaign priced by CPC is a risk-free way to advertise as a maximum amount of money to pay for one click can be set. For a campaign that is priced by CPM it is important to maximize its CTR and minimize its CPM. This way a lot of money can be saved by optimizing the CTR indicator of a campaign. This can be achieved by alternating a wide range of variables, for example, by changing the image of an ad or the text that is displayed to recipients or by adjusting the target group.

By far the most important value when advertising an application is the cost per install (CPI). This indicates the amount of money that was paid for one user to install or start using the application. This campaign resulted in an average CPI of €0.56 which is a good value compared to the numbers of big players on the market: depending on the type of application, the average CPI can range from €0.40 to €1.80[38]. Other benchmarks give numbers ranging from €0.50 up to €4.00[39]. When extrapolating these numbers by multiplying them with the amount of users needed to successfully launch an application starting at 200,000[40], it becomes obvious that the marketing costs for a Facebook app can very fast skyrocket into the millions; this is not uncommon when launching a Facebook application on today's market.

---

36 Click Through Rate (CTR) – The ratio between the amount of recipients seeing a clickable object and the amount of recipients clicking on it.
37 Cost per Thousand Impressions – The average cost for thousand impressions on an advertisement, usually measured throughout an entire campaign.
38 adParlor, 2010
39 Lovell, 2011
40 The development costs of a Facebook application range from $100,000 to $300,000, O'Neill, 2010

4.1.2 Google AdWords Campaign

The results of the Google AdWords campaign are outlined in Table 2.

Table 2: Google AdWords Campaign Results

Target	Impr.	Clicks	Inst. (est.)[41]	CTR	Cost	CPM	CPC	CPI (est.)[42]
Fanpage	185,611	Google: 77 FB: 30	3.14[43] (54.01%)	0.04%	€37.70	€0.20	€0.49	€11.90
App.	6,722	Google: 11 FB: 9	4.8 (52.85%)	0.16%	€1.67	€0.24	€0.15	€0.35
Total	192,333	Google: 88 FB: 39	7.94	0.04%	€39.37	€0.20	€0.45	€4.96

Since there is no method to track users through Google's ad network to Facebook applications, the most important indicators – installations and CPI – had to be estimated. The estimates are based on the installation rate during the period of the campaign and the referrals from the Facebook fanpage. The installation rate of 54.01% indicates that out of all the people that were prompted to install the application, 54.01% actually did install the application. The number of 77 clicks registered by Google and the number of 30 referrals from Google ads registered by Facebook differ greatly (see Table 2). Since the following numbers were all provided by Facebook, the number of 30 impressions, registered by Facebook, was used to calculate the estimated number of installations.

According to the data provided by Facebook, the ZeroPilot fanpage received 93 impressions during the period of the campaign. The number of referrals from the Facebook fanpage to the application in this period was 18.

Based on the assumption that the ratio between the Google ad referrals and the impressions on the Facebook fanpage is equal to the ratio between referrals from the Facebook fanpage to the application and the installation requests, the following formula was applied:

$$\frac{\text{Google Ad referrals}}{\text{Fanpage Impressions}} \times \text{Fanpage to Application referrals} = \text{Installation requests}$$

Inserting the information from above results in an estimated number of 5.8 Installation requests generated by Google ads:

---

41 based on the the installation rate during period of the campaign
42 based on the estimated number of installs
43 based on the numbers provided by Facebook

$$\frac{30}{93} \times 18 = 5.8$$

Multiplying the installation requests (5.8) with the installation rate (54.01%) gives a number of 3.14 installations generated through 185,611 impressions on an advertisement that targeted the application's fanpage, resulting in an extremely high CPI of €11.90.

Shortly before the end of the campaign, the target of the banners and some keywords were changed to target the application directly instead of the fanpage. During this period the installation rate was 52.85%, similar to the previous rate, resulting in an estimated number of 4.8 installs and an above average CPI of €0.35. It is obvious that the target of the displayed ad is important and can be crucial for reducing marketing budgets.

Another finding concerning the different recorded numbers by Google and Facebook indicates that either a certain number of recipients clicked on the application that probably did not have a Facebook account or that some of the clicks were generated by bots or by recipients that did not proceed to load the targeted page.

These numbers lead to the second question addressed in this case study: To what extent is it possible to accomplish such a massive marketing force without this kind of budget.

4.2 Evaluation of Utilizing a Weblog

Acquiring users through utilizing a blog is divided into two steps: the first step is to drive traffic/users to the blog. This was done by posting the blog articles on news community sites. In the second step an attempt was made to redirect those readers to the application. A summary of the overall results of the blog is given in the following (see Table 3).

Table 3: Blog Referral Results

Target	Impressions	Clicks	Installs (est.)[44]	CTR	Cost	CPM	CPC	CPI (est.)[45]
App.	-	35	17.8	0.12%	-	-	-	€ 1.40
Fanpage	-	213	68.9[46]	0.72%	-	-	-	€ 0.36
Total	29,422	248	86.7 (51.09%)	0.84%	-	-	-	€ 0.29

All referred users from the blog were redirected to the application or the application's fanpage through a text-link. The difference in CTR (see Table 3) is due to the different placement of each link within the blog. When comparing these numbers to those of other marketing methods, the first thing that stands out is that the CTR is about 6 times as high as the one from the Google AdWords Campaign (see chapter 4.1.2) and 14 times as high as the Facebook Ads Campaign (see chapter 4.1.1). This means that the blog was one of the most effective methods to attract users in this case study. But this also means that the quality of the traffic referred from the blog was much higher because the medium for referring the user was not an advertisement banner but a descriptive sub-page[47] presenting the application as a project. The other reason for the high quality is due to the fact that the articles in the blog covered topics in the field of gaming and applications and it is therefore likely that the application was included in the field of interest of many recipients of the blog.

Analysis of the Blog's Traffic
Because the blog indiegamr.com that was used to drive traffic to the application did not exist prior to this case study and was originally created for the sole purpose of driving traffic towards the Facebook application, this chapter will explain how the blog was created based on the blog's statistics.

During the period of recording data a total number of 12 blog entries were published on the blog and a total number of 24,698 Unique Visitors was tracked by Google Analytics. 31% (7,591) of the users accessed the blog directly, 2% (541) via search engines and 67% (16,561) via referrals.

Looking at the number of users that entered the site on a direct path (for example by typing the URL into the browser) it becomes obvious that those numbers do not seem realistic given the fact that the website only existed for a mere two

---

44 based on the application's average installation rate
45 based on one hour of work for creating the referring subpage
46 based on the total number of leads from the fanpage to the application (A) multiplied by the percentage of fanpage impressions generated by the blog (B) since the creation of the blog: (A)235 * (B) (213/371 = 57.41%) = 134.92
47 Horstmann, 2012a

months. It is assumed that the majority of direct visitors were referred visitors as well. Since Google Analytics is not able to track referrals through software like feed-readers it is likely that this is the case here.

The intention behind generating traffic for the blog was to publish written articles on news portals and other community sites. Table 4 shows the cumulative statistics on how many visitors were referred from the most relevant sources.

Table 4: Cumulative Referral Statistics for indiegamr.com

Referrals			
Source	Visits	Pages/Visit	Avrg. Duration per Visit
news.ycombinator.com (hackernews)	11,714	1.15	0:00:32
Twitter	1,733	1.41	0:01:19
RSS-/News-Feeds	1,353	1.13	0:00:39
Portals	1,308	1.30	0:00:51
Other	322	1.31	0:01:12
Facebook	131	1.25	0:01:49
Total	16,561	1.19	0:00:40
Search			
Keyword	Visits	Pages/Visit	Avrg. Duration per Visit
(not provided)	328	1.68	00:02:30
Msgpack	20	1.10	00:02:07
Msgpack vs. json	12	1.17	00:00:21
easeljs intersect	6	1.17	00:00:05
Easeljs	5	1.20	00:00:22
Other	170	1.74	00:01:53
Total	541	1.66	00:02:11

The numbers in Table 4 verify that publishing the blog articles on hackernews[48] and other portals brought a substantial number of visitors to the blog. Since there is no fee required for posting articles on such portals, this is a good method for marketing without any budget. Other findings showed that the success of an article posted on news portals depends on various factors. Some of those factors include

---

48   Y Combinator, 2012

the topic of the article, the article's headline and the time of day that the posting was made. However, no detailed analysis was conducted on this matter as it was not an immediate part of the case study. When looking at the social features, re-tweeting an article or sharing it on Facebook, it is noticeable that even though these figures represent just a fraction of the number of users referred by postings on hackernews, those features did help to increase the reach of the blog with no additional amount of work required except for setting up the social features once during the installation of the blog.

The search metrics regarding the keywords are unfortunately not very revealing, since the majority of users were browsing with the https-protocol which encrypts data like the keywords and therefore makes it unreadable by services like Google Analytics. A reversed analysis showed that the articles targeted by the keywords «msgpack» and «easeljs» (see Table 4) were also the articles with the highest number of search referrals. It can be assumed that most of the «not provided" keywords are combinations of either «msgpack» or «easeljs» with additional keywords. Altogether, having 541 search-referred visits on a website that did not exist for more than two months is a good result – especially because no money was invested in marketing the website and no special SEO (search engine optimization) measures were undertaken.

81.83% of the users used a device with the English language as default, which is attributed to the fact that the application used for this case study was only available in English. Furthermore, it can be assumed that almost every visitor did speak English at least as a second language since the majority of websites referring to articles are written in English and all their articles are written in English as well.

CPI Value

Evaluating the blog's CPI based on the amount of work that was put into creating the blog would likely result in the highest of all CPI's. Since a blog can be used for multiple purposes, the value of the amount of work was only calculated for the creation of the blog's subpage presenting the Facebook application together with the placement of all links to the application, which required an effort of about one hour. The resulting CPI, based on an estimated 86.7 referred users, is €0.29 which gives the blog one of the best CPI's compared to all other methods conducted in this case study. The number of users that can be referred depends on the number of visitors to the blog therefore limiting the potential of this method.

4.3 Evaluation of Social Features

In this section the results of the Social Features are presented and evaluated. First, Published Stories and Published Actions are evaluated followed by Application

Requests. The data used for the evaluation of the built-in Social Features was from the entire recording period.

4.3.1 Evaluation of Published Stories

All the stories published through the application were user initiated and contained either information about the user scoring a new high score or about the user winning a weekly tournament. The stories were then viewed and eventually clicked on by friends of the publishing user.

Table 5: Published Stories Results

Stories	Impressions	Clicks	Impressions NAU[49]	Clicks NAU	CTR NAU	Installs (est.)
119	11,592	65	10,588	26	0.24%	13.3 (51.09%)[50]
During the first two weeks:						
56	7,228	49	6,776	22	0.31%	10.6 (47.98%)[51]

About 79.6% of the users acquired through Published Stories (PUS) were acquired within the first two weeks after the launch of the application. For once this is due to the fact that the overall activity of users declined constantly. With 47% of all the stories published within the first two weeks bringing in 79.6% of the users acquired through stories, this means that only 20.4% of new users were acquired through the other 53% of the stories. This can be explained by assuming that the group of Non Application Users (NAU[52]) that viewed the stories during the first two weeks was basically the same group of NAU that viewed the stories after those initial two weeks and the users of this group that were interested in the application had already installed the application within the first two weeks.

The overall CTR of NAU on all stories published is a good value compared to the CTR of the Facebook campaign of 0.07% (see chapter 3.1.1). It can be assumed that with a higher number of users publishing stories, this social feature is worth implementing as it is a free method of acquiring users that is more successful than an advertisement campaign based on the CTR.

---

49 Non Application Users (NAU) - users who did not use the application at the time of viewing the story.
50 based on the application's average installation rate during the general period of recording data
51 based on the application's average installation rate during the first two weeks
52 Non Application User – A user who has not currently installed the application.

CPI Value

The implementation of functions to enable users to publish stories took about eight hours, resulting in a CPI of €15.04. Although this may seem like a high CPI, it is also highly dependent on the total number of application users. With every additional user a certain number of stories will be published, thus potentially leading more users to install the application, thereby lowering the overall CPI of this method.

4.3.2 Evaluation of Published Actions

Another social feature that was implemented in the application was the automatic publication of high scores and an indication in the activity log that a user actually did use the application.

Table 6: Published Actions Results

Actions	Impressions	Clicks
1,148	26,312	156
During the first two weeks:		
522	12,600	72

In contrast to the statistics recorded for PUS, the statistics provided by Facebook regarding Published Actions (PUA) are not separated into AU and NAU. Therefore it is not possible to evaluate the results and to draw any conclusions on the effectiveness of PUA for acquiring new users. However there is one assumption that can be made: that the percentage of NAU clicks on PUS, overall 40% and during the first two weeks 44%, was equal to the AU/NAU click distribution of PUA. This would result in the estimated statistics in Table 7.

Table 7: Published Actions Results, Estimated NAU Values

Actions	Impr.	Clicks	Impr. NAU	Clicks NAU (est.)	CTR NAU (est.)	Installs (est.)
1,148	26,312	156	24,033 (91.3%)[53]	62.4 (40%)[54]	0.26%	31.8 (51.09%)[55]
During the first two weeks:						
522	12,600	72	11,812 (93.7%)[533]	31.7 (44%)[544]	0.27%	15.2 (47.98%)[555]

According to Table 6 and Table 7 about 45.5% of all actions were published within the first two weeks – a value that is similar to the over-time distribution of PUS. About 47.8% of all impressions on actions were made in the first two weeks, compared to impressions on stories for which about 62.4% of all the impressions were made within the first two weeks. The numbers of PUA are therefore more equally distributed over time even if there are fewer Daily Active Users (DAU[56]). This is due to the fact that, unlike stories, actions are published by the application and not by the user. This way an action can even be published if the user is currently not using the application. This can happen, for example, when one user beats the high score of another user. In this case it is likely that Facebook will publish an action for both users. To sum up the findings of this estimated analysis, even though the number of impressions per object, about 100 impressions per story and about 23 impressions per action, is about four times higher for stories than for actions, the PUA generated a higher total number of clicks. This is because they are easier to create since this is controlled by the application and/or Facebook.

CPI Value

The amount of time spent on integrating this feature was about eight hours resulting in a CPI of €6.29. Just like the CPI of PUS, this method's CPI will also drop as more users use the application.

4.3.3 Evaluation of Application Requests

As application requests can be sent to AUs as well as to NAUs, this is another feature that can be utilized to acquire new users for the application. The following statistics show how many requests were sent out by users to friends.

---

53 Percentage of NAU's impressions on Published Stories
54 Percentage of NAU's clicks on Published Stories
55 Based on the application's average installation rate
56 Daily Active User – A user who has used the application within the last 24 hours.

Table 8: Application Requests Results

Requests	Clicks
410	150
During the first two weeks:	
249	60

For the feature of application requests the only data provided by Facebook are the number of requests and the number of clicks that are made on a request. There is no data available on who made a click. Since there are multiple ways to send out a request from the application, it is not possible to make a reliable estimated assumption on the number of users acquired through a request based on the data provided by Facebook. However the server hosting the application did track user actions through the application's backend and also registered the data whenever a request was sent to an NAU.

Table 9: Application Requests to NAU

Organic Requests to NAU	Number of Users	Signups	CTR
59	6	4	6.8%

Based on the numbers shown in Table 9, the CTR of application requests is, at 6.8%, one of the best conversion rates measured in this case study. This is due to the fact that applications requests tend to act like a 'digital word of mouth' as they are targeted directly by one person to another person. Having a friend as the source of a request makes one single request more trustworthy.

According to insidefacebook.com[57], previous abusive behavior by applications, more or less forcing their users to send out application requests to their friends, caused Facebook to put a limit on the number of requests that can be sent out. They also made changes so that not all requests are displayed as notifications. Further, any user is able to block any request or notification by a certain application. As the recorded data shows, sending out requests is still an effective method of acquiring new users.

The «Number of Users» in Table 9 shows the number of users who sent out one or more requests to an NAU. Given the fact that there were 240 users who installed the application, it is obvious that there is a lot of potential in optimizing the application so that more than 2.5% of the users send out invitations to their friends, since this is the most powerful social feature compared to PUS and PUA.

---

57 Constine, 2011

CPI Value

Implementing the application request feature took about 16 hours of work and is therefore valued at €400 resulting in the rather high CPI of €100. As mentioned above, the CPI could probably become lower as the functions to send out requests are prominently placed inside the application.

4.4 Evaluation of Mobile Versions of the Game

The Android version of the application[58] was launched on the Google Play Store on July 10; the iOS version of the application[59] was launched later, on July 31, due to Apple's review process for apps. There was no special marketing to promote the mobile applications in order to make it possible to see which platform would perform better and contribute more to the growth of application users without advertising the mobile application directly.

Table 10: Mobile Application Results

Version	Downloads	Days Published	Facebook Installs	CTR
iOS	267	20 days	1	0.37%
Android	9	40 days	1	11.1%

The data in Table 10 was collected until August 20, giving the Android version a period of 40 days and the iOS version a period of 20 days of being available. It is obvious that the iOS version was already performing way better than the Android version in a shorter period of time. The iOS version was even more often downloaded than the Facebook application was installed, considering that no marketing was done for any of the mobile applications. Unfortunately the numbers are too low to be representative and it is not possible to make reliable assumptions regarding the use of a mobile app as a marketing channel. But it is probably easier to acquire users for an application published on the iOS platform than on the Android platform. And it might be even easier to acquire users for an iOS application than for a Facebook application.

CPI Value

Creating the mobile versions based on the Facebook application took about 24 hours of work resulting in a total cost of €600. This means that the 2 acquired users resulted in the highest of all the CPI's evaluated in this case study: €300.

---

58 Google, Inc., 2012b
59 Apple, Inc., 2012a

4.5 Evaluation of Posting to Open Platforms and Communities

As the goal of this method was to market the application by presenting it to communities and publishing it to open portals, the following numbers summarize the results of this effort (see Table 11). The most promising platform was Reddit, as introduced in chapter 3.3, as it is one of the most frequented portals. However the posting on Reddit[60] resulted in only 26 users installing the Facebook application. Another posting in Rigzsoft – a less frequented forum[61] for a software tool that was used to create the application – led 7 users to install the application. A third post in the forum of the popular browser game[62] OGame referred 3 users.

Table 11: Posting to Open Portals and Forums Results

Portal/Forum	Impressions	Members	Referrals	CTR	CTRM[63]
Reddit	N/A	34.969	26	N/A	0.07%
Rigzsoft	111	148	7	6.3%	4.7%
board.ogame.de	585	19.534	3	0.5%	0.02%

As table 11 shows that the CTR may vary a lot between portals from way above average to low values, this indicates that a method's success is a question of quantity. With three posts it was possible to acquire 36 new users which resulted in an average of 12 users per posting.

CPI Value
Assuming it takes about 15 minutes to create a new posting, this includes finding a new forum, creating an account and publishing the posting. This means one hour of work would be equal to acquiring 48 new users, resulting in a CPI of €0.52, which is about the average CPI of a Facebook campaign. This method was the only method conducted in this case study with an expected constant CPI.

4.6 Evaluation of Uploading Videos to YouTube

The results of the official gameplay video uploaded on YouTube are presented in the following Table.

---

60   Horstmann, 2012c
61   Horstmann, 2012d
62   Gameforge, 2012
63   CTR based on the amount of registered users

Table 12: YouTube Results

Impressions	Embedded Impressions	Clicks	CTR
36	173	1	2.7%

The video received 36 impressions on the platform, leading one user to click on the link to the application. One reason why there were only a few views on that video might be that the account the video was uploaded onto barely showed any signs of activity, therefore causing the video to be ranked low by YouTube. Despite this, the CTR of 2.7% shows that there is potential in using YouTube as a marketing channel.

To take the research further, one possible approach to extend this method could be to create, in addition to the gameplay video, an appealing advertising video. Due to lack of time, this was not done as it would have required a substantial amount of additional time to create such a video.

The embedded impressions resulted from the video being embedded on a subpage of the blog that was used for this case study.

CPI Value

It took about one hour to capture, edit and upload the video to YouTube, thus resulting in a CPI of €25.

4.7 Final Results and Comparison

Table 13 summarizes the calculated CPI's of all the methods tested in this case study.

Table 13: List of CPIs of all Conducted Methods

Method	CPI	CPI Trend[64]	Limitation of Reach
Facebook Campaign	€0.56	Constant	900M
AdWords Campaign	€4.96	Constant	2.45B (max. 900M)[65]
Blog	€0.29	Constant/ Shrinking	2.45B (max. 900M)[65]
Foreign Fanpages	€0.29	Constant/ Variable	< 900M

---

64 the trend of the CPI with growing numbers of AUs or with advancing time
65 number of internet users, non-Facebook users are not of value to the application, International Telecommunication Union, 2011

Published Stories	€15.04	Shrinking	based on DAU/MAU
Published Actions	€6.29	Shrinking	based on DAU/MAU
Application Requests	€100.00	Shrinking	based on DAU/MAU
Mobile Versions	€300.00	Shrinking	365M[66] + 390M[67]
Postings on Portals	€0.52	Constant	2.45B (max. 900M)[65]
YouTube	€25.00	Shrinking	2.45B (max. 900M)[65]

Looking at the CPI's and taking into account the limitation of reach, independent of the absolute number of acquired users, there are only two methods that could be considered similarly effective to a Facebook Campaign: Postings on Portals and Forums and Utilizing a Blog. Even though the calculated CPI's were €0.52 and €0.29 respectively, and therefore lower than that of a typical Facebook Campaign, the reach of these methods is limited to the number of portals and the number of users on the blog. The only other method with nearly unlimited reach is a Google AdWords Campaign which however has a bad CPI value and therefore does not present a possible alternative to a Facebook Campaign. Looking at the YouTube video, there is a potentially high reach, however it requires advertising itself to receive sufficient recipients to be considered a successful method.

5   Categorization of Marketing Methods

An important attribute of the methods conducted in this case study is their quality. For example, writing a blog requires a lot of work and high quality to succeed but also returns one of the best results, whereas posting links on portals just requires a high amount of posts to 'succeed'. Therefore the main categories for the categorization of the marketing methods will be *quality* and *quantity*. As a second criterion, the method's overall potential based on the CPI, the CPI trend, the method's limitation of reach and estimated visibility of the method and its CTR are taken into account. This leads to figure 2.

---

66   from iOS devices
67   from Android devices

Marketing a Social Game with a Limited Budget

Figure 2 – Quality-Potential Chart; source: Own figure, based on the case study reported here

The left half of the chart relies more on quality. Quantity plays only a minor role for the potential of the methods listed in this area. The methods in the right half of the chart rely mostly on quantity; their quality does not really affect their potential. This also means that the methods on the right half have to be conducted more often than the methods on the left to return the same results. The chart shows that as quantity rises, the potential first drops and then rises again as soon as the method relies completely on quantity.

Basically the chart shows that it is better to rely on a few high quality methods and to optimize them instead of using high quantity methods that require a minimum of effort but need to be conducted a sufficient number of times.

There are two ways of evaluating a method for its suitability. The first way is to check if a method is outside the 'Unsuitable Ratio Area' where the ratio between a method's quantity and its potential is too low to be considered suitable. The further away a method is situated from the border between the areas of a good and a bad ratio, the more suitable it is. The border of the Unsuitable Ratio Area is a guiding line, not a strict border. Even if a method is placed close to the border, it can be considered unsuitable if it is not located within the area of an unsuitable ratio and also the other way around.

The second approach for deciding about the suitability of a method is to divide up the chart into four squares with each square indicating the suitability of the methods in it. In this approach no method is rated unsuitable as only the region of its potential is taken into account and whether a method is more quality-based or more quantity-based in its execution.

6 Conclusion and Further Research

This case study has shown that it is almost, if not completely, impossible to compete with budget-based marketing. There are certain methods that could have the potential to refer a certain number of users, e.g. creating a blog, but this would either require an enormous amount of work or the use of software to execute this work. One chance of succeeding without a budget could be through an innovative, engaging application with a high level of viral marketing. Since Facebook provides its users with all kind of options to block unwanted applications, it is currently difficult to succeed with viral marketing on Facebook or to replicate budget-based marketing results though viral marketing.

Further need for research arises from the fact that Facebook generates most of its revenue through advertising: this raises the question of whether it is easier to promote an application on other platforms that do not rely on advertising as much as Facebook. This suggestion is based on the finding of this case study that the iOS version of the application was downloaded more often than the application on Facebook. In this context a comparison between the several platforms would be interesting, for example, to find out how many users can possibly be reached and their behavior regarding downloading and using applications or trying out new applications on each platform.

A more economical approach could be based on investigations and comparisons of the economic infrastructure of several platforms, for example, how their revenue is generated. This might allow conclusions to be drawn on how infrastructure affects developers and their applications as well as their efforts regarding marketing.

Possible platforms for the research could be, for example, Google Play Store, iTunes App Store, Facebook App Center, Amazon Appstore, Xbox LIVE, Steam Store, Opera App Store and Chrome Web Store.

Furthermore, there are several possibilities for research on the matter of Facebook marketing and on the matter of marketing without a budget. As this case study has shown that marketing a Facebook application without a budget is difficult for various reasons, one possible field of research could be based on how paid Facebook campaigns can be optimized; other studies have shown that the average CTR of a Facebook ad, at less than half of industry's standard, demonstrates a continuous downward trend[68]. This leads to ever-increasing amounts of money that have to be put up by companies advertising on Facebook.

References

adParlor (2010): *Purchasing Facebook Application Installs.* Retrieved August 31, 2012, from http://www.secondshares.com/wp-content/uploads/2010/06/Purchasing-Facebook-Application-Installs-Everything-you-need-to-know.pdf.

Alexa Internet, Inc. (2014a): *Blogger.com Site Info.* Retrieved January 14, 2014, from http://www.alexa.com/siteinfo/blogspot.com.

Alexa Internet, Inc. (2014b): *Tumblr.com Site Info.* Retrieved January 14, 2014, from http://www.alexa.com/siteinfo/tumblr.com.

Alexa Internet, Inc. (2014c): *Ycombinator.com Site Info.* Retrieved January 14, 2014, from http://www.alexa.com/siteinfo/ycombinator.com.

Alexa Internet, Inc. (2014d): *Reddit.com Site Info.* Retrieved January 14, 2014, from http://www.alexa.com/siteinfo/reddit.com.

AppData (2013a): *AppData - Application Analytics for Facebook, iOS.* Retrieved July 2, 2013, from http://www.appdata.com.

AppData (2013b): *Top Developers Leaderboard.* Retrieved July 2, 2013, from http://www.appdata.com/leaderboard/developers?metric_select=mau.

Apple, Inc. (2012a): *ZeroPilot for iPhone 3GS, iPhone 4, iPhone 4S, iPod touch (3rd generation), iPod touch (4th generation) and iPad on the iTunes App Store.* Retrieved August 31, 2012, from http://itunes.apple.com/us/app/zeropilot/id546269977.

Automattic (2012): *Traffic - WordPress.com.* Retrieved August 31, 2012, from http://en.wordpress.com/stats/traffic.

Brady, A. (2012): *Introducing the App Center.* Retrieved August 31, 2012, from https://developers.facebook.com/blog/post/2012/05/09/introducing-the-app-center.

Constine, J. (2011): *Facebook Increases Application Requests Limit: More Virality, More Spam?* Retrieved August 31, 2012, from http://www.insidefacebook.com/2011/01/26/application-requests-limit-spam.

Ebay (2012): *Facebook fans - eBay.* Retrieved August 05, 2012, from http://www.ebay.com/sch/i.html?_nkw=Facebook+fans&_sacat=0&_odkw=1000+Facebook+likes&_osacat=0.

Facebook Security (2012): *Improvements To Our Site Integrity Systems.* Retrieved August 31, 2012, from https://www.facebook.com/notes/facebook-security/improvements-to-our-site-integrity-systems/10151005934870766.

Facebook, Inc. (2012a): *Introducing the App Center - Facebook Developers.* Retrieved August 31, 2012, from https://developers.facebook.com/blog/post/2012/05/09/introducing-the-app-center.

Facebook, Inc. (2012b): *Apps on Facebook.com - Facebook Developers.* Retrieved September 03, 2012, from https://developers.facebook.com/docs/guides/canvas.

Facebook, Inc. (2012c): *Social Channels - Facebook Developers.* Retrieved August 31, 2012, from https://developers.facebook.com/docs/channels.

---

68 van Grove, 2012

Facebook, Inc. (2012d): *notification - Facebook Developers*. Retrieved August 31, 2012, from https://developers.facebook.com/docs/reference/fql/notification.

Facebook, Inc. (2012e): *ZeroPilot - App Center*. Retrieved August 31, 2012, from https://www.facebook.com/appcenter/zeropilot.

Facebook, Inc. (2012f): *App Center*. Retrieved August 31, 2012, from https://www.facebook.com/appcenter.

Gameforge (2012): *Portal - OGame.de*. Retrieved August 31, 2012, from http://board.ogame.de/index.php?page=Portal.

Google, Inc. (2012a): *Google AdWords - Online Advertising by Google*. Retrieved August 31, 2012, from http://adwords.google.com.

Google, Inc. (2012b): *ZeroPilot - Android Apps on Google Play*. Retrieved August 31, 2012, from https://play.google.com/store/apps/details?id=air.de.olsn.ZeroPilot.

Horstmann, O. (2012a): *ZeroPilot - indiegamr*. Retrieved August 31, 2012, from http://indiegamr.com/zeropilot.

Horstmann, O. (2012b): *ZeroPilot Gameplay - YouTube*. Retrieved August 31, 2012, from http://www.youtube.com/watch?v=7vmC3aUmZBo.

Horstmann, O. (2012c): *I made a game for Facebook, iOS, Android - what do you think?: gamedev*. Retrieved August 31, 2012, from http://www.reddit.com/r/gamedev/comments/xhxuz/i_made_a_game_for_Facebook_ios_android_what_do.

Horstmann, O. (2012d): *TimelineFX - View topic - Facebook Game*. Retrieved August 31, 2012, from http://www.rigzsoft.co.uk/phpBB3/viewtopic.php?f=10&t=310.

International Telecommunication Union (2011): *World in 2001 ICT Facts and Figures*. Retrieved August 31, 2012, from http://www.itu.int/ITU-D/ict/facts/2011/material/ICTFactsFigures2011.pdf.

labs.im (2012): *HN stats*. Retrieved August 08, 2012, from http://labs.im/hnstat.

Lovell, N. (2011): *CPA, CAC and Customer Acquisition Cost - Games Brief*. Retrieved August 31, 2012, from http://www.gamesbrief.com/2011/12/cpa-cac-and-customer-acquisition-costs.

O'Neill, N. (2010). *The Economics Of Facebook Games*. Retrieved August 31, 2012, from http://socialtimes.com/the-economics-of-facebook-games_b4280.

reddit, Inc. (2005): *reddit: the front page of the internet*. Retrieved August 31, 2012, from http://www.reddit.com.

reddit, Inc. (2012): *reddit.com: about reddit*. Retrieved August 31, 2012, from http://www.reddit.com/about.

Stallons, J. (2011): *Packaging applications for Apple iOS devices | Adobe Developer Connection*. Retrieved August 31, 2012, from http://www.adobe.com/devnet/air/articles/packaging-air-apps-ios.html.

Thor, T. (2011): *Should You Buy Facebook Fans? Maybe Not... - AllFacebook*. Retrieved August 05, 2012, from http://allfacebook.com/should-you-buy-Facebook-fans-maybe-not_b48854.

Tumblr (2012): *About Tumblr*. Retrieved August 31, 2012, from http://www.tumblr.com/about.

van Grove, J. (2012): *What Facebook isn't telling you about its risky ad business | VentureBeat*. Retrieved August 31, 2012, from http://venturebeat.com/2012/02/02/facebook-ctr.

Wyman, M. T. (2010): *Making Great Games: An Insider's Guide to Designing and Developing the World's Greatest Games*. Elsevier Science. ISBN: 9780240812854.

Y Combinator (2012): *Hacker News*. Retrieved August 31, 2012, from http://news.ycombinator.com.

ZeroPilot (2012): *ZeroPilot.* Retrieved August 31, 2012, from https://www.facebook.com/ZeroPilotGame.

Zynga, Inc. (2014): *Press Release: Zynga Announces Fourth Quarter and 2013 Financial Results.* Retrieved January 30, 2014, from http://investor.zynga.com/releasedetail.cfm?releaseid=822239.

Autorenverzeichnis

Tamara Ebner

Tamara Ebner B. Sc. ist Akademische Mitarbeiterin an der Hochschule der Medien Stuttgart und unterstützt die Lehre in den Bereichen Betriebswirtschaftslehre, Medien-Produktion und Medien-Management. Ihre Forschungsinteressen und -aktivitäten liegen in den Themenfeldern Medienkonvergenz, digitale Geschäftsmodelle und Strategien sowie Online-Marketing.

Marc Hauck

Marc Hauck B. Sc. arbeitet als Akademischer Mitarbeiter an der Fakultät Information und Kommunikation der Hochschule der Medien Stuttgart. Dort ist er im Projekt "Anak - Willkommen in der Wissenschaft" tätig. Sein Forschungsschwerpunkt liegt in den Bereichen Webentwicklung und Neuromarketing.

Elke Hemminger

Dr. phil. Elke Hemminger ist als Postdoktorandin und Wrangel-Fellow in der Abteilung Soziologie/Politikwissenschaft an der Pädagogischen Hochschule Schwäbisch Gmünd tätig und habilitiert zum Thema "Die Imagination der Nähe. Mediale Konstruktion von Wirklichkeit in Web 2.0 Fan Communities". Darüber hinaus forscht sie im Bereich Digital Game Studies, Fankulturen, Jugendszenen und Subkulturen sowie Prozesse der Mediatisierung.

Olaf Horstmann

Olaf Horstmann B. Sc. studierte E-Services an der Hochschule der Medien Stuttgart. Er ist Gründungsmitglied der enpatech Software GbR und dort für die Entwicklung und Programmierung von Applikationen zuständig. Darüber hinaus ist Olaf Horstmann für die redaktionelle Betreuung des von ihm ins Leben gerufenen Blogs "indiegamr.com" verantwortlich.

Carina Michel

Carina Michel studierte Diplom-Pädagogik an der Julius-Maximilians-Universität Würzburg und der Goethe Universität Frankfurt am Main. Daneben ist sie ausgebildete Erlebnispädagogin und arbeitete nach dem Studium als Bildungsreferentin. Seit April 2013 ist sie als Akademische Mitarbeiterin an der Hochschule der Medien Stuttgart in einem hochschuldidaktischen Projekt tätig, welches im Studiengang Online-Medien-Management angesiedelt ist.

Friedemann Rapp

Friedemann Rapp studiert seit 2012 den Bachelorstudiengang Online-Medien-Management an der Hochschule der Medien in Stuttgart. Seine Interessensgebiete liegen im Bereich Digital Game Studies (insbesondere Gamification) und Digitalisierung von Medien.

Bettina Schwarzer

Prof. Dr. Bettina Schwarzer ist Studiendekanin des Studiengangs Online-Medien-Management an der Hochschule der Medien Stuttgart. Nach einem Studium der Wirtschaftswissenschaften und einer Promotion in Wirtschaftsinformatik hat sie einige Jahre eine IT-Beratungsfirma geleitet. Seit 2003 hat sie eine Professur für Betriebliche Informationssysteme an der Hochschule der Medien inne. Ihre Forschungsinteressen liegen u. a. in den Bereichen Hyperlokale Medien und Unternehmensarchitekturmanagement.

Kai Erik Trost

Kai Erik Trost M. A. ist Akademischer Mitarbeiter der Hochschule der Medien Stuttgart im Studiengang Online-Medien-Management und Promovend an der Philosophischen Fakultät der Universität Passau. Zu seinen Aufgaben in Forschung und Lehre gehört die empirische Medien- und Sozialforschung im Online-Segment mit den inhaltlichen Schwerpunkten Mediatisierung und Sozialbeziehungen im Internet. Er forscht insbesondere zur Freundschaft Jugendlicher im Kontext von Medien und Internet.

Stephan Wilczek

Prof. Dr. Stephan Wilczek hat die Professur E-Business im Studiengang Online-Medien-Management inne. Er studierte Betriebswirtschaftslehre mit den Schwerpunkten Wirtschaftsprüfungswesen, Finanzen und Wirtschaftsinformatik in Deutschland und den USA und arbeitete anschließend als wissenschaftlicher Mitarbeiter am Lehrstuhl für Wirtschaftsinformatik der Universität Hohenheim. Er interessiert sich besonders für Geschäftsmodelle und Entwicklungsthemen im Umfeld Open Source, SaaS, Cloud Computing, Mobile Computing sowie E-Identity.